居住民俗

曹保明　主编

中国石化出版社
·北京·

图书在版编目（CIP）数据
居住民俗 / 曹保明主编 . -- 北京 : 中国石化出版社 , 2024. 12. -- (中华民俗文化新读丛书). -- ISBN 978-7-5114-7414-8
Ⅰ. K892.25
中国国家版本馆 CIP 数据核字第 2025YL8659 号

中国石化出版社出版发行
地址：北京市东城区安定门外大街58号
邮编：100011　电话：(010)57512500
发行部电话：(010)57512575
http: // www. sinopec-press. com
E-mail: press@sinopec. com
宝蕾元仁浩（天津）印刷有限公司印刷
全国各地新华书店经销
*
710毫米×1000毫米 16开本 18.75印张 270千字
2024年12月第1版　2024年12月第1次印刷
定价：66.00元

下沉式地坑窑洞

苞米楼子

木头烟囱

江南水乡景象

泉州红砖民居屋顶景观

火炕与摇篮

傣族竹楼

冰灯、雪灯

本书编委会

本 书 主 编　曹保明

本书副主编　吕　静　张欣春　唱小溪

本 书 编 委（按姓氏笔画为序）

尹钰博　申市兴　白春雨　兰　月　吕　静　刘　颖
刘海晓　孙　启　李荣惠　李铁顺　杨　雪　何鑫颖
张欣春　张指挥　陈浩然　赵　耕　赵　晶　姜彦艳
姜喜宝　萧　宽　曹保明　常　芳　唱小溪　葛思伽
靳云龙　戴文胜

总序

老树新花香犹浓
——“中华民俗文化新读丛书”

白庚胜

由我与刘晔原、万建中两位先生主编的十一卷本“中华民俗文化新读丛书”将于近日正式出版。这得益于各卷作者的长期学术积累、探讨及优秀民俗文化传承贡献，也得益于中国石化出版社及其领导的高瞻远瞩、文化责任、社会担当。

民俗是民众约定俗成的文化惯习，与官俗一道构成一族或一国的文化传统，具有基因性、基本性、基础性、基层性等特点，对继承与坚守民族根脉、唤醒文化自觉与坚定文化自信、增强文化借鉴与消化外来文化能力、建设与创新当代先进文化、强化文化认同与文化自尊自豪、弘扬民族精神，具有极重要的意义。

对于这份丰富的遗产，中华民族素有自觉或不自觉的传承历史……或创造不止，或承继无衰，或享受绵绵，或设官采风问俗，或立府资治润政以知民生、观厚薄、移风易俗，同时遗留下卷帙浩繁的宝典。对于它们，历代文人墨客中，亦多有集腋成裘者，刻意点评者，把玩赏玩者，奉为圭臬者，鄙视轻蔑者，改革移易者，弃如敝屣者，鼓吹踏上千脚者……形成了中国民俗及其认识史的洋洋大观，并影响到周边汉字文化圈内各国各地各民族。

毛泽东同志曾经说过："我们这个民族有数千年的历史，有它的特点，有它的许多珍贵品。"中国民俗文化正是这样的珍贵遗产。它的体量过于庞大，它的结构过于复杂，它的关系过于纷繁，它的功用过于多样，它所历经的时间过于漫长，它所覆盖的空间过于辽阔，它的渗透无所不在。面对它的宏富、博大，我们引以为豪、享受无比，也空前痛感自己的渺小、肤浅，一如汪洋大海里的滴水，泰山脚下的微尘。

作为中国民俗"小学生"的我们，应该采取的态度，当然是怀着谦卑之心识读它、理解它，并将学习的心得与读者共享，以普及民俗知识、引发民俗意识、激发民俗感情、品味民俗精髓、体会民俗经验，感受人民文化的温度与力度，从而知其不可为而为之，挽救泰山于将倾，然后产生保护、传承、转型、利用它的冲动与责任、创意与技术，提炼出认识它的理论与方法，把有关行为上升到静态和动态结合、思想与行动并举的文化自觉。由于中国民俗文化因风吹雨打良久而日渐式微，又由于处在巨大的社会转型时期而面临生死关头，我们唯有从识读迈开文化自识的步履，才能达成文化自救、自存、守正、创新的目的。

这套丛书正是在这一社会文化背景下出于这样的目的启动编纂的。我们知道，在口头与非物质文化遗产保护工作狂飙突进之后，许多新成果、新发现给我们提供了对旧俗作新读的可能；在新时代使优秀传统文化倍受尊崇之后，人们的思想观念需要有新的引领；在旅游加文化之风席卷祖国大地之际，人们需要处理好文化与产业发展的辩证关系；在国家已确立包括民俗学、民间文学、非遗学在内的文化遗产学学科地位的条件下，教育界与学术界都在期盼着分享当代民俗学的最新认识成果；在中国社会进一步扩大改革开放、推进人类命运共同体建设之当下，人们必须更加清醒地认识主体与客体、传统与现代、中国与世界的认知维度。

作为一种开始，我们仅从浩如烟海的中国民俗中找出十一大类作为新读的尝试。主编这套丛书的初衷是：组织京内外高校、研究机构民俗学新生力量，以新的视角、新的思维、新的方法，对古老民俗文化的形态、内涵作审视，并观察其在新时代的适应性、功用性、流变性，深刻解读它们对于重建当代人文精神的价值所在，以及它们在市场经济、高科技环境下追求人与自然和谐、人与人和谐、社会协调、心灵安定与精神家园常青方面所能发生的效力。

从目前的情况看，我们的收获满满。由于所有作者的共同努力，这套丛书充溢新的气象、新的风格、新的文思、新的可能，为我们继续与时俱进地组织推进这一事业增强了信心。当然，由于是“新读”而非“精读”，各卷本质量尚有参差，各位作者的立意与实力不同，丛书整体也不尽完美。可贵的是，我们走出第一步，让人们确信古俗是可以也应该“新读”的。唯新读才得新义，作新解，为新用，是为“古为今用”“推陈出新”，传承我中华文化薪火。

前言

守望居落

中华民族是一个民俗文化丰富多彩的大家族，其中居住民俗也各不相同。例如，齐鲁民居是指中原山东的居住民俗，燕赵民居是指中原河北一带的居住民俗，而西北、华北、华东地区也有着自己与众不同的居住民俗。

东北即中国东北部，也称“关东”或关东山。关东山是指山海关以东的山，也就是长白山，这是当年的关内民众对这块充满神秘的土地的整体称谓。所以，《居住民俗》里的东北居住民俗仍沿用这一名称——将长白山称为关东山。关东山是中国的名山，是东北的最高峰，是松花江、图们江、鸭绿江三江之源，是人参、貂皮、乌拉草三宝之乡，是满族的家乡，也是满族文化的发祥地。关东山广阔地域有极为丰富的自然资源——茂密的原始森林，繁多的毛皮动物，珍稀的野生药材；在肥沃的黑土地上，生长着多种多样的粮食作物、经济作物；地下储藏着丰富的矿产资源……为生活在这里的山民提供了取之不尽的衣、食、住、用资源，人们在伐木、劈石、采参、捕猎、农耕等劳作的同时，进行制药、烧酒、熟皮、榨油、漏粉、锻铁、造屋等一系列生产活动，成为东北代表性的民俗生活与生存的一部分。在这一系列活动中，全国各地涌现出各种门类的艺匠，他们在独特的自然环境和民族环境中口传心授，代代沿袭，形成了丰富的信仰习俗、审美习俗和色彩习俗……这些习俗是民众在劳动中精神生活、物质生活的积淀。

造房的人统称房匠，这是我在东北地区进行五十余年的田野考察之后提出的一个“概念”，与当今广泛使用的“民间艺术”概念相似，内容更为宽泛。“民间造房、修院技艺”与民众的生活方式、民俗活动及其他形态的生活内容相结合成为一种民间手艺，我们也可以将这种“民间手艺”理解为“民间工艺”“民间技艺”等，其制品是以审美意义为主的造型艺术，包括民间实用艺术和传统民间工艺美术，即实用功能与审美功能相结合的艺术形式。

房匠的生产工艺过程与民俗学紧密相连，具有重要的民俗价值，为中国民间百姓在特定的历史时期、特定的地理环境中生存发展的必然，艺匠民俗的形态与结构是对社会发展不同时期的定位；从生态学角度来认识“房匠”，其建造过程多是原生态的，其工艺产品是绿色的、环保的、无污染的，呈现出古朴的特点。

《居住民俗》侧重研究、论述中国各地区、各民族房匠所产生的民俗风情和手艺传承。许多艺匠的实践活动具有浓郁的民俗色彩，各地民众的信仰、崇尚、山规、行话、秘方、趣闻、故事、传说尽在其中，给这些技艺与制品蒙上了一层层神秘的面纱。如人参的采掘，伴随着一串串人参故事、精怪传说，充满了关东山里的诡秘、神奇；又如木材的采伐、貂皮的鞣制、包房的缝纫、石材的打磨和拖运等，具有浓郁的地域特色与民族特色；再如漏粉、酿酒、制油等，其工艺虽粗拙，技艺却是环保的，原料也是绿色的，其产品绝无任何现代的“添加剂”“防腐剂”等化学成分……这些采集、修建、加工、完成的过程都是原生态的民居建造方式，仍为民众所青睐。

《居住民俗》的素材是经过了五十余年的大面积田野考察逐渐积累的，许多已是十分珍贵的艺术遗存了。我们注重“图片资料”的原色过程的收集与积累，以适应“读图时代”广大读者的需求。原色，就是丛书主编的要求——完全来自生活本身，不作任何加工和改变，把本真的生活内涵保留下来。转眼间当年拍摄的镜头已成为“老照片”，不可多得了。而我们，却留下了珍贵的原始文图。

与此同时，收集房匠的相关民俗、风情、传说、故事、帮规行话、各类案例，也使我们与许多民间匠人成为朋友，将他们平生的艺匠技术与人生的感悟一一记录，予以整理，流传后世，如《吃出一只绣花鞋》的故事，表现了房匠艺人崇高的品质。本卷所用文字与图片，绝大部分是第一手资料，而且是首次公之于世，以示对这些匠人的讴歌、称誉与感谢。

当今，关东山的房匠民俗、风情均被列为“人类口传与非物质文化遗产”，均在抢救、保护之列。随着现代化的迅速发展，农耕文明正在瓦解，农耕文明创建的文化自然也要瓦解。我们的使命是“越是经济全球化时代，文化越是全球本土化”。这是时代赋予我们这一代人的使命，且任重道远。《居住民俗》有无比丰富的技艺和非物质文化资源，说明我们虽然记载了，但还是亟待人们继续去发现、研究、保护、开发。这不是一个人、几个人可以完成的，所以我们组成了一个团队，包括民俗学者与民间文学工作者、非遗传承人等，分工合作、全面出击，最后完成本书。

在中华这片宽广、富饶、神奇的土地上，那些聪明智慧的房匠、艺人在千百年来的历史长河中留下多少技艺及相关的民俗、民情的珍贵文献已不可计数，由于种种缘故淹没在茫茫的岁月中，至今鲜为人知。这些技艺面临困境，前途未卜。我们《居住民俗》写作团队，不顾酷暑、不畏严寒，带上摄像机、照相机、录音机，步履匆匆，向大山走去，向木屋走去……

我们尽全力记下了这些岁月、这些人物、这些院落，我们还原了生活的真实，这就是《居住民俗》的价值。

向生活大地深处走去，终于，我们完成了我们的文化使命，我们把《居住民俗》交给了今天，同时，也交给历史，交给未来。这是我们对新世纪的最挚诚的贡献。

2024 年 1 月 26 日

目录

居住沿革

中国民居是世界建筑艺术宝库中的珍贵遗产。中国几千年的文明历史为民居建筑提供了丰富的设计经验，民居建筑技艺精湛，是世界建筑艺术史中的一颗璀璨明珠。我国疆域辽阔，地广人多，地理气候、自然条件差异很大，各地自然和人文环境不尽相同，多民族的生活文化需求各异。中国民居作为我国传统建筑中的一个重要类型，也是我国古代建筑中民间建筑体系的重要组成内容。

我国民居概述

影响我国民居构成的因素有很多，按照属性分类，主要有四方面，包括社会因素、经济因素、自然因素和人文因素（表 1–1）。我国古代崇尚儒家思想，遵守等级制度，这一点在民居建筑上也有所体现。如院落式布局的建筑其平面布局就是按照等级严格划分的，开间进深，以及屋顶形制、装饰装修风格、色彩等都有严格规定。

表 1–1　影响我国民居构成的因素

因素	构成因子
社会因素	社会意识、民族差异、宗教信仰、风俗习惯等
经济因素	生产力、物质水平、经济条件、地理区位等
自然因素	气候、地形、地貌、地理区位、材料等
人文因素	民情、民俗、生产方式、生活方式、文化审美观念等

从自然因素方面来说，民居的材料选用遵循因地制宜、就地取材的原则，不同区域的人利用当地材料建造民居。如黄土高原的窑洞就是充分结合当地环境建设的民居。

我国南北气候差异大，是影响各地区民居建设的重要因素。北方的气候干燥、寒冷，南方的气候闷热、潮湿，导致南北民居建筑的处理方式、手法都不一样。从地理环境来说，有坡地、平原、山谷，民居建在不同地区其景观效果也都不同。《管子·乘马篇》曾记载："高毋近旱而水用足，下毋近水而沟防省。"这句话的意思是，筑城时，向上不要靠近高地就可以有充足的水源，向下不要靠近潮湿低洼的地方就可以省去排水的沟渠。此即体现了因地制宜的重要性，说明自然因素对民居建筑的平面布局、建筑造型以及内部空间影响更大，这也是不同地区民居形成不同模式、不同特色的重要原因。

人文因素也是影响民居建设的重要因素。《礼记·曲礼下》载："君子将营宫室，宗庙为先，厩库为次，居室为后。"这说明中国古代对生活空间以宗法为重心，以农耕为根本的社会居住法则，兼顾精神与物质要求。宅第的最后一进的正中厅堂，作为供祀祖先、天地的祖堂；后堂的开间进深等都有一定的尺寸规定。

我国民居按地域可划分为七个片区，包括东北、西北、西南、华北、华东、华中、华南（表 1–2）。华北地区以北京四合院内庭式居住方式为代表；华东地区位于长江流域的江南水乡民居的侧院带有外景内置的花园，高温多湿的皖南地区小天井的内庭可遮蔽日晒，客家人世代居住在有防御需求的圆形和方形的大型集合式土楼之中；西北地区干燥少雨的黄土高原上，人们依地形条件在沿山和地下开挖原生窑洞；西南地区属于高温多雨亚热带气候地区，竹木结构的高架民居利于通风，如云南的竹楼和干栏式民居；内蒙古属于强风沙漠地区，适应游牧生活的蒙古包以顶部圆洞采光通风；云南、贵州、四川、西藏、新疆等地，运用地方材料和多种民族特有的生活方式建造出一颗印、石板屋、白族民居、藏楼、维吾尔族民居等民居形式，极富特色。

表 1-2　中国民居地域划分

地区	类型细分	地域分布		民族构成
东北地区	东北民居	黑龙江省、吉林省、辽宁省、内蒙古自治区东部（呼伦贝尔市、兴安盟、通辽市、赤峰市、锡林郭勒盟）		汉族、满族、朝鲜族
西北地区	羌、藏族民居	陕西省、甘肃省、青海省、宁夏回族自治区、新疆维吾尔自治区、内蒙古自治区西部（阿拉善盟、巴彦淖尔市、乌海市、鄂尔多斯市）	青藏高原、内蒙古地区	羌族、藏族
	新疆民居		新疆地区	维吾尔族、蒙古族、哈萨克族、汉族
	内蒙古民居		内蒙古自治区	蒙古族、汉族
	窑洞民居		山西西部、陕西北部、河南西部、陇东等	汉族
西南地区	云南纳西族民居	四川省、云南省、贵州省、重庆市、西藏自治区	云南永宁	纳西族
	云南一颗印		昆明附近及滇中、滇南	汉族、彝族
	滇西南民居		思茅、西双版纳、临沧	傣族、佤族、苗族、景颇族、哈尼族、布朗族等
	四川民居		四川省	羌族、彝族、藏族、汉族
华北地区	四合院	北京市、天津市、河北省、山西省、内蒙古自治区中部（呼和浩特市、包头市、乌兰察布市）	北京市、天津市、河北省、山西省	汉族、满族
	内蒙古民居		内蒙古自治区	汉族、蒙古族、达斡尔族、鄂温克族、回族、鄂伦春族等
华东地区	江南民居	上海市、江苏省、浙江省、安徽省、江西省、山东省、福建省，以及台湾地区	镇江、南京、无锡、上海、苏州、杭州等地	苗族、白族、壮族、瑶族等
	皖南民居		福建、浙江、安徽的长江以南地区	汉族、畲族
	福建客家土楼		福建永定、福建南靖、福建华安、广东梅州	客家人
华中地区	湘西、鄂西民居	河南省、湖北省、湖南省	渝东南及桂北、湘西、鄂西、黔东南地区	湘西土家族、苗族
华南地区	干栏式民居	广东省、广西壮族自治区、海南省，以及香港特别行政区、澳门特别行政区	我国南方多雨地区和云南、贵州等少数民族地区	傣族、壮族、侗族、苗族、黎族、景颇族、德昂族、布依族等

中国民居的建筑特征主要涵盖三方面：布局特征、外形特征和细部特征。

我国民居平面布局形式丰富多变，刘敦桢先生在《中国住宅概说》一书中按平面形式把民居分为九种（表1–3）。包括横长方形、合院，以及窑洞式穴居和其他少数民族的多种类型民居形制。

表1–3　我国民居按造型分类

造型	民居类型	分布地点
圆形	蒙古包	内蒙古自治区
纵长方形住宅	原始穴居	华北、华中地区
横长方形住宅	民居最基本形式	我国大多数省份
曲尺形住宅	常见于南方农村	华东、皖南等地区
合院	三合院	华东地区
	四合院	东北、华北地区
	三合院与四合院混合	华东地区
环形住宅	土楼	福建
窑洞式穴居	窑洞	西北等地区

资料来源：笔者根据2004年百花文艺出版社刘敦桢的《中国住宅概说》整理。

其中横长方形住宅是中国民居的基本形式，中间为明间，左右对称，以三间为最普遍。四合院住宅在我国分布很广，北京四合院最典型。窑洞式穴居分布在我国少雨的黄土高原地区，历史久远，有单独的沿崖式窑洞、土坯或砖石的拱式覆土窑洞以及天井地坑院落式窑洞。

民居外形讲究和谐美、环境美和民族特色美。功能不同，空间组织也灵活多变，既有自由式，也有规矩严整式。我国地貌复杂，各地生活习俗也不同，因此在民居外形的表现形式上也各具特色。

我国民居的细部特征，包括装饰、装修色彩、花纹样式等，主要来源于民族的习俗、爱好、愿望和审美观念，形式多样，艺术和实用结合并富有深刻的文化内涵（表1–4）。

表 1-4　中国民居特征

地区	类型	分布特点	特征概述	图示
东北地区	东北民居	多分布于我国东北部各民族聚居地区，主要位于辽宁、吉林和黑龙江三省	东北地区气候寒冷，为满足采光和取暖的需要，最典型的东北民居大多坐北朝南，采用井干式结构，以独立的三间房为多见	
西北地区	内蒙古民居	以蒙古包为代表，分固定式和游动式两种，固定式分布于半农半牧地区，游动式分布于牧区	方便拆卸、轻便保暖，内部是围绕中心火塘呈发散状的单一大空间	
	新疆民居	一般分布在有地下水或绿洲的人口聚居地区	民居的结构以土墙为主，屋盖多用土坯拱券，以满足夏季隔热、冬季防寒的要求。建筑外部土墙高大而朴素，内部装修华丽	
华北地区	北京四合院	四合院住宅在我国分布很广，山西、陕西、河北均有分布，以北京四合院最具有代表性	四合院以中轴线贯穿，北房为正房，东西两方向的房屋为厢房，南房门向北开，称为倒座。标准的北京四合院南北略长，坐北朝南形成院落，正好排列在东西向的胡同之间	
华东地区	江南民居	多分布于长江中下游以南地区，尤其是苏南和浙江一带，如镇江、南京、无锡、上海、苏州、杭州等地	江南民居平面布局紧凑，依山傍水，利用山坡、河畔建造，院落占地面积较小，村落内河网交织。由于临水而居，故形成以水为轴线的分布格局，同时因水系复杂，住宅错落有致，灵活多变	
	皖南民居	多分布于安徽省长江以南山区范围内	皖南民居以朴素淡雅著称，村落大多依地形和道路而建，高墙深院、粉墙黛瓦是其突出的特点。民居多为两层以上的楼房，中间合围一个天井	
	福建客家土楼	多分布于闽西南和粤北县市，特别是客家话和闽南话交界地区	土楼从安全、防御方面考虑，是以土建造的建筑，聚族而居，呈圆形、半圆形、方形、四角形、五角形、交椅形、簸箕形等，各具特色，其中圆形的最引人注目	
华中地区	湘西、鄂西民居	多分布在鄂、渝、湘、黔等交会的山区，建筑依山而建	吊脚楼多依山就势而建	

续表

地区	类型	分布特点	特征概述	图示
华南地区	干栏式民居	多分布于广西东南部及广西与贵州交界处，以及地势陡峭，具有降雨丰富、雨热同季的气候特点的地区	干栏式木楼多为两层或三层，一般为五柱排架，穿斗式结构，有前后廊、过廊及大出檐	
西南地区	滇西南民居	多分布于傣族、苗族、布朗族等少数民族的居住地区	干栏式竹楼适应闷热、潮湿的气候条件，以散点式的布局形成聚落，利于通风	
	云南一颗印	多分布在昆明附近及滇中、滇南等地区，为汉族、彝族、白族等采用	正房、耳房毗连，高两层，且正房较高，用双坡屋顶。耳房与倒座均为内长外短的双坡顶	
	四川民居	四川民居包含了羌、彝、汉等民族的民居类型，大多分布于各民族聚居处	多依地形而建，依山傍水、错落有致。采用石、砖、木、竹等多种地方材料，运用多种设计手法。其结构多为穿斗式木构架，造型空透轻盈，色彩素雅	

资料来源：笔者根据 1996 年中国建筑工业出版社《建筑设计资料集 8》（第二版）整理。

民俗民风对建筑朝向、房屋方位、空间形态、尺度及装饰图案等都有影响，并形成了一定的规则，其中包含丰富的空间环境营造经验和深厚的文化内涵。

东北地区居住沿革

“东北”的概念最早起源于《周礼·夏官司马》中所提到的“东北曰幽州，其山镇曰医巫闾”。医巫（无）闾山位于今辽宁北宁与义县交界处，即东北。时至今日，东北地区已然成为我国重要的工业和农业生产基地，包括辽宁省、吉林省、黑龙江省和内蒙古自治区东四盟构成的区域，拥有汉族、满族、蒙古族、朝鲜族、赫哲族、达斡尔族、鄂温克族等多种民族。东北地区是我国纬度最高的区域，属温带季风气候，我国最严寒的地带，全年有三到四个月温度在零摄氏度以下。

早期东北民居，人们为了适应自然，往往就地取材。因为冬季漫长，东北民居注重保暖性，使用火炕、火墙等进行室内保暖。

满族的先人女真人，处穴居半穴居时代，房盖是在地面出口处搪横木，呈一面坡形，上面盖树皮、兽皮和草。这在19世纪初的黑龙江一带还能见到。日本学者间宫林藏自1808年曾三次来此考察，他所著《东韃纪行》一书中，手绘了当地土著民族穴居外貌，形象地展示了这种房盖，虽然那时的乌拉街早已脱离了穴居，图中所表现的是他们祖先曾经住过的房屋。

明末的乌拉街，是海西女真乌拉部的都城，建在白花点将台处的宫殿已是砖瓦结构，诗人成多禄曾描写为“层楼复殿飞丹霞”。一般人家的住房应是地窨子、马架子、窝棚、简易草房同时存在的，夏天则多住在像苞米楼子一样的木楼上，这种情况一直维持到清朝初期。康熙二十一年（1682年），随康熙皇帝东巡到大乌拉虞村（今吉林省吉林市乌拉街）的高士奇，在他的日记《扈从东巡日录》中说：“其居联木为栅，上覆以板，复加以草。”[1] 他所描写的应该是用木杆夹墙，外面抹泥，房盖用木板，再在上面铺上苫草。

这一时期的房屋，有地窨子，即半地下房屋，墙在地面下，或墙的上部三分之一处露出地面，立木后在地面上建房盖。这样的房盖可用木杆、木板搭成两面坡，在上面铺草或盖桦树皮、普皮，所用的木板是用大段木头劈成的片，不加刨削，从房盖的下檐向上一层层错开铺上去。马架子房，有的墙下部三分之一处挖在地面下，炕和地面几乎平行，房盖为两面坡形，用蒿草树皮防雨水。还有一种马架子房是将两根木杆上头绑上，下面劈开，架立于地上，用几组这样的木架，丫杈上面搪横木当脊，两侧绑几道横杆，在两坡挂兽皮、铺草或桦树皮。窝棚大致可分两种：一种和后一种马架房相似；另一种类似于北方鄂伦春等族的“仙人柱”，中间用一高立木，四周呈伞形搭斜木，再用树藤、树皮、绳索连起来，在斜坡上搭兽皮、铺

1 李澍田．长白丛书：初集·扈从东巡日录[M]．长春：吉林文史出版社，1986：111.

草或桦树皮。

20 世纪 50—60 年代还能看到一种马架子房，房为一间，房门开在南向的山墙上，房盖如厢房呈东西坡向，和其他草房一样铺苫草。

清前、中期，乌拉的打牲丁在野外采捕东珠、鳇鱼、松子、蜂蜜等，有时买不起帐篷，或图方便，就在山中、河边搭建这种马架子、窝棚居住，任务完成或移地作业还不用拆除。那时打牲丁外出采捕贡品是要自己负责饮食和帐篷费用的，一个月才半两或一两银子的俸禄，还时常拖欠，所以他们宁可进山时现搭住房，好在采捕期均在春夏秋天，可以不考虑防寒问题，只要能防雨水即可。

清康熙年间，随康熙东巡乌拉的高士奇除记叙了有土草房外，还记载说："寓目江岸，瓦屋数间。"这虽指的是"保宁庵"，但打牲乌拉衙门及总管等官员住宅，也应有砖瓦房。尤其是在康熙四十三年（1704 年），因洪水灾害，将乌拉旧城迁进新址，新建时多为砖瓦房。从此以后，乌拉街内的砖瓦房也逐渐普及，农村砖瓦房也逐渐增多。

近代东北民居，宫廷建筑的代表作应属清朝时期所建的沈阳故宫。其建筑风格不仅拥有汉族的传统建筑形式，而且融入了满族建筑的风格。平民民居则是以口袋房、地窨子、撮罗子等为主（表 1–5）。

表 1–5　东北民居形制

民居名称	民居形制	代表民族
口袋房	屋子开间一般为三间或五间，坐北朝南，大多东边开门，形如口袋，俗称"口袋房"。西侧是卧室，筑有南、北、西三面火炕，称为"万字炕"。室内配有"火墙"，上方为供祖之处。室外墙有烟囱	满族
地窨子	为避寒而建。在地上挖二到五尺的深坑，坑顶用两根粗木支起"人"字梁，在上面铺好苕条和草，再培上厚土加以稳固。屋内有的搭铺，有的搭炕，门窗一般设在阳面	赫哲族
马架子	也称窝棚，举架低矮，土坯砌墙草苫铺顶，门窗开在南山墙，抹上草泥。室内有低矮的地铺，就地笼火取暖。外呈马鞍形	赫哲族、锡伯族
撮罗子	一般在山林里，就地取材。五六个三角形木板撮起尖房顶，外盖树皮或动物皮毛防寒，内搭火塘取暖	鄂温克族
矮屋	每栋房子开三至四扇门，每一扇门也是一扇窗，每一块地也是一铺炕。进屋脱鞋，席地而坐，房子不太高。而房屋低矮既可节省建房原材料，更益于获得最佳居住保暖效果	朝鲜族

在东北地区，无论是皇家宫殿还是普通百姓的传统民居，保暖防寒都是最重要的，因此居民对防寒方面很重视。

西北地区居住沿革

西北传统民居大都以传统四合院形式呈现，形制多为长条状，左右厢房的间距较窄。受自然因素影响，典型的西北民居大多数是就地取材、因地制宜、依势而建，建筑的夯土或石砖墙体高大厚实，充分起到防风保暖的作用。

西北地区最典型的几类传统民居建筑为羌、藏族民居，新疆民居，内蒙古民居，窑洞民居等。西北民居四合院与北京四合院不同，西北传统民居房屋大多为“一坡水”，即只有单面屋顶且屋顶倾斜 45° 。从材料上看，西北民居常用材料有土坯、木材。

西北地区分为三大区：关中地区、陕南地区、陕北地区（表 1–6）。陕西省中部为关中盆地，地势由西向东倾斜的特点明显。陕西省南部为陕南秦巴山地，地形平坦，农田、村镇较为集中，但人口多、耕地少，在修筑房屋时尽量想方设法少占耕地，因此这里的建筑布局多半是因地就势、依山傍水。由于汉江在潮汛季节，如遇暴雨山洪易酿成水灾，因此集镇一般选择在较高处建设。有的楼房会分层次做腰檐，类似于南方民居，以保护墙面不受雨淋。陕北地区位于陕北高原，由于土层厚、土质坚硬、雨量少，为建设生土窑洞创造了自然条件。由于陕北地区的地形及气候特点，陕北人乐于居住窑洞，冬暖夏凉。

表 1–6 西北地区的民居形制

地区	民居形制
关中地区	以木构架、土坯墙、夯土墙、砖墙为主要材料的单层坡屋顶建筑为主。有些因地就势，把生土窑洞与石砌窑洞或一般民居组合成院落
陕南地区	一些民居做腰檐，以保护墙面不受雨淋。由于不考虑防寒，瓦屋面只铺冷摊瓦，有的民居上部阁楼裸露木构架，填以竹笆或木板，在竹笆上墁草泥刷白灰浆，贴石材勒脚，形成鲜明的陕南民居的造型特色
陕北地区	普通民居具有北方民居的特色，布局紧凑，院落封闭，墙身厚实，坡屋面只做仰瓦，出檐较小，出墙做硬山处理

羌族的建筑很有特色。因为羌族聚居区位于青藏高原的东部边缘的岷江上游地区，这里山脉重重，地势陡峭。羌寨一般建在高半山，因而羌族被称为“云朵中的民族”。在岷山中穿行，不时能够看到富有特色的羌族的碉楼和石砌房。羌族建筑正是以碉楼、石砌房、索桥等享有盛名。羌语称碉楼为“邛笼”。早在2000年前《后汉书·西南夷传》就有羌族人“依山居止，垒石为屋，高者至十余丈”的记载。自唐朝以来，羌族人民因各种原因向西北迁移到了西藏和青海，故羌族碉楼也被称为藏族碉楼。碉楼多建于村寨住房旁，高度在10～30米，有的高达十三四层，用以御敌和储存粮食柴草。碉楼有四角、六角、八角几种形式。建筑材料是石片和黄泥土。羌族建筑基本上都是就地取材，同时受地势制约及土地资源紧缺等因素影响，羌寨布局的过程中充分考虑到了避免占用耕地而选用高山或峡谷地带。碉楼修建时不绘图、不吊线、不用柱架支撑，全凭高超的技艺与经验。建筑稳固牢靠，经久不衰。

新疆的气候温度变化剧烈，昼夜温差很大。其木材较少但是土质好，所以民居多采用土坯建筑，多建于水源充足的地方。新疆民居分为四种类型：高台民居、吐鲁番民居、“阿以旺”（毡帐）民居、农区房。高台民居户户相连。吐鲁番民居依山而建，为晾晒葡萄干提供了宽阔的空间。毡帐民居房高一般在3米，可拆卸；能维持室内温度，具有防寒保暖的功能。农区房主要类型是木结构，院落形式为前庭后院。

窑洞的历史至少可追溯到4000年前，它和黄土有着密不可分的关系。远在周先祖时期，土窑洞就遍布山原谷地，《诗经》称其为“陶复陶穴”。陶穴，即下沉式的地坑庄院；复穴，即坡崖半敞式窑洞庄院。西汉时期，窑洞造型发展和内部设置更适合人居住，比如烟洞、灶台等都很讲究。唐宋时期，窑洞种类增多，每个窑洞的作用有了明确分工，分为客屋窑、灶房窑、牲畜窑等，组成暗庄、明庄和四合院庄。修窑庄一般依山形走向，避湿就干，避低就高，避阴就阳，使窑洞居室大有改进。此后，数百户、数千口的窑洞村落大量出现。明清时期，窑洞向安全、文明发展，大原（今山西省中部、西南部地区）上出现了小城堡。高大土墙将一组窑洞或地坑院围起来，以防御兵荒和盗贼，群众把这些建筑群称为堡子，有城门，有高楼子，还有通向外界的地道。民国时期，出现了窑洞城市。

西北地区的窑洞民居多分布在黄土高原地区，当地气温冬冷夏热，而窑洞冬暖夏凉。因为黄土高原的土壤不适宜搭建房屋，所以多采用窑洞形式，且窑洞的造价低，符合当地的经济条件。

窑洞按照建造位置可分为明庄窑洞、下沉式地坑窑洞、箍窑。明庄窑洞一般利用山崖的优势，修葺在山畔等地，一般为三口或者五口窑。下沉式地坑窑洞在平地上修建。箍窑是用土坯和泥浆砌成基墙，呈远看像平房、近看是窑洞的形状（图 1-1~ 图 1-9）。

图 1-1　略阳城关某宅

资料来源：《陕西民居》编写组，张璧田，刘振亚．陕西民居 [M]．北京：中国建筑工业出版社，2018：7．

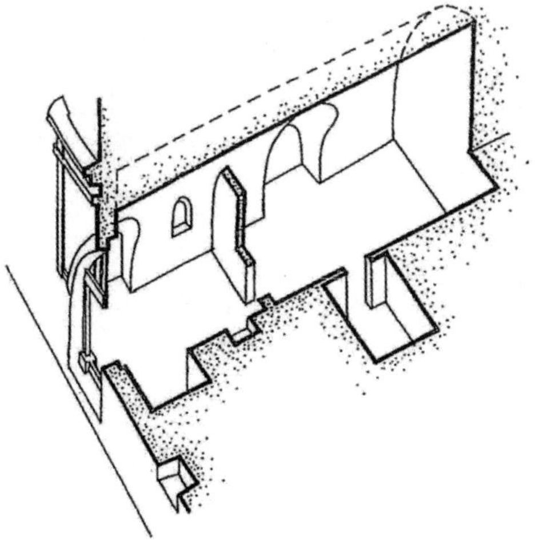

图 1-2　窑洞天然土起拱示意图

资料来源：东南大学，潘谷西．中国建筑史 [M]．6 版．北京：中国建筑工业出版社，2009：95．

图 1-3　靠崖式窑洞

资料来源：李秋香，罗德胤，贾珺．北方民居 [M]．北京：清华大学出版社，2010：75.

图 1-4　下沉式地坑窑洞

资料来源：李秋香，罗德胤，贾珺．北方民居 [M]．北京：清华大学出版社，2010：88.

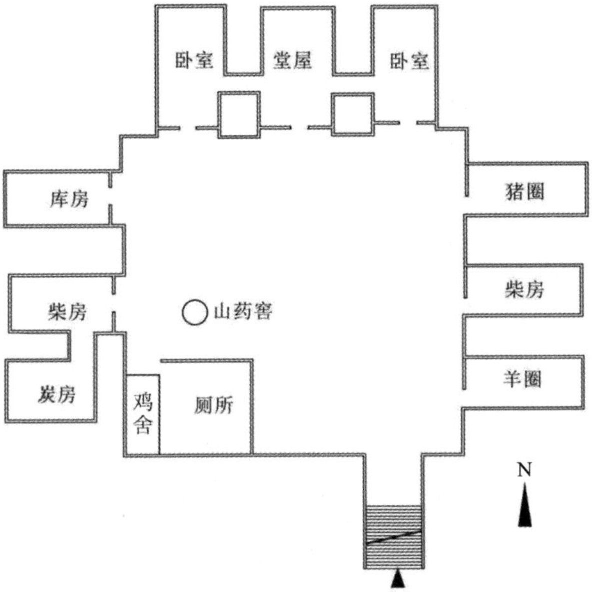

图 1–5
下沉式窑洞（地坑院）平面图

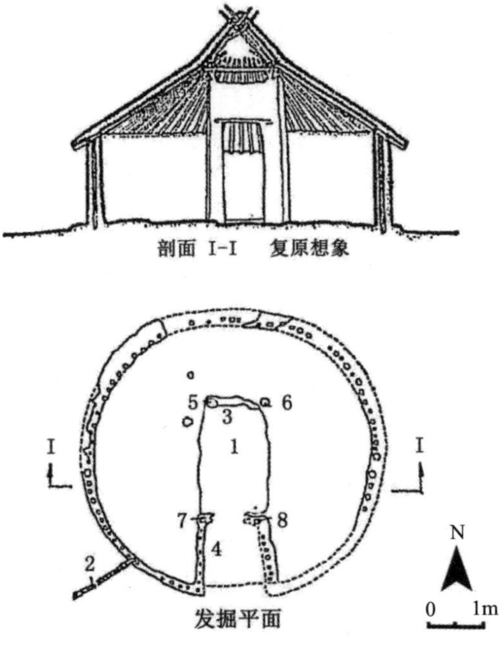

图 1–6
西安半坡村遗址平面及复原想象剖面图

资料来源：东南大学，潘谷西．中国建筑史 [M]．6 版．北京：中国建筑工业出版社，2009：18．

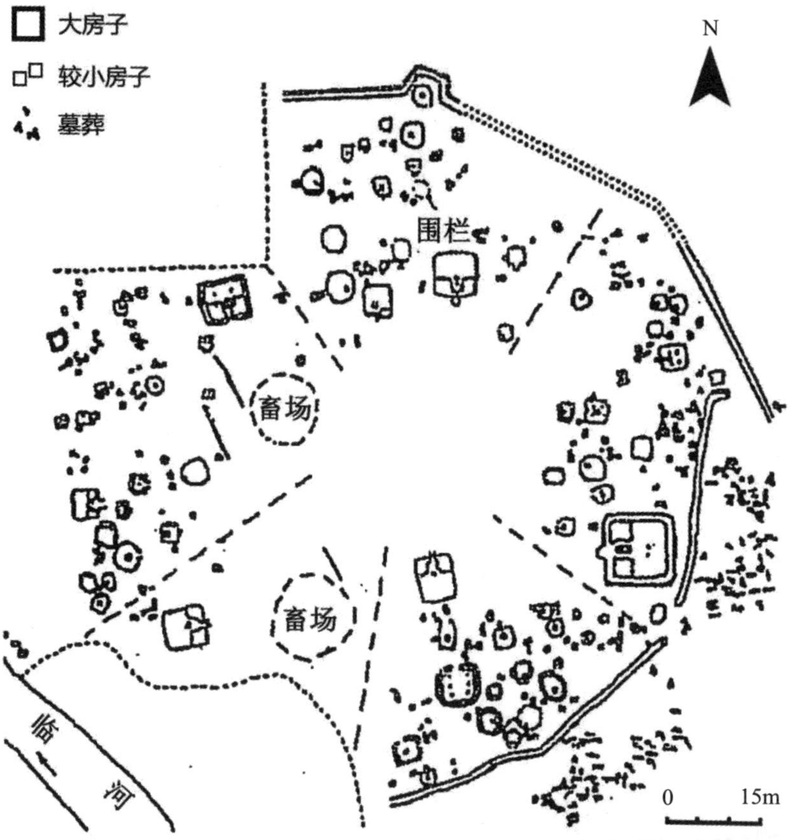

图 1-7　陕西临潼姜寨仰韶文化村落遗址平面图

资料来源：东南大学，潘谷西．中国建筑史 [M]．6 版．北京：中国建筑工业出版社，2009：19．

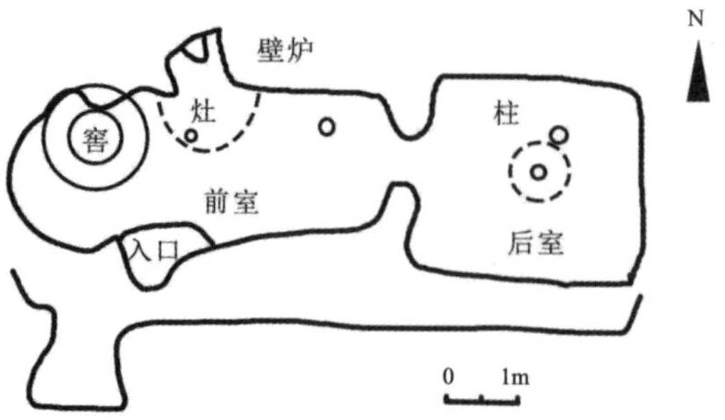

图 1-8

龙山文化房屋遗址平面图

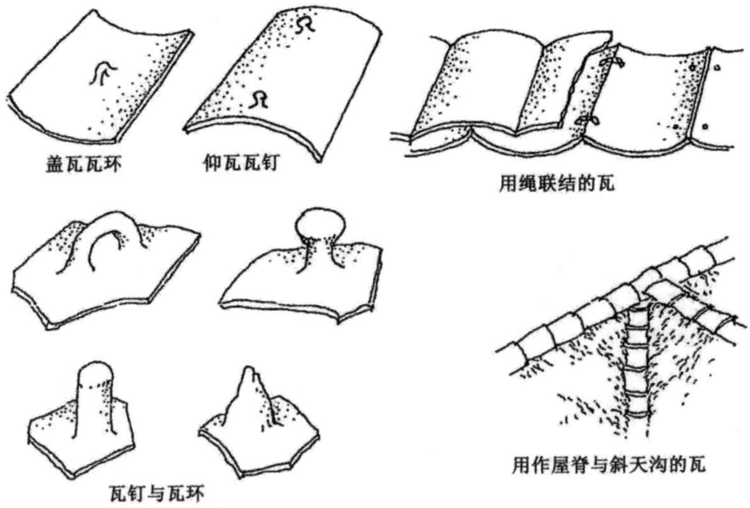

图 1–9 陕西岐山凤雏村遗址出土西周瓦

资料来源：王军，李钰，靳亦冰．陕西古建筑 [M]．北京：中国建筑工业出版社，2015：12.

华北地区居住沿革

华北地区包括北京市、天津市、河北省、山西省、内蒙古自治区中部（呼和浩特市、包头市、乌兰察布市）。气候为温带半湿润大陆性气候，四季分明，冬季寒冷且干燥。其中的京津冀地区目前是我国北方经济规模最大、最具活力的地区。由于地处北方，对于华北地区的当地居民来说，充足的日照在冬季尤为重要，所以华北地区的民居建筑以四合院的形式为主。民居建筑在实用的前提下，其外在形式、装饰是当地独特文化的集中体现。不同地域间，民居文化存在着巨大差异，形成了多元的地方特色。

四合院在北京、山西、陕西、河北都有分布，以北京四合院为代表。北京气候属于典型北方气候，冬季漫长且干燥。北京是我国经济政治文化中心，从古代的城市规划起就讲求等级制度，北京四合院也是这种制度的传承。

北京四合院的平面布局是典型的中轴对称，中轴线是南北走向，东、西、南、北四个方向的房屋共同面向一个庭院。大门设在基地左前方。大型住宅由多进院落组成，一般不超过五进。

其结构是砖木结构，用清灰抹顶。四合院的细部装饰十分精巧，特殊部分要进行绘画（图 1–10）。

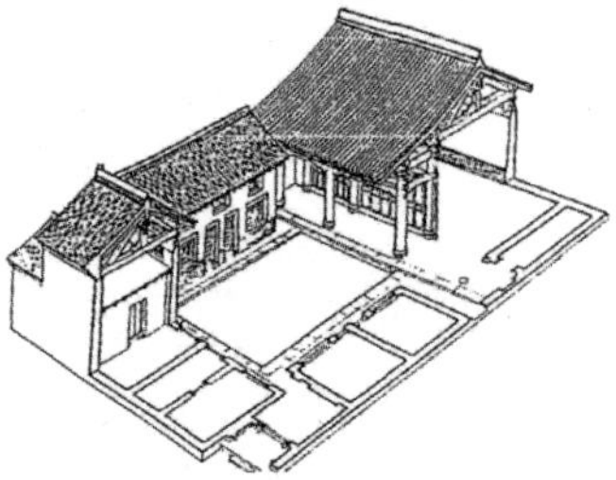

图 1–10
山西襄汾砖墙承重式住宅

资料来源：刘致平．中国居住建筑简史：城市、住宅、园林：第二版[M]．北京：中国建筑工业出版社，2000．

华东地区居住沿革

华东地区位于我国东部，是经济最发达的地区。其自然条件优越，属亚热带湿润性季风气候和温带季风气候，物产丰富，路网四通八达，水网密布。华东地区民居主要分为三大类别：江南民居、皖南民居、福建客家土楼。

江南民居

江南是中国历史文化及现实生活中一个重要的区域概念，它不仅是一个地理概念，也是一个历史概念，同时还是一个具有极其丰富内涵的文化概念。对于江南文化传统和当代演进的研究能让我们以地域性和历史性更好地看待中国文化。中国疆域辽阔，历史悠久，长期以来自然而然地形成许多不同的地域文化。目前人们用得最多的地域文化概念大体上有这样两类：一类是根据春秋战国时期的诸侯国而定的，诸如楚文化、秦文化、吴文化、越文化等；另一类是以地域区分的，如中原文化、江南文化、湖湘文化、塞北文化、巴蜀文化等。

江南文化经历了长期的演变与转型，在不断地整合与重构中形成一个具有丰富内涵的文化体系，到隋唐之际其主要内涵已经比较稳定。首先，江南山川秀美、气候温暖、水域众多，人性普遍较灵秀颖慧，利于艺术培育。这种特征在远古时期充分体现了柔中寓刚的特点。魏晋南北朝时期，江南上层社会已经普遍崇尚文教，但下层民风还是勇悍刚强的。在南北朝、唐朝、五代甚至宋朝时仍然如此。江南文化是一个立体多维的复合体。就纵向而言，今日的江南文化是历史的江南文化的有机延伸和发展，是深长悠久的千年江南文化的当代形态；而从横向而言，它是中国当代整体文化的不可分割的组成部分，并成为其中极富个性和最具活力的动力源之一。研究江南文化可以让我们更好地领略中国文化的独特和博远，也有助于江南政治、经济与文化的和谐发展。

江南文化最早出现在先秦两汉时期。在东周时期，江南是吴国、越国等诸侯国所在的长江中下游，即今上海、浙江、江苏南部、安徽南部、江西东部和北部等长江中下游以南地区。在《史记·秦本纪》中记载的江南，指的是现今湖南省和湖北省南部、江西省部分地区。唐朝贞观元年（627 年），设立江南道，范围包括长江中下游地区的江西、湖南、湖北的长江以南部分。自古以来，江南汉族地区曾有会稽郡、吴郡、江南道、江南路、两浙路等行政划分。

江南地区的代表是浙江余姚河姆渡村，其发现的建筑遗址距今六七千年，这是我国已知的最早采用榫卯技术构筑木结构房屋的一个实例。已发掘的部分是长约 23m、进深约 8m 的木构架建筑遗址，推测是一座长条形的、体量相当大的干栏式建筑。木构件遗物有柱、梁、枋、板等，许多构件上都带有榫卯，有的构件还有多处榫卯（图 1-11）。根据出土的工具来推测，这些榫卯是用石器加工的。这一实例说明，长江下游一带木结构建筑的技术水平高于黄河流域。

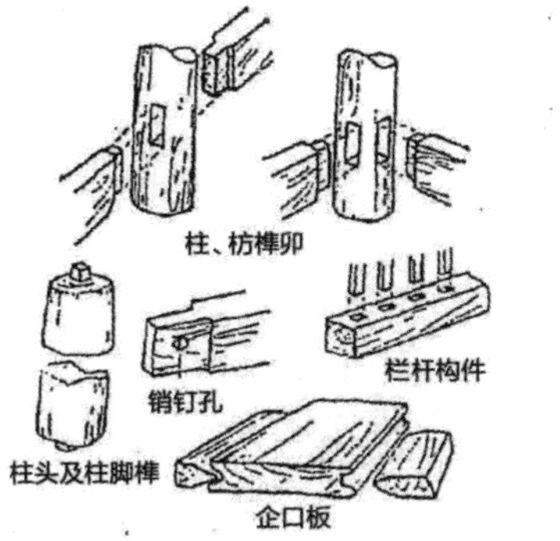

图 1-11
浙江余姚河姆渡村遗址房屋榫卯

资料来源：《文物》1983 年第 4 期；《考古学报》1978 年第 1 期。

唐朝末期，爆发的黄巢农民起义，严重打击了唐朝的统治。最后政权落入军阀朱温之手，他建立了后梁，从此中国进入了分裂时期。在半个多世纪的分裂中，黄河流域经历了后梁、后唐、后晋、后汉、后周 5 个朝代，而其他地区先后有 10 个地方割据的政权，史称“五代十国”。各个割据政权之间攻战频繁，破坏很大，只有吴越、南唐、前蜀等地区战争较少，经济文化在唐代基础上仍有发展。在建筑上，五代时期主要是继承唐代传统，很少有新的创造，仅吴越、南唐石塔和砖木混合结构的塔在唐朝的基础上有所发展。石塔如南京栖霞山舍利塔、杭州闸口白塔与灵隐寺双石塔，砖木混合结构的塔如苏州虎丘云岩寺塔、杭州保俶塔等，都是在唐代砖石塔的基础上进一步仿楼阁式木塔。建都于广州的南汉还铸造了铁塔（光孝寺东、西铁塔）。由于江南一带建筑的发展，技术水平也较高，这一点可由北宋初年浙东木工喻皓入京主持重大工程一事得到印证。

北宋、南宋时，社会经济得到一定程度发展，统治集团对人民横征暴敛，生活奢靡，建造了大量宫殿园林。北宋都城有许多苑囿和私家园林，西京洛阳是贵族官僚退休养老之地，唐时已有不少园林，宋时又有增添，数量更多。

江南地区的气候属于南方气候，炎热潮湿，因此建筑多采用底层铺砖，上层就地取材使用木结构。由于江南地区地形复杂、有高差，所以其住宅院落很小、房屋组合比较灵活。在室外布局上，高山屋顶的山墙能起到防火的作用。

江南地区民居的建筑大门多开在中轴线上，迎面正房为大厅，后面院内常建二层楼房。由四合房围成的小院子通称天井，具有采光和排水的作用。人们活动的公共区域是檐廊，不仅防水而且可以开设店铺，为人们交流的场所。江南民居的外观多为粉墙黛瓦，具有防水和美观的效果。吊脚楼和马头墙也是民居中的构筑物，具有扩展空间和防火的功能。

皖南民居

皖南民居多受自然因素的影响。因为安徽气候潮湿多雨水，当地建筑具有防雨、防潮的功效。文化因素也使得徽州民居有其独特的韵味。安徽文化因区域不同人文亦不同，受到安徽邻近各省（如山东、福建、江苏等）的影响，兼具四方的文化特征。而安徽文化中，最有代表性的是徽州文化，徽州的民居不仅是安徽文化的精粹，也是中国传统文化中珍贵的遗产，甚至在世界民宅遗产中也占有一席之地。徽商多为儒商，而徽派建筑多为他们回家乡后建造的。各类装饰细部极其考究，有很多的浮雕和窗格等精美构件。

皖南民居多分布于安徽省长江以南山区范围内，以西递村和宏村为代表。安徽民居是安徽省区域内的中国传统民居建筑，特点鲜明，具有很高的美学价值，其布局一般都以三合院或四合院为基本单位，但与北京的院落形式有别。

现存的徽派民居建筑，保护完好的大多是明、清时所建。建筑特色主要为青瓦白墙，屋宇鳞次栉比，层楼叠院，高低错落。庭院依势而成，因地制宜，花窗漏格、石雕、砖雕、木雕装饰千姿百态、无一雷同，门罩以石雕或砖雕装饰而成，技艺精湛，花纹图案多以传统民俗生活为题材，内含丰富多彩的故事情节。各种元素共同构成了质朴典雅、风格独特的皖南徽派民居（图 1–12、图 1–13）。

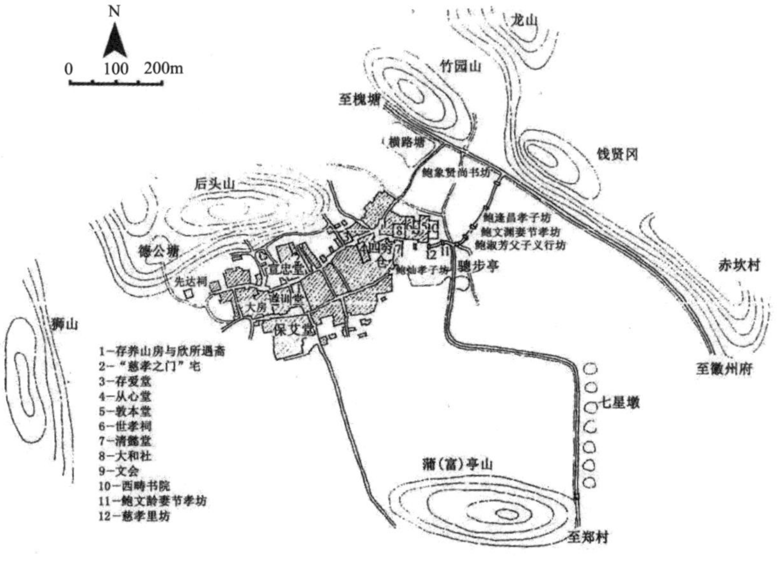

图 1–12　安徽歙县棠樾村复原平面图

资料来源：东南大学建筑系，徽州文物管理所．徽州古建筑丛书：棠樾 [M]．南京：东南大学出版社，1993：6.

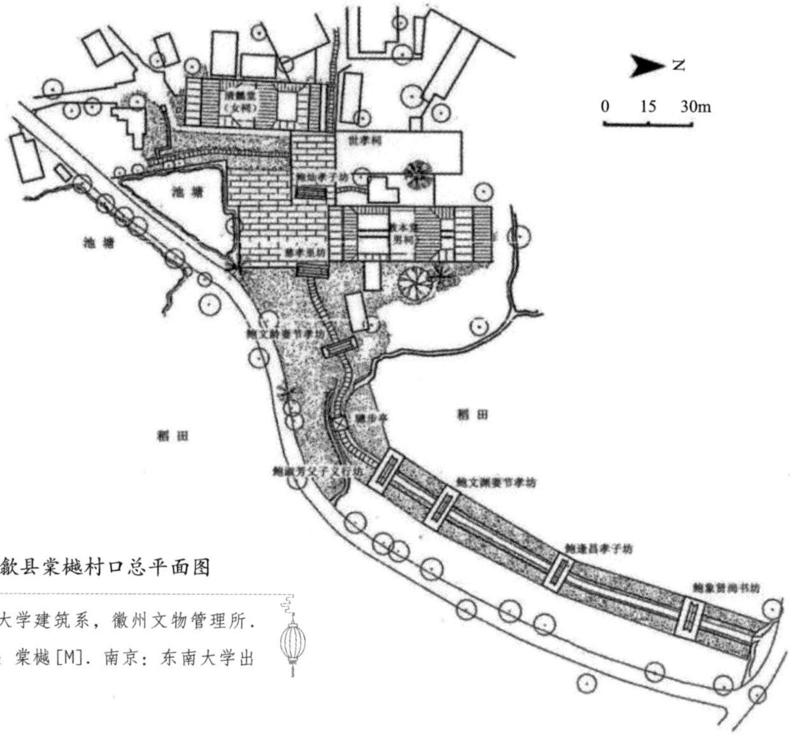

图 1–13 安徽歙县棠樾村口总平面图

资料来源：东南大学建筑系，徽州文物管理所．徽州古建筑丛书：棠樾［M］．南京：东南大学出版社，1993：6．

福建客家土楼

福建土楼主要分布在我国闽、赣、粤三省，如龙岩市境内的永定土楼，漳州市境内的南靖土楼、华安土楼、平和土楼、云霄土楼、漳浦土楼及泉州土楼等。其中福建地区的土楼保存最为完整，现存 3000 余座。福建土楼形制如表 1–7 所示。

表 1–7 福建土楼形制

类别	具体表现形式
平面布局	福建土楼是内外合围出庭院，走廊、房间的分布以大厅、门堂等公共区域为中轴线展开，内圈一般作为公共区域，外圈作为居住场所
立体空间	一楼为厨房，生火的地方；二楼为粮仓；三楼以上为居住空间
建筑材料	红壤土、瓦砾土等

续表

类别	具体表现形式
建筑色彩	受儒家思想和道家思想的影响，强调采用材料的本色，即土黄色的墙身、黑色瓦顶、木材的原色
建筑功能	土楼既可以满足人们的生活住宅需要，又有防御外敌入侵的作用

客家人原是中原一带汉族，因战乱、饥荒等被迫南迁，他们每到一处，本姓、本家人总要聚居在一起。因此客家人建造的民居不同于其他地方，其民居尺寸较大，能够将家族的人群安置在一起。福建地区属于沿海，不仅建筑材料较少，而且还伴有台风，以及陆地上的猛兽冲击的威胁，再加上其他地区的人群袭击，因此福建土楼具有很强的防御性。

华中地区居住沿革

华中地区位于我国中部、黄河中下游和长江中游地区，涵盖海河、黄河、淮河、长江四大水系，地处华北、华东、华南、西南、西北等地区之间。华中地区以湘西、鄂西民居为主，以土家族的民居为代表。该地区的自然因素对民居的发展造成了很大的影响，山区的地势陡峭且雨水充沛，所以该区域的民居多为吊脚式建筑。湘西一带经济条件并不十分发达，在建筑材料选取时也多因地制宜、就地取材选择简单的木质建筑。

建筑多依山而建，坐西朝东或坐东朝西。分为三类：单吊式、双吊式、四合水式。单吊式是最常见的形式，有人称为“一头吊”或“钥匙头”，只有正屋一边的厢房伸出悬空，并且用木柱支撑。双吊式，又称“双头吊”或“撮箕口”，由单吊式发展而来，在正房两边都有吊出的厢房。四合水式是在双吊式基础上发展出来的，在正屋头两头的厢房吊脚楼的部分上连成一体，形成四合院的形式（图 1–14 ~ 图 1–17）。

图 1-14 宋代开封《清明上河图》局部

资料来源：《清明上河图》，张择端，绢本设色，24.8 厘米×528.7 厘米，北京故宫博物院藏（局部）。

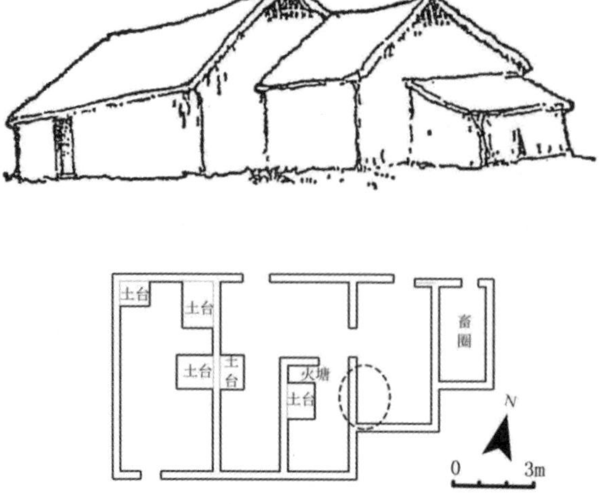

图 1-15
郑州大河村遗址平面及想象复原外观

图 1-16 小店河村风貌及其整体肌理

资料来源：刘磊．中原地区传统村落历史演变研究[D]．南京：南京林业大学，2016：108．

图 1-17 丁李湾村的“同”“衡”关系示意

资料来源：刘磊．中原地区传统村落历史演变研究[D]．南京：南京林业大学，2016：109．

华南地区居住沿革

华南地区地处中国南部，当地地势陡峭，属于高温多雨、四季常青的热带—亚热带区域，木材产量大。因为其自然环境高温湿热，以及以岭南文化为代表的独特的人文历史传统，华南民居自成体系，有其独特的民居文化生态。

华南民居典型代表为干栏式民居，因此需要建造防雨防潮式民居；同时华南民居的山寨式造型也与其他地区的民居不同，体现了匠人的智慧与古人木构造的技巧。

早期华南民居形制为干栏式建筑，下面养牲畜，上面住人。它的平面形式有三合院、四合院，还有复杂的曲尺形、日字形和碉堡形等。

在村镇中，受封建礼制和宗法观念的影响，住宅大都同族聚集建造，形成以祠堂、书塾为中心的群宅布局方式，各民居内部则强调主次分明、内外有别和对称布局。在潮州、海南等地区中，不少人由外地迁居而来，他们为了生存和防备外族的侵犯，也便于家族团结，建筑常做成碉房或寨的聚居防御形式，对外封闭但内部开敞。

影响民居特点的因素很多，除气候、地理外，政治经济、生产方式、家庭结构及民居的类型、规模与宗法观念等都会对民居的布局产生影响。而且，建筑材料、手工技艺等对民居特点也起着较大的作用。另外，封建礼制对房屋的方位、大门的朝向，及民居的宽、深等都有严格的标准。大型宅第，还在民居建筑中深刻地反映了封建阶级的思想意识。

西南地区居住沿革

云南纳西族民居

纳西族是一个古老的民族，分布在云南等地，以云南永宁为最广泛。他们生活在高原上，从汉代开始建设，云南晋宁石寨山出土的井干式房屋是其典型代表。纳西族的民居具有较高的抗震能力，建造工艺并不复杂，房屋适应性强，施工速度快。

民居为原木材料，井干式结构，布局形式为一字形、曲尺形，三合院、四合院等。一般正房是三开间：明间是堂屋，做厨房和接待客人使用；右边是主人卧室；左边是杂物间。材料都为就地取材。

云南一颗印

云南属于高原地区，气候湿润温暖，四季如春，气温无异常，适宜人类居住。云南纳西族民居多分布在昆明及滇中、滇南地区。其建筑主要为了防风和安全。民居正房和耳房相连，正房多为三开间，两边为耳房。两边的耳房有左右各一间的，称“三间两耳”；左右各两间的，称“三间四耳”。大门居中，门内设置倒座或门廊，倒座深八尺，“三间四耳倒八尺”是“一颗印”的最典型布局形式。天井狭小，正房较高，均采用双坡顶形式。架构采用穿斗式架构。外包土墙和土坯墙。“一颗印”独门独户，高墙小窗，空间紧凑，体量小巧，没有固定的朝向，随着山坡走向形成没有规则的散点布置。

四川民居

四川省居住着羌、藏、彝等少数民族，气候温和，木材产量丰富。自秦汉以来，历代不同的人群迁移至此。多民族的聚居带来的文化、技术交流使得建筑的结构形式呈现多元融合的特点。四川民居布局较北方民居自由，平原地带多用三、四合院布局手法，有曲尺形、一字形平面；在盆地周围山区或沿江一带，多用分层筑台、放坡、吊脚等方法；在少数民族聚居区，民居多建在高山台地之上，形成山寨。四川民居结构以南方穿斗结构为主；在少数民族地区，民居外墙用乱石堆砌，内为小柱网木结构承重。以当地木材、土石作为建筑常用的材料，也以材料原色为主，材料色彩结合建筑形态，体现出自然协调、朴素典雅、轻巧飘逸的气质。装饰重点多在屋顶和木作部位，主要有砖石、泥塑和民族彩绘等。

房屋结构及建造仪式及过程

东北地区民居建筑类型

东北地区地大物博，历史源远流长，人杰地灵。东北地区民族主要是狩猎、渔猎民族，由于多年征战、兼并，他们的家族和村落分布在沿江靠山的一些平原和向阳地带，主要是为了从事山林活动。到了元明以后，中原与地方的沟通加大了交通的联系，各个驿站的站房、站丁居住的地方就成了第一批村落。清初，入主中原的东北清王朝为了巩固后防边陲，在入关后留下了大量的旗人，建立了一批“官庄”，东北的村落开始有了相当的规模，但依然主要分布在沿松花江地区和科尔沁一带，具有鲜明的地域特色。清中期，我国历史上的重要人口迁移活动开始了，这就是人们常说的闯关东。大量的中原人口——山东、河北、河南、安徽等流民涌入东北开垦耕种，他们迅速建立了第二阶段的村落，居住建筑相互借鉴、融合，也有区别，形成了东北地区有代表性的村落，也是东北地区主要的村落形态以及民居主要建筑类型，独具特色。

满族民居

早在穴居时期，东北先民就给我们留下了一句俗语："房顶开门，灶坑打井。"房顶开门是什么样的呢？穴居半穴居向地下挖坑，上面覆盖木、草、土，中间高处留一个出口当门，上搭一遮雨雪的坡形盖，上下出入用树杈和梯子，越富贵人家的房坑越深，梯凳可达九级以上。那时的穴居房没有窗。

地窨子房属半穴居，上半截是土墙，开有窗，一般不太大。住马架房和窝棚时期，也基本没有窗户，有的在房坡或矮土墙上留一小洞，上面挂一个桦树皮作帘遮挡风雨。门已进步到了柴扉形式，用木杆绑扎成四框，上面夹上树枝条，之后四框演变成"目"字形，树条别在"目"字的横木上。

辽金和明朝卫所时期，海西女真人定居于乌拉一带，开始有简易草房，乌拉国则在白花点将台的古城建有皇室和宫殿，系掳来中原工匠建筑成砖瓦结构的殿堂。清末诗人成多禄的诗句"层楼复殿飞丹霞"描写的便是此结构，门窗亦仿中原形式。

明末乌拉国到清初，民众草房亦简陋，"屋高仅丈余，独开东南扉"(《扈从东巡日录》)，少有窗户，门和上述的柴扉相似，但这时板材已大量使用于建筑中，有了板门。

从清康熙四十五年（1706 年），因防水患，将乌拉城迁至老城东南新地。到民国时期乃至20世纪60年代前，镇内逐渐都建成砖瓦结构房屋，附近村屯多为草房。这时期的房屋门窗已由木材制作。

新城区系满族官员和八旗驻防官上层人员居住的砖瓦住房，一家一户的三合院或四合院，门朝南或朝道路方向 。从保留下来的萨府，可见清中期建筑格局和风格，后府和魁府则为清末的典型风格。乌拉城因有打牲衙门和协领衙门，供职和退休七品以上官员近百名，城内高级住宅很多，仅《吉林民居》中，就有胡家、迟家等多处。农村则以草房、海青房为多。门窗的位置、大小、样式、工艺独具特色。

满族民居的瓦房盖建造过程及结构

用泥陶密（土语称瓦盆官）烧出的小黑瓦，也叫小青瓦，又叫"布瓦"。镇内房宅多用这种黑瓦，后来有了大块的板瓦，有红色和黑色两种。伪满时期开始有了水泥瓦和石棉瓦，这种瓦在20世纪80年代以后使用比较普遍。

传统瓦房房盖分三层，底层是“坐板”，民间称为“房箔板”，一般用红松木板，横着钉在椽子上，板宽15～20厘米，厚一寸左右，接缝处用上下错口相对。坐板上横向钉有方压条，行距40～50厘米，坐板用以驮坐泥和房瓦，坐板上的压条用来阻挡坐泥下滑。施工时，先在坐板上抹一层1～2厘米厚的护板灰（麻刀灰，灰麻比例20∶1），保护木板并使木板平整。第二层是“坐泥”，坐泥分两层，下面一层用黄土掺“羊角草”（苫房用的甸子草，铡成二寸长短），厚度5～7厘米。坐泥上面一层抹“瓦泥”，“瓦泥”也叫“插（读chá音，掺杂的意思）灰泥”，以黄土与白灰4∶1（也有3∶1）的比例，掺入少许细“羊角草”或“稻麦余子”和泥，厚度10～13厘米，用来黏附小黑瓦，掺白灰和泥可以防鼠咬和长草，并且黏附性强。为了增加瓦房盖抗塌斜的能力，在瓦（读wà音）瓦的第二年，将瓦“倒拢”一遍，即拆开瓦后，重抹3～4厘米厚的一层“插灰泥”，再把瓦重新铺上去，这样处理后的房盖寿命能达40年以上，房瓦上长满了青苔，更加不漏。坐泥和插灰泥还增加了房屋的保暖性。

也有不用木箔板，而用木梓和编笆帘作房箔的，上面再铺以泥，第一层坐泥厚度要较用木箔板的厚一些。

20世纪中期，有的人家用油毡纸代替坐泥，在上面只能铺大板瓦和石棉瓦。20世纪80年代以后，很多人家在室内顶棚上装锯末子、稻壳子保温，屋顶用冷挂方法，瓦直接挂在房架的“瓦带”上，用这种方法不用铺小黑瓦。在乌拉街、吉林附近，一般为“干槎瓦”屋顶，用该方法瓦瓦步骤大体如下。

第一步，检查瓦片大小规格。因为瓦在制作泥坯时，一筒共四片，切割时有误差，尽量找出长短宽窄规格相同的一片或几片做样子，尤其要注意宽度。翻修房屋时，因是用旧瓦，要添补一些，更要注意规格统一，只要一趟瓦规格统一就可以，瓦与瓦之间的误差不能大于3毫米。

第二步，做脊帽子。在正脊处安一块瓦片作底边，连着两房檐挂一条线，再在房前后坡正中间竖向挂一中心线。正脊横线上部，将瓦大头朝下扣着摆上一趟，中间两块瓦摆在竖向中心线两侧，瓦与瓦之间大头“齐头碰”，但不能搭上，如有不平的地方，上面可加瓦垫平，两块扣着的瓦下面摆一块仰瓦，叫“梯子瓦”。再在扣瓦上面抹上一层麻刀灰，将灰刷上清浆并轧光，以备在其上做房脊。

第三步，摆好“老桩子瓦”。即瓦好“领头瓦”，在顺房坡中心线上放好第一趟瓦的第一、二块，再向左或向右摆好第二、三、四趟瓦。

确定第 1 ~ 4 趟瓦位置后，还要排瓦口，使瓦趟数到左右两房边檐时正好“赶趟儿”，即趟数不多也不少。第一趟从房檐边在中心线上放置两块大头朝下的瓦，第二块瓦压住第一块的 8/10；在应放第三趟瓦的位置上，同样放上两块瓦，第二块压住第一块的 8/10。第二趟上第一块瓦和檐头齐，大头朝下，大头两边的瓦翅（瓦翅是瓦左右侧斜立边）压在第一趟瓦第一块和第三趟瓦第一块的瓦翅上。第二趟瓦的第二块压在第一块的 6/10 处，注意这块瓦是小头朝下摆放，两翅也要搭在第一趟和第三趟瓦翅上。第三趟瓦和第一趟瓦摆法相同，第四趟瓦和第二趟瓦相同。只是在第二、四、六、八、十偶数瓦趟的第二块瓦小头朝下，以使瓦摆到脊时能做到上部呈平面，其余所有瓦都大头朝下摆放。用这样的摆法瓦瓦，房顶瓦楞竖着是直线，横着是错开的。

第四步，瓦瓦。瓦瓦时屋坡面上要抹一层“瓦泥”，瓦泥中掺短羊角草、白灰，增加黏度。再按上面所说的顺序从房顺坡中心线，先向左或先向右依次摆上去，到“脊帽子”瓦下，将下面垫的“梯子瓦”撤出，将靠脊处最上一块瓦塞到“脊帽子”瓦下面。在全坡瓦瓦过程中，从上到下横着挂三趟线，上一趟在脊上，又叫“齐头线”，檐线在房檐头，腰线（又叫楞线）在坡中间，如果坡过长，中间还可多挂两道腰线。

瓦瓦时需要注意几个关键问题：一是瓦要摆放平整，瓦翅要跟线，不能跑线；二是瓦要完全与瓦泥接触，瓦才不会松动；三是注意瓦摆放的松紧度，瓦是有大小头的，大头要连接紧密，小头不必太紧密，一趟瓦的上中下紧密度一样，有过紧的地方就有过松的地方，即“逢松必紧，逢紧必松”，此时需用“逢松要松，逢紧要紧”的方法矫正过来；四是每一趟瓦都要竖直、不能歪，否则到边檐头时就会出现空当。

第五步，做两侧檐头。房坡面左右靠檐头的地方做三趟盖瓦垄，做檐头主要是为了增加重量，压住两侧房瓦，不被风吹开，还有美观的作用。底瓦仍仰放，瓦与瓦之间留出一趟瓦的空隙，叫“蛐蜒当”。将盖瓦扣着搭盖在两趟瓦和“蛐蜒当”上，盖瓦瓦翅要搭进底仰瓦的瓦沟边内，雨水顺着两盖瓦中间的仰瓦上淌下，这个淌水的瓦道叫“走水当”。房檐头处多用勾头瓦和滴水瓦，使瓦沟急流下的水放缓。房檐最外边有的用垫瓦木。

第六步，做房脊。房脊有数十种类型的砖和脊两边翘头的花样砖，也有用斜瓦紧挨着堆摆成屋脊的，中间摆成金钱形花样，两侧瓦向中间倾斜。住户根据房屋的情况和家庭状况、社会地位、房主喜好等情况做不同的房脊和脊头。有的人家在脊中间还砌花样砖瓦。脊砌在脊帽子上，要呈直线状。脊上部一般为泥鳅背形，便于淌水。

第七步，做底边檐头。有的檐头上置筒瓦，筒瓦上有圆眼或方眼，筒瓦下方有勾头，勾头又有各种形状。干槎瓦房檐大部分为光房檐，不挂筒瓦勾头，有的只安滴水瓦，有的什么也不安，领头瓦探出房檐一些。瓦底下要是有垫瓦木，在垫瓦木上略施泥浆，使之坐严；无垫瓦木时，瓦下与房坡面上如有“燕窝”空隙，一定要用泥堵好“燕窝”，外面再抹一层麻刀灰。

满族民居结构

土院墙

用土砌的院墙，墙根用石块砌，墙顶先横码上木梓和秫秸，两头较墙体宽，上面再用“卡头墩”、砖或泥码成人字形，土语叫“墙码头”“墙垛子”“墙枕头”等，用来防雨水。“墙码头”上过去竖着放一些尖石子和铁钉，后来插满玻璃碴子，防止人爬过和鸟落下，民间称为“鹰不落”墙，史书记载时也有写成“影不落”的。乌拉街一带过去流行“土打墙”，这也是乌拉街一大特色。土打墙是两边夹上木板，中间装干土，用夯、“墙杵子”等特殊工具夯打。木板一般二寸厚、一尺五高、八尺长，一次要预备 4 ~ 8 块，再用木夹杆 4 ~ 8 根以及木楔子、木橛子，还有墙堵头板 2 块。早期的夯是用整段木头凿锯而成的，上部掏空成一个门框形把手，后来以木墩两侧竖杆为把手，两个人面对面双手捏竖杆向下夯打。“墙杵子”是一个 6 尺左右长、8厘米厚的木杆子，两头有削成边角似马蹄形的杵子头，用来夯实边角地方的土。土打墙视人家的富裕情况，富裕人家墙高一些，用板来论高度，一般人家用三四板高的墙，大多为五板高，长度根据院子情况，以一板长为一堵，一般说“打几堵墙”。墙底部将谷茬子掺入土中，防止鼠盗洞。乌拉街土中含硝碱，土打的墙非常结实，多年风雨侵蚀后，墙根只剩几寸厚，仍站立着，所以乌拉有“用土打墙墙不倒”的歌谣。

打夯时伴唱有号子和歌谣，尤其是大姑娘、小媳妇经过时，打夯人用现编的挑逗性唱词唱上几句，闹得姑娘、媳妇脸通红，低头匆匆走过。乌拉街民风朴实，提倡自由恋爱，所以又有“小伙子跳墙狗不咬”的俗语，就是指小伙子跳这种墙，去会心爱之人。

障子

障子，也有写作杖子，院墙的一种，是乡下人家的院墙。以木杆、木桦子、树枝条、秸秆等夹成。

木杆、木桦子做的障子，几年后根部烂掉，再重夹时就掺进一些高杆的，要是再用这一茬木头，就会越夹越矮。乌拉街四周人家少、树木多，木材有的是，乡下一般人家多用木杆和木桦子夹障子。后来村里人口日渐增多，这里又是平原，树木渐少，尤其是丰满大坝建成后，上游漂浮下的倒木越来越少，用木材夹障子的就少了。

一些大车店也有用一丈多高的木杆夹障子的。

用树枝条夹障子，多用不够长的架条。乌拉街一直是盛产蔬菜的地方，种豆角要用树枝做架条，让豆角蔓爬上去，用几年后架条短了，或者做柿子等矮棵蔬菜的架条，或者用来夹障子。乌拉街江边多柳树，割柳条也能夹障子。贫穷的人家就要用秫秸、苞米秆等秸秆做障子。

也有人家地、院宽敞，插柳树条或种榆树，厚厚的使之成墙，每年春天进行修剪，整齐美观。

夹木材障子要将木材竖立在地沟内，上部用两横木条（土语叫“障勒子”）夹上，中间用树皮、绳条、铁丝勒紧。用树枝条夹障子，需用两根粗的木条作横杆，一条在上部，一条在根部，将树条来回别在横杆上，隔一段用根粗木做立柱钉牢，使之坚固挺立。用秸秆时要将秸秆大皮扯掉，立起用两横木夹起来。有的人家附近养猪、鸡等，或者是院内的菜畦、花圃障子，则用秸秆斜着插，别成菱形图案，很是好看。

山花墙

乌拉民居的两侧山墙叫“山花墙”，山墙外的地方又叫“山花头儿”和“房山花子”。这是因为过去砖山墙上镶有雕花的“砖花”，今天到乌拉街后府和魁府还能看到。另外，左右两侧为土墙的房边缘怕椽头子烂，钉有“博风板”，板头刻有花，两板在脊头交角处有木雕“花坠”，所以房两侧土墙就叫“山花墙”。

门

院墙门处于全院整体建筑的最前端，在中轴线上稍偏东。院墙门为总出入口，显示一户的官职及贫富的级别。适用于三合院、四合院的是土墙、砖墙。

屋宇式，俗称砖门楼。多用于四合院，较少用在三合院上，砖瓦结构。一般为三间房，中间为门洞，或住杂役或储存杂物，“乌拉街某宅屋顶宇型大门三间，两尽间（左右两侧房）做六角窗并加饰花纹，屋顶则做悬山起脊式，造型古朴大方”。[1] 中间门洞内的石门墩上安有两扇木制大门，门板外侧上下有一圆形门枢，民间称为门轴，下部安放在门墩石（或称门槛石）的窠臼内，上部嵌在木套槽中。门墩内侧有槽，槽中安一厚木板的门槛，门槛上有铁环，走车马时可持环将门槛摘下。一扇门上有一小门，一人多高，可供人平时进出。门板上有门钉和门环，门上框安有门簪，门簪为方形，或斜插入呈菱形，或六边形，探出门上框三寸左右，视房主人官阶等级，门簪有大小多少之别，一般为四个或两个。门上框设有走马板，很高；再上为脑间，很宽大，以便在上面悬挂牌匾。较高官职人家大门前有石狮子

1　张驭寰. 吉林民居［M］. 天津：天津大学出版社，2009：34.

和上马石，受皇封的人家外面还竖有两块旗杆石。屋宇式门楼，中间高于两侧，滚脊，硬山式山墙。

后府的后人赵君扬先生在其回忆录中，描述了后府的大门楼："大门楼滚脊高耸，一高两低共三间，门在正中，两侧是执事房。大门的轴座前面是石雕狮子，门两侧的壁画以汉白玉为基底，上部是精美纤细的砖刻浮雕，人物生动，有'刘海戏蟾'、'和合二仙'、山水花木、楼阁亭台等等。画面用铁丝网罩着以为保护。门上高悬一方匾额，文为'坐镇雍容'，是吉林、奉天和黑龙江三省将军联名赠的。""大门里也悬着一块匾，两侧是执事房。执事房的门很高，里面竖放着各种仪仗：金瓜、钺斧、朝天镫、官衔牌、肃静牌、回避牌以及万民伞、万民衣等等。"[1]

四脚落地大门，也叫瓦门楼。一般用于三合院。可以是砖瓦结构，也有下部木制、上部为瓦盖的。一间房大小，四角用四根 8 寸到 1 尺粗圆形或方形明柱，立于础石上，中间立有门框，门墩石上安两扇大门，门框前后上边用木方接于四根明柱上。明柱上部为左右两架梁柁，五檩五杦，或三檩三杦，上铺椽木和一寸厚房箔板，再上面挂瓦，两侧脊下到房檐挂有博风板，板头刻有荷花等图案，脊下博风板夹角上钉有木雕山坠板，图案多为鱼形，有单鱼有双鱼。门下部槛和上部装饰与屋宇式门楼基本一致。

板门楼，也叫木板大门。一般用于三间、五间房的院落，乡下多见，全部为木制。2.5 ~ 3 米宽，以能进马车为度。由两粗木立柱，支起一两坡屋脊式板房盖，房盖两坡共宽 2 ~ 3 米，脊为一根长方形横木，脊头也是用木头锯出。门框、门板、门槛、门墩、走马板、门簪、脑间俱全。板门楼有的整体刷漆，有的仅房盖刷漆，早期刷桐油，也有不刷漆油的。木材为硬木或松木。

光棍大门，也叫衡门，一般满族乡下土院墙人家多用此种大门。门可宽可窄，可高可低，养马车人家要比车宽一些。大门制作简便，可用方木，但大多用圆木，取两根高大立木为柱，根部埋于地下 1 米左右深；或用两根夹木，夹木埋于地下，立柱固定在夹木中。立柱上横架一檩一杦或只用一檩，用榫卯固定，也有在檩杦

1 关志伟. 话说乌拉 [M]. 长春：吉林人民出版社，2008：341.

下再置一根走马板木横梁，上饰以门簪的。门为板门，上下门枢嵌在套木槽内，基本上无门槛。《吉林民居》记载，在 20 世纪 50 年代乌拉街蓝屯有一典型的光棍大门。大车店或养车马多的大户人家，光棍大门宽大，木料也粗大，为了坚固，上梁系上下两根，下面的代替走马板，上部为横梁。由于门扇较大，用栅栏式，而不用板制。

村屯边上人家，为避免出门就看见远处的山或村外的树木、坟地等，大门前修影壁来遮挡。大门前不能正对着一条直来的道路，说路是箭，会伤人，也不能将大门正对着岔路口，寓意仕途财运有分歧。大门还不能对着高大的树木、烟囱、电线杆等，说这些也都是暗箭。大门和正房的方向不能为正南正北，过去只有衙门才建在正南正北方向上，东南方向最好。也有大“朝阳”的，即东南向而偏东。如房屋建在街道两侧，不得正朝西面，且要避开西南方向，实在避不开时，需在院西北角的“白虎”神煞方向，埋一刻有“泰山石敢当”或“石敢当”字样的石头，用以辟邪。因吉林乌拉在康熙年间新建城时，就规划了整齐划一的街道，而且住于城内的人家，官职大小，各家各户都清楚，职务低的人家更不敢逾越上级官员房屋的，所以房与房、院与院不存在“压东压西”的问题，不似吉林市胡同中房屋，为了相压邻舍人家，将街道建成一家压一家的弯形。建大门是大事，要选日子，一般也不能重改建大门的位置。

仪门（二道门）大户人家有前后二道院，即内院、外院，中间用腰墙（也叫二道墙）隔开，墙上设的门为二道门。

最典型的就是后府的二道门。据后府的后人赵君扬回忆道：“隔开里外院有一道花墙……中间开门，墙有一人多高，墙头出檐，滚脊圆瓦。墙身磨砖对缝，镶嵌着一块块白石浮雕花卉竹木。墙基是一色白的石头，上面浮雕各种动物。”“花墙中间有个小门楼凸出，是为仪门（即二门），这个门楼构造精巧华丽，滚脊、圆瓦、飞檐、藻饰，檐梁下垂 4 个玲珑剔透木雕的金色盘龙短柱悬挂在半空，柱头是龙头，龙口里有一颗朱红色的圆球，站在下面可以用小棍伸进龙口里拨弄那个圆球转动。两根缠麻红漆抱柱由圆形础石相承，方砖铺地，四周围着绿色竹节形栏杆，栏杆用柱子相连，8 个栏杆上各安一座青石雕的狮子，形态生动，比北京卢沟桥上的狮子略小。台阶有三级，是由整块汉白玉雕成的。”“二道门里外都挂匾，外面的是北京的一个王爷送的，文为‘绳直冰清’，里面的是清朝著名的状元陆润庠送的，文为‘兰桂有芬’。下面有四扇隔扇挡住门的正面，以免直视里院正房。隔扇上写着二寸见方的楷书，绿地金字，为古文大家欧阳修的《相州昼锦堂记》全文。这隔扇平时不开，进里院走隔扇两侧。”[1] 因此，有的也称其为二道垂花门。大部分富户则无二道门墙，用院心影壁将内外院隔开。

正房与厢房相连处有拐墙，拐墙有配门，俗称为便门、角门，这个配门是通向屋后的，无门扇，上有扇形门额，门额上可写字。

带前廊檐的正房左右两侧砖墙上设有廊门，很窄，上端为半圆弧形，用回廊连起来。通向厢房的回廊门，如院中两侧各有两排厢房，厢房之间也由廊门和回廊连接。

屋门分两类。

一是风门。住人的正房和厢房通向户外的门叫风门，平时称外屋门、大门。风门宽大，以便向屋内搬家具。风门的门框有的两侧从地面直顶到房架的边檩上，这样的门框呈梯格形，下格内为门扇，上格为门亮子，也称脑间。门亮子又分两部分，挨着门的部分为木花格的，早期后面衬板，后期多置玻璃亮窗，中间有竖格窗棂，上部为板。也有两侧直接与门边马窗连体的，这样的马窗窄一些。后期还有一种独立门框，即在下部安置门扇，上部有一横条亮窗，亮窗一般分两格和三格。这种独立门框两侧立框不顶在房架檩上，多用于砖房，下边无门墩，街面商户人家也有稍宽一些的，框内宽达 1.2 ~ 1.5 米，门为两扇，或一般大，或一大一小。

门框下部安门扇的部分，高一般在 1.8 米以上，宽 0.8 ~ 1 米不等。门框木材为硬木或松木，木料宽厚与房屋大小比例适当。靠墙部分两侧刨出一个砖口槽，深 1 厘米左右。门框下部与木门墩连在一起。过去安门有安内外两扇的，外扇门为上窗下板带两腰带的门，上部分为小方格，糊窗户纸，后期上格为 4 格，安装玻璃，两腰带中间为横门心板，下部有 1 ~ 2 道竖方木，竖着安 2 ~ 3 块门心板，门心板上中

1　关志伟. 话说乌拉 [M]. 长春：吉林人民出版社，2008：343-344.

间突起，或在突出的边角上刻云纹图案，或在突出的板面上刻绘花纹；门一侧有枢轴。如安有内门的，内门为左右两扇独木板，两侧面上下有枢，安在门框内外侧，门扇略大于门框内的空间，门轴下部安在墩上，上部安在轴套内。这样的门，称为“拍扇门”，门框内侧无边槽。过去流行“掩（读 yàn 音）扇门”，即门扇镶在门框内，门框内侧左右和上部刨有边槽，边槽 1 厘米深，宽与门扇边厚度相同，下部门槛贴在门扇边上，门扇用铁折页开启。门关上后，从外部看，门扇与门框外部在一个平面上，增加了美感。

养猫的人家，为了使猫在夜间能自由出入便溺或到仓房中捉老鼠，会在风门上或在马窗上留有猫洞。在马窗上留一个格，风门上的一般设置在门下槛上，乌拉萨府正房风门下槛上的洞就是猫洞，少有留在门扇上的。洞上挂一棉布帘，以挡风寒。

有的人家在风门、门框上方常年钉有一块板，上面刻“天官赐福”，用以祈福和辟邪。

二是室内门。室内通向东西房间，堂屋或里屋通向“倒闸”屋的，设有“间壁门”，均为室内门，平时称为里屋门、倒闸门等。室内门小于风门很多，高 1.80 米、宽 0.70 米左右。

这些门早期只是置两扇独木板门，这样门的门框下部有小门墩，也有无门墩的，门框上下安有门轴套子。一直到现在，有的人家还有这样的木板门，还有一些人家改作玻璃门。

室内的间壁门，有做成推拉门的，即在上下框中设槽，左右设夹墙，门扇在中间来回拉动，门扇很薄，不用向内外开启，所占空间小，很受人们欢迎，也很实用。

乡下人家在后院有场院和果园、菜园，有的前店后坊的商铺人家，堂屋开有后门，后门建置比风门稍简便一些。现在砖瓦房人家很多都开有后门。

建房竖房架子和立门框、窗户框是大事，建房竖房架子和立风门门框是在一起做的，还要选好吉利的日子。有的大木匠也会看，因为大木匠都有一个“鲁班尺”，尺的两个大面上各标有八个大格和无数小格，上面记有金木水火土及吉凶祸福，两小侧面上标有日期和吉凶的测算方法，竖房架子尤其是“立门框”必用此尺计算。门框要四面垂直不能歪斜。一般情况下，房建好后，不轻易改门；非要改门时，一定要请大木匠详细推敲位置和日子。

一座房门的数量也有讲究，总数忌讳七个和八个，俗语有“七窟窿、八眼子”的说法，说是破财。也有的人家忌讳四和六的，说是“四六不成财”。还忌讳门与门正相对，如三间房的东西屋室内门不能正相对，总要错开 3 厘米左右。风门不能正对院大门，东西厢房风门也不能相对，说是不吉利。

窗

北方民居的砖房和草房安有木窗，后有了钢窗、塑钢窗。

从窗的安装位置和用途上说，设置在风门两侧的叫“马窗”，马窗为上下两扇。东西两居室内有前窗和后窗。过去前窗为连二窗，中间有一立框，左右各一樘，上下两扇。室内后窗多为一樘，上下各有一扇。灶厨间后墙设一樘或两樘窗，有一扇和两扇之别。有的满族人家在西山墙上设有西窗，多为一扇，没有安东窗的。室内有间壁墙的也没有窗，倒闸有的有窗有的没有窗。前后窗外面大多人家置有“替窗”或窗帘，一樘为一扇大木框，框上糊较厚的毛头纸，夜间安上挡风，白天摘下来放在墙旁，也有向上支起的。农村人家后窗冬天多挂草帘或纸帘，还有用棉布帘的，白天卷起来，晚上放下来，用来防寒。后来有的人家前后新式玻璃木窗上都有窗亮子。

每一栋房开窗数量大体相同，包括马窗在内，三间房一般设 7 或 9 樘窗，五间房则设 15 或 17 或 19 樘窗。窗称为“支摘窗”，上扇可向内支起来，挂在棚上的吊钩上。吊钩用丫杈直接做，也有用羊蹄和鹿蹄弯成直角晒干后直接使用的，或者用二尺来长丫杈支起来，下面支在“窗蛤蟆”上，上面丫杈支在窗的轴上，下扇窗夏天可直接摘下来。外面的“替窗”白天可支起来也可以摘下来。安装上下窗有两种办法：一种是在窗框上做三个槽，上面的槽只挂上扇窗的上轴，中间的槽挂上窗下轴和下窗上轴，下槽安下窗的下轴，窗安上去与窗框齐平，槽上安一可转动的蝴蝶形木板，用以固定和摘下窗扇。另一种是安一挂窗的“消息”，又叫“窗蛤蟆”，是一个“ㅐ”形的木块，再将窗的上下横轴安装上去，很是安全。

窗框下为窗台板，大户人家的非常宽大，最宽的可达 1 米，厚 10 厘米以上，一般人家窗台板也得有 50 ~ 60 厘米宽，8 厘米左右厚。窗台板为通长一整块，如宽度不够，可用两块，其拼缝放置在窗底框下面。窗台板、窗框多用桦木、榆木、松木等抗腐烂的木材。

窗框上部顶到边檩上，窗台板到地面墙基础为 0.8 ~ 1 米，每一樘窗宽为 80 厘米左右，高为 60 ~ 70 厘米不等。用砖砌墙和土坯、叉垛墙，需将下部砌到相应高度后，安装窗台板和窗框。有的人家建玻璃窗，也有人家上下窗都糊纸。

过去一般人家一樘窗的上扇整体为花格窗，下扇为四周花格，中间镶一整块大玻璃。

在东北，人们把窗户纸叫“豁山”，亦作“花伤”，随康熙东巡的大臣高士奇记为“摊他哈花上”。东北民众很早就发明了用山中树皮、苇草、麻絮等捣烂造纸的方法。这种纸民间叫毛头纸，抄两遍纸浆而成，因此又叫双抄纸，糊在室内间壁墙窗上，或夏天糊窗，透光度好。一般人家一年只在秋天糊一次窗，大多糊两层，中间夹斜菱形麻纰，糊后再掸掉上苏子油，防雨雪性能更好，窗纸也非常结实。东北一大怪，“窗户纸糊在外”，如果糊在内，雨雪存在窗棂上，窗户纸会脱落。

窗上有多种图案花纹的窗棂格，窗棂或两面皆为平面，多为方格，带图案的外面糊纸一面为平面，里面为“泥鳅背”或用“花线刨”刨成的线条，棂与棂套刻在一起。上层窗图案很多，各具特色。上层窗图案大多为“盘肠纹”，是菱形“方胜纹”的扩大版，和现在“联通”的徽标相仿，此纹源于佛教，意为“回环贯彻，一切通明”，放在窗上，寓意窗是光明的。其他图案有蜂巢纹的变形，有“万”字纹等，都寓意连绵不断、富贵无尽头。窗棂格之间也有用花式小支垫过渡的，做得非常细致精美。

朝鲜族民居

在中国东北，有一个地方名字叫延边，是中国唯一的朝鲜族自治州。这里是朝鲜族聚集的地方。我国的朝鲜族是近代从朝鲜半岛迁移过来的少数民族，在全国

56个民族中人口居第14位，主要分布在吉林、黑龙江和辽宁三省。截至2021年，在全国170万朝鲜族人口中，吉林省94万，其中延边地区72万。在延边，传统的朝鲜族古村民居随处可见。

朝鲜族房屋建造过程

朝鲜族房屋，是一种造型独特的房屋，不仅具有很强的居住感和文化感，而且具有很强的美感。房屋给人的作用首先是保暖、抗风、防冻。朝鲜族古村落的房子，那种厚厚的房顶，叫人看了格外的“暖”。特别是那种老的房屋，在三五十年之后，房顶上的苫草越来越厚，达百年以上的，就更有这种文化厚重感了。

几十年、上百年的东北朝鲜族古老房屋顶上厚厚的草，已经变成了草土。房草已经腐化成土，变成真正的“土堆”。那是一种自然岁月的年轮。朝鲜族房屋建造过程如图2-1所示。

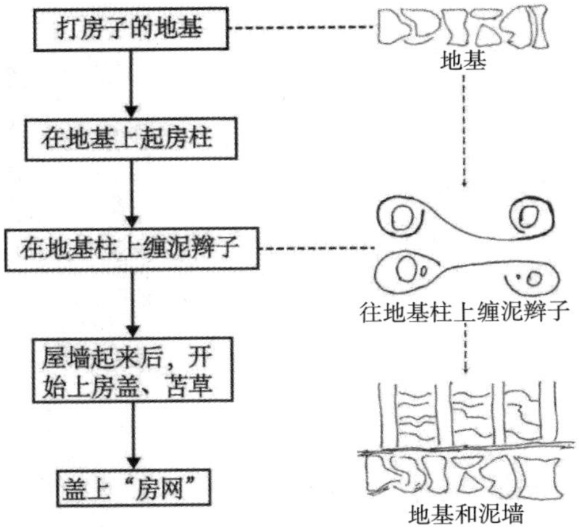

图2-1　朝鲜族房屋建造过程

朝鲜族房屋结构

朝鲜族古村落一般都是房屋和院落布置整齐，围绕着房子建有宽宽的大院落。院落的前后都留有宽敞的空间，但往往前院要比后院宽大，围制院墙的材料也各不相同。由于东北一带山林里的木材较多、取用方便，所以在朝鲜族民居的结构材料选择中，以木材居多。朝鲜族房屋结构如表 2-1 所示。

表 2-1　朝鲜族房屋结构

结构		材质	特点和作用	图片
院落	木板杖子	木材	挡风、防冻又美观，突出朝鲜民居“暖”的特点，木材取用方便	
院落	木棍杖子	树枝、木棍子	鸡蛋粗细，1.5 米左右高的木棍。既可以望见村道上的来人，又可防止猪、狗等动物进院子祸害庄稼	
院落	墙套（墙帽）	农作物稻草	保护墙体，延长墙的寿命，物美价廉	
院落	草泥辫子	土、水混合为泥	这种墙硬邦邦的，非常结实，用处广，可用范围大	
房式	草房顶	苫草	挡风、防冻，突显朝鲜族民居特色	
房式	房网	草绳	稳定屋顶，为苫草的房顶提供一层保护措施	
脊头	脊头木	木材	高出房子屋墙 2 米到 2.5 米，结实且粗大，起到保护墙的作用	

续表

结构		材质	特点和作用	图片
门窗	门	木材	上下结构，上格、下板。结实、好看，门基稍稍高出地表	
			房门图案不同，人家也不同。方形：农夫家；圆形或三角形：贸易人家；花纹多：官宦人家	
	窗		窗户纸糊在窗户外边	
烟囱	木烟囱	木制	1 米为一节，非常高大，往往比房子本身高出一倍。烟囱根下，有的直插地下，有的修起一个大堆或土包，包住烟囱根部	

今天，在延边朝鲜族自治州的田野乡间，仍然可以看到许多黑瓦白墙的朝鲜族传统民居。你看那晨曦中，袅袅炊烟笼罩下的小村落，一个个院落，一幢幢小房，黑瓦和白墙交相辉映，其中劳作着朝鲜族男女，构成一幅韵味十足的民族风情画。

长白山木刻楞民居

长白山是耸立在中国东北部大海与陆地之间的一座雄伟的大山，它巨大的山脉绵延千里，莽莽苍苍地覆盖了松辽平原的东部。其最显著的特点是苍茫的木屋建筑特色和风格。以木为屋的主体，木墙、木瓦、木烟囱是它的重要构件，但由于长白山不同的地域、不同的环境，木屋的用途不同结构也不同，对材料的选用、建造的方法、木屋的大小高矮有很大影响。

长白山木刻楞民居建造过程

木刻楞的建筑方法，主要是用木头和手斧刻出来的，有棱有角，非常规范和整齐，所以人们就叫它木刻楞房。建木刻楞房的传统方法是垫苔藓。苔藓垫在中间，好处是不透风。冬天气温低至 –40 ~ –30℃，有了苔藓压在底下，就好像水泥夹在木缝里一样不透风，使冬天非常暖和，而夏天又很凉快。

长白山木刻楞民居建造过程如图 2–2 所示。

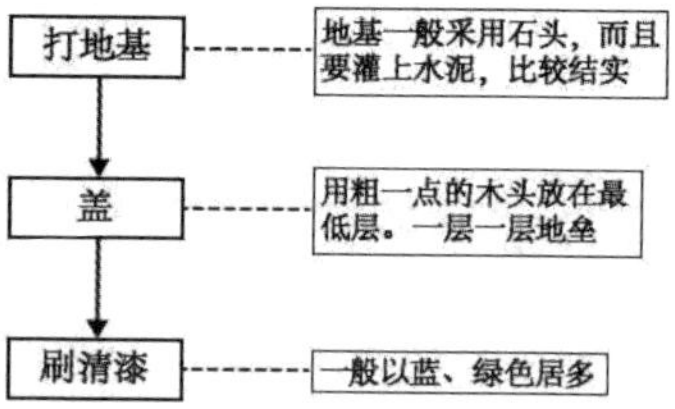

图 2–2 长白山木刻楞民居建造过程

长白山木刻楞民居结构

长白山木刻楞民居是这个村落所独有的式样——用料全是木头，以大树杆为墙、木筒子为烟囱、木片为房瓦……这一切，都奇特无比。由于木头本身不如石、泥、金属等材料坚固，易倒易烂，但生活在这里的百姓却是一年年地不断加工、修葺，即使房木已经黑了、烂了，但只要进山再砍伐一根替换上，房屋依旧可以继续使用，使古村古房至今仍然屹立不倒，并保护着自己沧桑的岁月之感。长白山木刻楞民居结构如表 2–2 所示。

表 2–2 长白山木刻楞民居结构

结构		材质	特点和作用	图片
房式	木刻楞	木材	房子巨大，看上去威武、结实	

续表

结构		材质	特点和作用	图片
房式	地窝棚	就地取材，树木、树皮、茅草及泥巴	较之纯正的木刻楞民居要矮小，原木要细。 大小不等，少则仅容一人，多则可住百人	
墙	垡土墙	草根与泥土的混合体	拉力好，坚固耐用	
	泥灌墙	粗细不同的原木	平整、美观。 劈成细木杆的样子钉成墙体，不用粗的原木，节省建材，节省投资。 中间填灌泥巴，有保暖作用	
窗	支摘窗	狍子腿、树杈	上下两扇组合的窗式。 支起上扇能通风采光，下扇则有遮掩作用。 上扇窗有木窗格，下扇窗四周有方格，近代镶装玻璃，透光性好	
烟囱	木烟囱	空心的树干	经久耐用，可几十年不朽，至今犹存	
瓦	木瓦	木头	不朽烂、不变形。简易、省力	
笆棚	房笆	森林资源中的材料	承重性能好	

吉林省抚松县漫江镇锦江村，当地村民也叫它孤顶子村，村北那座著名的山称为“孤顶子山”。在这儿的山里，“孤”，具有独立之意；“顶子”，是指山高，顶上平头，是一座立在村头的孤峰。这就是东北平原母亲河松花江的源头村落，也可以称为松花江源头上的第一古村。当地完整地保存着一处木屋建筑群，至今已有百年历史，被称为“长白山最后的木屋村落”。木屋村落是长白山满族木文化遗存，山民从事采集、狩猎等活动，并在深山老林中伐木建屋，以御风寒，代代相传，绵延至今。这里的传统民居建筑不用砖、不用瓦、不用石，而是以圆木构屋，磕楞垒垛建成，形成木墙、木瓦、木烟囱的独特风貌。生活在莽莽原始森林中的山民建屋，俯首可得的建筑材料是大树，砍倒即用。不雕、不琢、不锯、不钉，而是略施斧砍、锛削，以原木垒垛而就，古朴天成。村里的居民常常到漫江小镇去赶集，小镇上的人也常常到孤顶子村来串门、走动，使村落与小镇有了生活上的互动，全村四十多户人家，每一户都在此居住几十、上百年了。

干打垒式民居

吉林省白城地区民居也很有特色，其代表性民居建筑“干打垒”随处可见。在白城古城村、岭下村、大安市叉干镇六合堂村、牛心套保村，传统特色完全依“土”而存在，家家院墙是以干沙土、咸土、黄土的干打垒方式修砌而成的，也有以高粱秆、苞米秆、葵花秆为院墙的；房屋一律是干打垒式屋墙，保暖性好。房脊头处以砖、土坯等垫脊柱，再以羊角泥抹平，更有人家的仓房已延伸到土城墙的坡墙里，房顶呈圆弧形，这些土屋、土院均在百年以上。

干打垒式民居建造过程

土坯房是吉林西北部土壤碱性大、随处有碱土的地方普遍的民居形式。与其他房子不同的是，用碱土和泥抹房顶，耐雨水冲刷又保暖。在没有碱土的地方，则在土里掺盐代替碱土，但至少隔二年要重抹一次房顶。土平房的外部结构，主要有墙体、房盖、门窗、烟囱。墙体最常见的有两种：一种是用黄土夯打的墙，民间俗语称为“干打垒”。用四根木杆，两根一对绑摞在一起，木杆两端夹在上窄下宽的“墙堵板”，中间填土，用脚踩实，再用木榔头夯打，直到夯遍夯实为止。一层一层往上夯打，便形成规整的下宽上窄的土墙。南墙只打到窗台部分。另一种先脱坯，再用土坯垒墙。

“脱坯打墙，活见阎王”“干打垒石头房，就山坡，因地放”等民间谚语是传统土造干打垒和石头干打垒的真实写照。干打垒建筑虽然已经成为过去，但时至今日，其建造方法仍被广泛应用。干打垒式民居建造仪式、过程如图 2–3 所示。

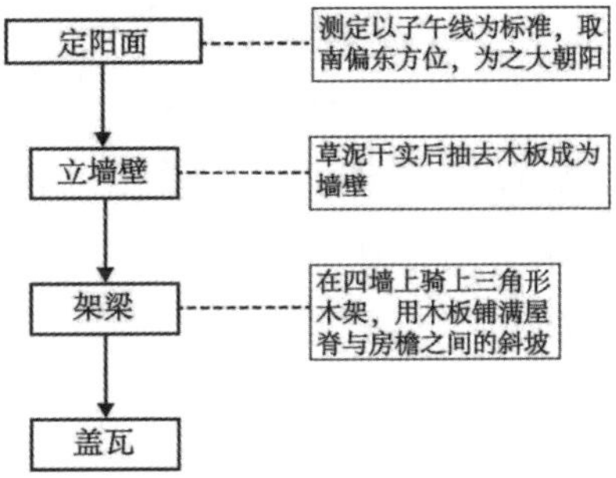

图 2–3 干打垒式民居建造仪式、过程

干打垒式民居结构

在北方，在牛心套保，家家的房盖都是以苇子来铺盖的。以苇子做房盖，干净、整齐，不生虫，抗造。而且，小燕子喜欢来此做窝生儿育女。笔者在牛心套保人家考察时，看见了许多小燕所在的苇房檐下苇包上的燕窝，充满了自然和生活的气息。干打垒式民居结构如表 2–3 所示。

表 2–3 干打垒式民居结构

结构		材质	特点和作用	图片
房盖	苫房	苇子	干净、整齐，不生虫，抗造。屋顶为“人”字形的两面坡式	
囤子	囤子		高有六尺、八尺、两丈不等的苇圈儿，长度不限。干得快，围得紧，干净又防潮	

泥草房

泥草房也是典型的东北民居建筑，分布广泛，其基本结构与建筑模式大都一样。

泥草房民居，包括房子、院子、围墙、大门、菜窖、锅台、仓库、猪圈、水井等。房子大多坐北朝南，以三开间、四开间居多，外屋（厨房）以中间开门或东侧开门为主，火炕在里屋（卧室）靠窗南侧。一般长辈住东屋，东大西小，衣柜家具放置于卧室北侧，柜上叠放被褥、化妆用品，墙壁贴有年画。窗户大且采光好，便于吸收更多的阳光。

用草和秸秆做房盖的叫草房，“海青房”也有用草做房盖的。“海青房”是墙用砖砌，以草苫盖，或墙外用砖里面用坯砌，房盖或草或瓦的，或是坯墙瓦盖的。

乌拉街地区从清朝一直到20世纪八九十年代，农村人多住草房，镇内也有部分草房。新建草房要苫草，多年后还要重新苫草。

泥草房建造过程

泥草房的墙多为黄土掺草叉垛或用坯砌而成，房盖上苫草，冬暖夏凉，是这里劳动人民的智慧结晶。

苫房用草多选择抗烂的草，有小叶樟草、甸了草、羊草、芦苇等，这些都长在甸子里，黄草长在山坡上。秋天草成熟了，将苫房草割回来，或者当时就用了，抑或垛成垛留到转年春天用，春天苫房时也可以提前几天割回来。这里的人管割草不叫割草，叫“打草”。苫房用的草也有很多替代品，如用蒿子秆、秫秸秆、谷草等，水稻产区也用稻草，也有用苞米秆、葵花秆的。

用羊草、小叶樟草、黄草、芦苇苫的房，如果苫得好，几年后草房顶上就能长出青苔来，苫一次能挺十几年，只要隔几年重新拧一次房脊，或者把个别漏雨的地方“插”一下就可以了。苫房的最佳季节是春天，一般选择在种地前半个月左右时间，这时农活还没搭手。

苫房要准备很多工具。以给三间房苫草计算，要准备10～15厘米粗木杆12根做叉木，绑成交叉状立在前后墙上，上面要搭5米左右的椽子木20多根，将其搪在叉木上，也有用土打墙的墙板代替的，还要准备几根长木杆，用大绳拴在两坡上，人上房苫草时脚好蹬着。长绳子需要五六根，吊房顶杆用 3～4 根，两边绑架子的各一根，架子之间用绳连着，防止歪倒。上房苫草一坡得 8～9 人，每人自带一个“苫房拍子”。苫房拍子是个一尺多长、半尺多宽的厚硬木板，正面刻成十多条搓衣板似的斜棱，上面钉一些“马掌钉”，背面是个抠手，可用手握，也可以穿上长杆，向上“传草”时用。“传草”是用苫房拍子将草拍打整理的过程，由几个技术高的人做这项工作。苫房拍子一个屯子能有十多个，大技工自己家都有。有的大技工还有专用于拍打房檐的拍子。还要准备一两个长梯子，便于立在山墙上，整理边脊上的草。一般要准备两把铡刀，用来铡苫房草。

准备工作中，还有一项是和房箔泥，新建房苫房时要抹两三遍泥。因为草房的房箔有木栚子的、有苕条帘的、有秫秸帘的。第一遍大泥的“羊角草”就要铡长一点，一般二寸左右长，泥和得干些，抹时大致找平。第二遍大泥的“羊角草”要短一些，基本抹平。前两遍泥干后抹第三遍泥，这遍泥抹上后就可以苫草了。维修房子苫草时只抹这最后一遍泥，如果房落没有大破损，只补一些破损的地方也可以。一般在头一天和泥，泥醒得越好，抹上去越结实、光滑，抹时更顺手。

苫房用的草要事先少浇点水“闷”（读 mēn 音）一下，目的是使草挺实点，用“拍子”向房上推时不折。将闷好的草用铡刀铡成二尺左右长，在整捆草的草根上铡去一刀，再把草梢铡掉。前后房檐用草要铡短一些，打开捆挑仔细一点。

苫房是从房檐开始，先在房檐抹一层泥，将房檐草铺上去二寸来厚，比房箔略探出二寸左右，这个活叫“走檐”，也叫“占檐”，要由几个技术高的人去做，这层草下边要拍齐。在草上中部薄薄压抹一层泥，然后就可以向上铺草了，一边铺一边稍加整理，甩出多余的草叶子，挑出弯的和倒放着的草，一边铺一边用苫房拍子向上轻轻拍打；等铺到一米多高时，统一用苫房拍子向上传一下草，一边传一边向下拉一下，用苫房拍子上的“马掌钉”将“草裤”和折草拉出来。稍休息一会儿，再铺第二层，进行三次就可将草苫到房脊处。一般是上午先苫前坡，将后坡苫到一米多高。下午苫后坡上半部和拧房脊。整个一个坡面苫完后，由 1～3 个技术高的人用长杆穿上苫房拍子向上“传”草，以便草根互相均匀错开，但又不能错开太长，距离最好不超过1厘米，而且草的厚度要大体一致，使整个房草上面平整。

一边苫房，一边“拿哨”，由两个技术高的人各站在左右房檐处，外檐边的草苫时要稍斜放一些，里边又要和中间的顺坡房草连起来，过渡时呈一个小扇面，技术性较强。尤其是正房后坡西房檐和厢房的前后北房檐，春秋时西北风大，苫不好容易被风掀开，只要掀开一个角，整个房盖草都会被掀起来。

苫房草时一般是草根朝下，极少有草根朝上的，前后坡房草苫到房脊时，草梢搭到了一起，上面呈一个平面，这时就可以开始做房脊了。先挑出一些比较整齐的草捆，打开捆绳，剔除碎草，重新捆成小一点的捆，较苫房用草铡得稍短些，捆绕绳留在2/5处，用这样的草码房脊，前后坡“一替一”人字形交叉码在房脊上，草梢朝上，下部用手抖一下，将草抖散开。除此以外，还有其他码房脊草的方法，如顺着脊将草捆码成“品”字形等，再扎一个粗10厘米多一点的与房脊一般长的秫秸捆，叫“懒龙”。用一尺来长苕条扦子扦在房脊草捆上。人骑在“懒龙”上面扭房脊，“懒龙”两侧可垫上细捆的草把，再将整绺长草拧在一根木棍上，呈“人”字形披落在房脊两边，一边二尺左右长。拧脊的人将长草分出手握粗细的一绺，根朝下，将草梢从脊上木棍扭过，向后压紧，每扭一绺还要从拧好部位上挑出一根草将扭的草结带一下，使其更牢固地绑在木棍上，这样左右各一绺地扭下去。扭房脊由两个技工从中间开始，背靠背向两侧脊拧到房脊两头，有的还扭出一个向上斜扬的草把做脊头。房脊扭好后要正脊，看脊是否在房脊正中直线上，调好后用木杆子将脊草压住，前后坡木杆用绳跨过房脊拴好。有的在顺坡的檐边上也压木杆子。

用稻草苫房，一般是打帘子，根朝上，在根部用扭辫子的方法在一根草绳上编成长草帘，长度比房横坡长二尺多，两头可包住边檐，一层层铺到房顶，再把拧好的房脊压到上面。稻草的房脊拧法是草根在上边，用根草部分拧在一根稻草绳上。苫好后用稻草绳呈网状或横着压绑好，很多朝鲜族村落民众用这种方法苫房，一两年苫一次，草越苫越厚，屋内就越暖和。

用蒿子秆、秫秸、玉米秆、葵花秆当草苫房的人家很少，用时也要铡成二尺左右长，扯掉草叶，用草拧房脊。

苫房须有十多个人才能完成，有雇工的，大多是请工帮忙。这是个很热闹的事，房顶上一群男人，他们边干活边说着话，外屋地里一帮妇女在准备饭菜，小孩子们也钻来钻去。

苫房的主人家早、中、晚供饭，有的人只吃中午、晚上两顿，大技工坐在炕上，悠闲地喝着小酒，和房主乡邻谈笑风生。农村苫房最能体现邻里团结、和谐、其乐融融，是一幅活生生的农乐园画卷。

泥草房民居结构

东北传统泥草房就地取土或打土成坯或就地挖“草筏子”砌成墙体，墙体上面架上房梁和檩子及椽子，椽子上面是高粱秆扎成的把子或者芦苇草编成的把子。

东北泥草房民居建造虽然不是很久远（有些上百年，有些不过三四十年），也没有南方其他地域民居的雕梁画栋，但北方民居有它的特点，粗犷稳重实用，制造简易，成本低，冬暖夏凉，是东北最朴实的民居住宅，也是当时特定条件下的产物。泥草房的房屋结构如表 2–4 所示。

表 2–4　泥草房的房屋结构

结构	材质	特点和作用	图片
墙	土或打土成坯	非常硬且不漏水	
院墙	用泥土兑羊草或草筏子垒搭	粗狂稳重实用，制造简易，成本低，冬暖夏凉	

西北地区民居建筑类型

西北传统城乡民居大都以四合院与蒙古包形式呈现，由于西北为多民族聚居区，所以有很多具有各民族特色的民居。

以内蒙古民居为例，介绍西北地区典型民居。游牧民族逐水草而居，没有固定的住所，需要经常搬迁，可移动是当地人对住宅的最基本要求。草原上缺乏木料，却有丰富的动物皮毛可供利用，于是毡包这种居住形式便应运而生了。它以木条为骨架，用毛毡做围护材料，用皮绳绑扎固定，易于拆卸和搭建，轻便耐用，方便运输。

蒙古包是最为人所熟知的一种毡包形式，由众多椽子、哈那、蒙毡、围毡、绳扣、押绳等零部件组装而成。

蒙古包的建造仪式、过程

与其他民族建新房一样，搭建一座新蒙古包对牧民来说是一件大事，当为一对新人建蒙古包时，要请来亲朋好友举行隆重的祝福仪式。仪式开始，主人专门请来祝颂人在蒙古包外，手持系有哈达的“洒楚礼”，边向蒙古包各部献祭，边用蒙语大声吟唱《格日因业如乐》，即蒙古包祝词。祝颂人往蒙古包的包顶和外墙上献洒楚礼，赞美蒙古包之后，祝颂人为这座包的主人祝福。蒙古包的建造过程如图 2–4 所示。

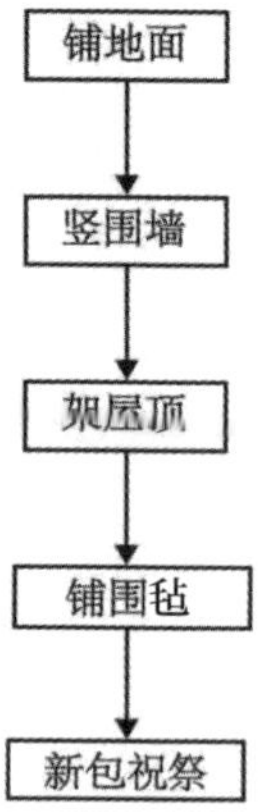

图 2–4　蒙古包的建造过程

蒙古包房屋结构

蒙古包，蒙语称“蒙古勒格日”，“蒙古包”是满语的叫法。“包”在满语中有“家”“屋”之意。除蒙古族外，哈萨克、塔吉克、鄂温克、达斡尔等民族都有属于自己的毡包样式，它们的构造原理大致相同，只在体形、细节上略有差异。

蒙古包的毡子都使用羊毛制作。德布日（顶毡）是围裹在乌尼杆上的梯形毛毡。传统的顶毡由两块儿或四块儿顶毡组成，现今的蒙古包为了方便只有一块儿锥形顶毡。夏天的时候只需很薄的毡子即可，而在冬季就要用好几层厚毡子了，这种蒙古包具有冬暖夏凉的特点。

围毡是围裹哈那的毡墙，是长方形的毡子，有上下边之分，上边有绳，可系在乌尼杆上。

鄂如贺即盖在陶脑上的正方形毡子，四角有用来固定的长绳，一般三根固定在围绳上，另一根用于开闭天窗。

鄂古德是指蒙古包木质门外挂着的毡门帘，用三四层毡子缝在一起制作，这样能使其又厚又重，不易被风刮起。

原始的蒙古包是没有帆布的，但是有套在毡子外边的布料。现在的蒙古包都用帆布来套毡子，这样可以避免毡子淋湿，而且帆布上也有图案。蒙古包房屋结构如表 2-5 所示。

表 2-5　蒙古包房屋结构

结构		材质	特点和作用	图片
骨架	陶脑（天窗）	木头	呈圆环形，中央有拱形的梁支撑	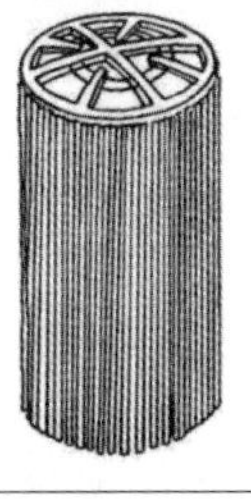
	乌尼	以柳木为佳	形如伞骨的长杆	
	哈那	柳条或桦木编成的网片	节点处用皮绳绑扎固定，网眼呈菱形，可以收合。 蒙古包的大小由所用哈那的数量决定	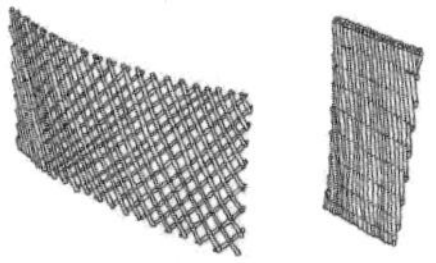
门	乌德	木头	为避免西北风直灌入蒙古包内，门一般朝南或东南方向开启	

近年来，牧民的生活习惯有所改变。一些蒙古包中添置了床、桌、椅等家具，人们不再席地而坐，也就不大需要铺地毯了（见图 2-5）。

图 2-5 蒙古包剖面

资料来源：毛葛．绘造传统民居[M]．北京：清华大学出版社，2019：251．

华北地区民居建筑类型

华北平原汉族传统民居建筑，多数是平房，房屋结构以木柱托梁架檩，支撑椽条和青瓦屋顶，以青砖墙、生砖墙、石墙及夯土墙维护北、东、西三面，南向开门有窗户。低窗台，窗户过去多支摘窗，窗上有棂格、糊纸，现在多做死扇窗，安大玻璃，屋内光线充足。屋顶多是“人”字形（俗称两面坡），坡斜度平缓。北方汉族院落组合多为四合院式，是华北地区民用住宅中的一种组合建筑形式，呈正方形或长方形。这种院落，一般都采用封闭性的组合形式。

四合院已有 3000 多年的历史，在中国各地有多种类型，其中以北京四合院为典型。四合院通常为大家庭所居住，提供了对外界比较隐秘的庭院空间，其建筑和格局体现了中国传统的尊卑等级思想以及阴阳五行学说。

四合院房屋建造仪式、过程

四合院就是三合院前面加上门房的屋舍。若呈“口”字形的为一进院落；呈“日”字形的为二进院落；呈“目”字形的为三进院落。一般而言，大宅院中，第一进为门屋，第二进是厅堂，第三进或后进为私室或闺房，是妇女或眷属的活动空间，一般人不得随意进入，难怪古人有诗云“庭院深深深几许”。庭院越深，越不得窥其堂奥。四合院房屋建造过程如图 2-6 所示。

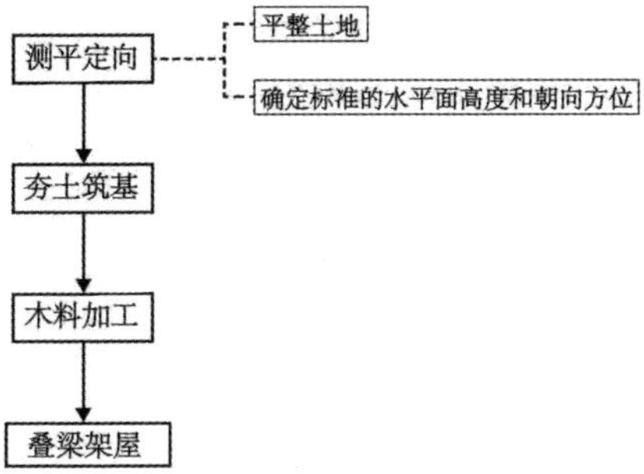

图 2-6　四合院房屋建造过程

资料来源：笔者根据《北方民居》整理绘制。

四合院房屋结构

四合院建筑的主体材料是木头，包括梁、柱、枋、檩、椽等用大木做的构件，以及悬鱼、惹草、板门、软门、破子窗、天花、藻井、勾栏、壁藏等用小木做构件，都是预先加工，然后现场组装完成的。四合院房屋结构如表 2-6 所示。

表 2-6　四合院房屋结构

结构	材质	特点和作用	图片
榫卯	木材	①榫卯这种构造方式特别合理，留有若干伸缩的余地，若遇到地震、大风等灾害时可以减少危害。 ②柔性的连接，灵巧的技艺	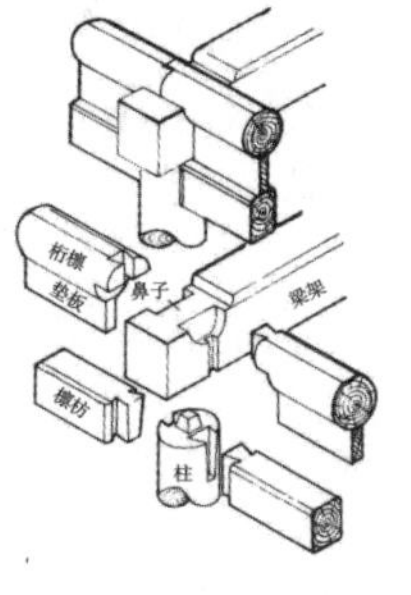 来源：《中国古建筑木作营造技术》
砖	黏土	①提高了建筑的坚固程度，保温、隔热性好。 ②砖的断面是梯形的	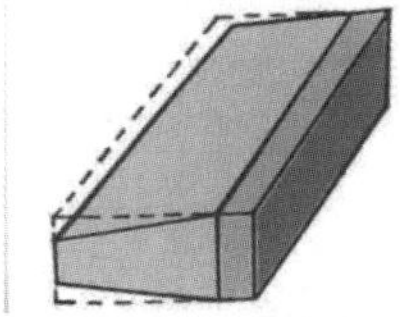 来源：《北方民居》
干摆砖墙	黏土	高级的砌砖方法，每皮砖之间不留砖缝，用在槛墙、山墙下碱、影壁等重要的地方，从外观来看砖块彼此之间紧密地组合在一起，浑然一体	

续表

结构	材质	特点和作用	图片
丝缝砖墙	黏土	经常与干摆砖墙配合使用，一堵墙的下碱用干摆，上身通常就用丝缝，二者形成微妙的对比效果	

资料来源：笔者根据清华大学出版社 2010 年 5 月第一版《北方民居》整理绘制。

随着老城区保护的开展，对原有四合院进行了改造。例如，1990 年由清华大学吴良镛教授主持的对北京菊儿胡同四合院的危改项目，在保留院落结构的基础上，将原有四合院的平房改为楼房，增加了厨房、卫生间等设施，该改造工程获得了联合国的世界人居奖。北京南池子危改中，也将部分四合院房屋改成两层，并修建了地下车库。2006 年，北京市公布了《北京四合院建筑要素图》，作为对四合院保护、修缮、翻建、改建的参考依据。

华东地区民居建筑类型

华东地区民居包括苏南、浙江、江西、皖南、福建和山东民居。

江南庭院大都相仿，多为楼房形式，筑檐下有木雕装饰，主要分布在浙江北部、江苏南部。而方形土楼主要集中在福建省龙岩市永定区东部和南靖县西部一带。方形土楼平面上也有两角抹圆或四角抹圆的。土楼既有屋脊平的，也有屋面高低错落的。

江南民居

江南民居是中国传统民居建筑的重要组成部分。江南民居普遍的平面布局方式和北方的四合院大致相同，只是一般布置紧凑，院落占地面积较小，以适应当地人口密度较高、少占农田的特点。

江南民居建造仪式、过程

江南民居建造大致要经过起屋样、做丈杆，备料，平整地基、定磉，拼架、立木，踏栋，砌墙，铺瓦装修等步骤。踏栋，即上梁，是最重要的一步，会举行隆重的仪式。江南民居建造过程如图 2–7 所示。

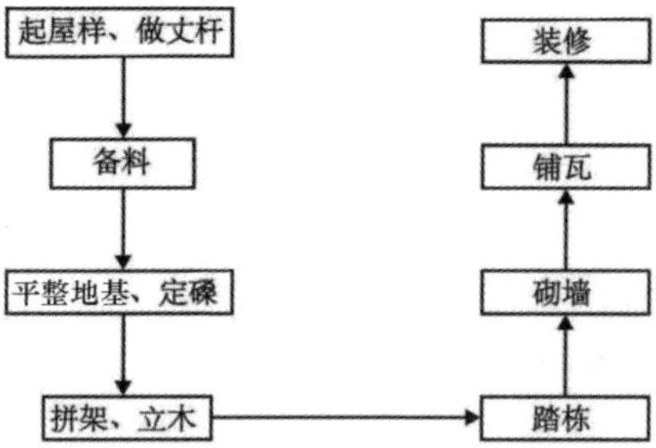

图 2–7　江南民居建造过程

江南民居结构

江浙水乡注重前街后河，但无论是中国南方还是中国北方，其传统民居都是坐北朝南，注重内采光；以木梁承重，以砖、石、土砌护墙；以堂屋为中心，以雕梁画栋和装饰屋顶、檐口见长。江南民居结构如表 2–7 所示。

表 2–7　江南民居结构

结构	材质	特点和作用	图片
构架	砖	便于防潮，结构稳定	
	木	造价低，节约成本	
墙	砖、石、土	形似马头的墙；有防火的作用；高出屋顶	

续表

结构	材质	特点和作用	图片
梁	木材	承重； 仅加少量精致的雕刻，涂栗色、褐色、灰色等，不施彩绘	

在华东地区内，南浔、乌镇、西塘因其古雅的民居，以及水乡独特的情韵，现已成为世界瞩目的中国古镇文化遗产（图 2–8 ~ 图 2–10）。

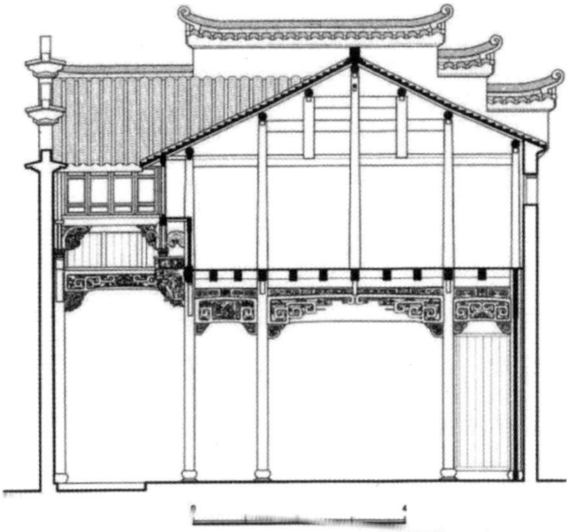

图 2–8　新叶村芝兰挺秀住宅纵剖面

资料来源：毛葛．绘造传统民居 [M]．北京：清华大学出版社，2019：155．

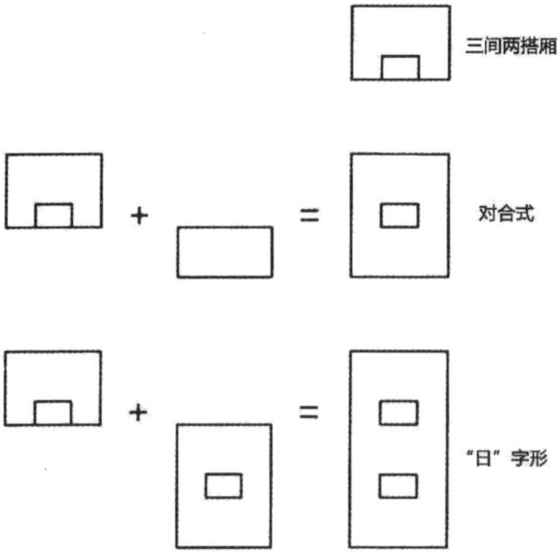

图 2–9　新叶村院落平面构成示意图

资料来源：毛葛．绘造传统民居 [M]．北京：清华大学出版社，2019：154．

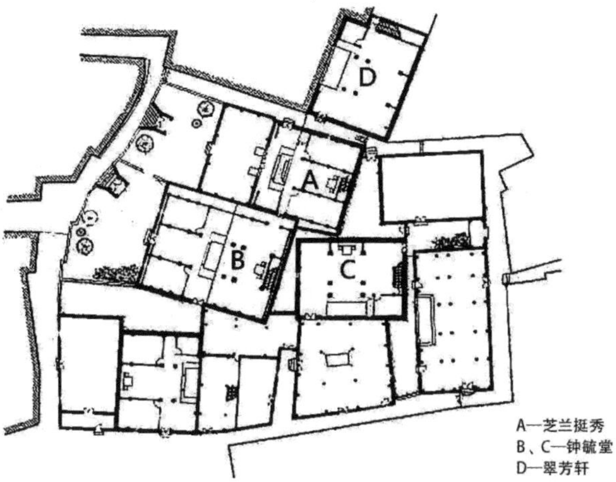

图 2–10　新叶村翠芳轩建筑群平面图

资料来源：毛葛．绘造传统民居［M］．北京：清华大学出版社，2019：153．

福建客家土楼

福建客家土楼主要位于福建省漳州市、龙岩市、泉州市境内，包括南靖土楼、永定土楼、华安土楼、平和土楼、诏安土楼、泉州土楼等土楼群。现存种类包括圆楼、方楼、五角楼、八角楼、吊脚楼等各式土楼 30 多种。

建一座土楼一般要经过选址定位（建造土楼之前必选址定位）、开地基、打石脚（基槽开挖之后接着垫墙基、砌墙脚，当地称为“打石脚”）、行墙（墙脚砌好后，接着支模板夯筑土墙，俗称“行墙”）、献架（每夯好一层楼高的土墙，要在墙顶上挖好搁置楼层木龙骨的凹槽，然后由木工竖木柱架木梁，这一道工序称为“献架”）、出水（大型的土楼通常一年只能建一层楼，三四层楼的土楼要建三四年。夯好顶层墙体后开始盖瓦顶，这一道工序当地称为“出水”）、内外装修 7 道工序。完工之后照例要请客。搬新家时，先把主要家具就位，留一些小件，待仪式完成后，好时辰一到全家按年龄大小排队，长辈在前晚辈随后，每人手中都要拿着东西，如油灯、火把或其他小件用品，一边走一边放鞭炮，同时说着吉祥话，相互祝贺，热热闹闹搬进新居。福建客家土楼建造过程如图 2–11 所示。

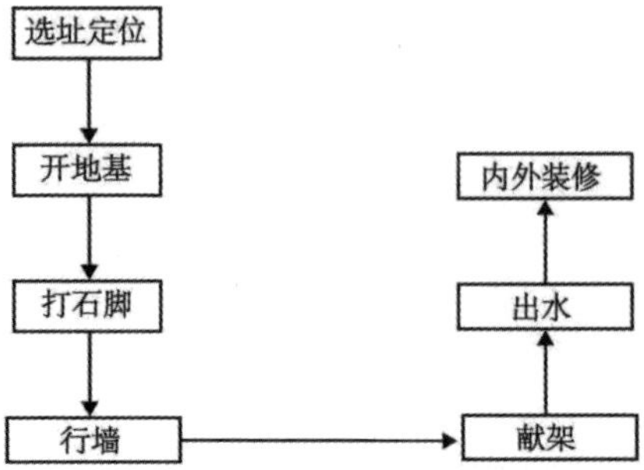

图 2-11　福建客家土楼建造过程

中原房屋

中原民居分布广泛，它们中间有古代村落，如中国历史文化名村之一的郏县临沣寨，寨墙、寨河基本完整；又如太行山下怀川平原上的寨卜昌村，寨墙大部分完整，村内清代古民居尚存百座以上，鳞次栉比、古色古香；再如豫北卫辉市太行山东麓的古村落小店河村、灵宝市境内黄土丘陵上的杨公寨和大别山内的毛铺村，都还基本保持着山村原有风貌。还有大型庄园，如巩义市的康百万庄园，位居全国三大庄园之首。

中原房屋建造仪式、过程

中原建筑文化凝重、古朴、神秘，充满着安详的风格，凝结着中原文化深厚的内涵。中原地区的建筑从古代的巢居、穴居，发展到草房、窑洞、瓦房以至楼房，因地理条件和生活水平限制，人们在房屋结构和院落组合上因地制宜，形成了自身的传统和习俗。中原房屋建造过程如图 2-12 所示。

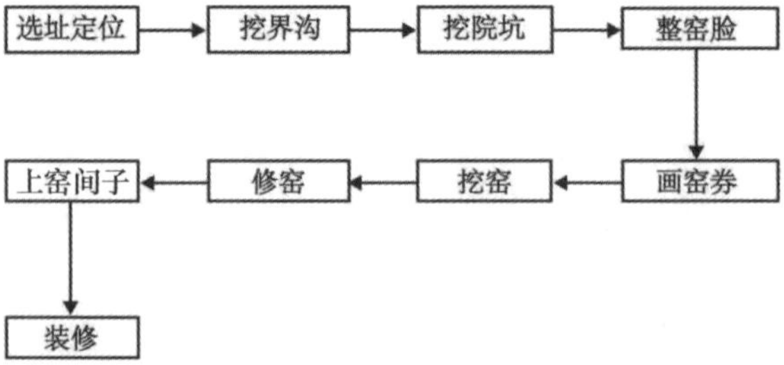

图 2-12　中原房屋建造过程

中原房屋结构

中原房屋结构如表 2-8 所示。

表 2-8 中原房屋结构

结构	材质	特点和作用	图片
门窗	木材	过去的窗子用纸糊，窗格很密。现在常用玻璃窗，窗格很大，还有新旧结合的样式	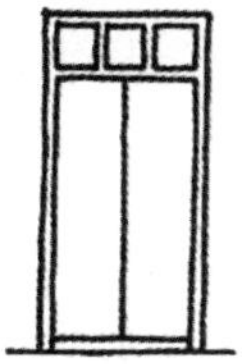 无槛门  二槛门  四槛门  七回格窗 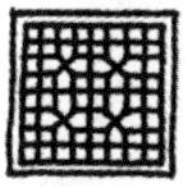 变异格窗 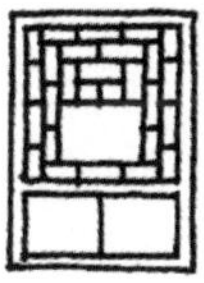 新旧结合窗  直棂窗  方格窗
窑脸和护墙	滑秸泥、砖、土坯	①粗犷天然。 ②窑顶上平整	

地坑院曾是黄土丘陵地区较普遍的一种民居形式，在豫西、晋南、渭北、陇东尤为集中，但是随着时代的变迁，其存在的地域范围逐渐缩小，现在保存比较完好的地坑院主要集中在豫西地区的陕县塬上一带。图 2-13 ~ 图 2-20 为典型的窑洞示意图，图 2-21 和图 2-22 为典型住宅平面图。

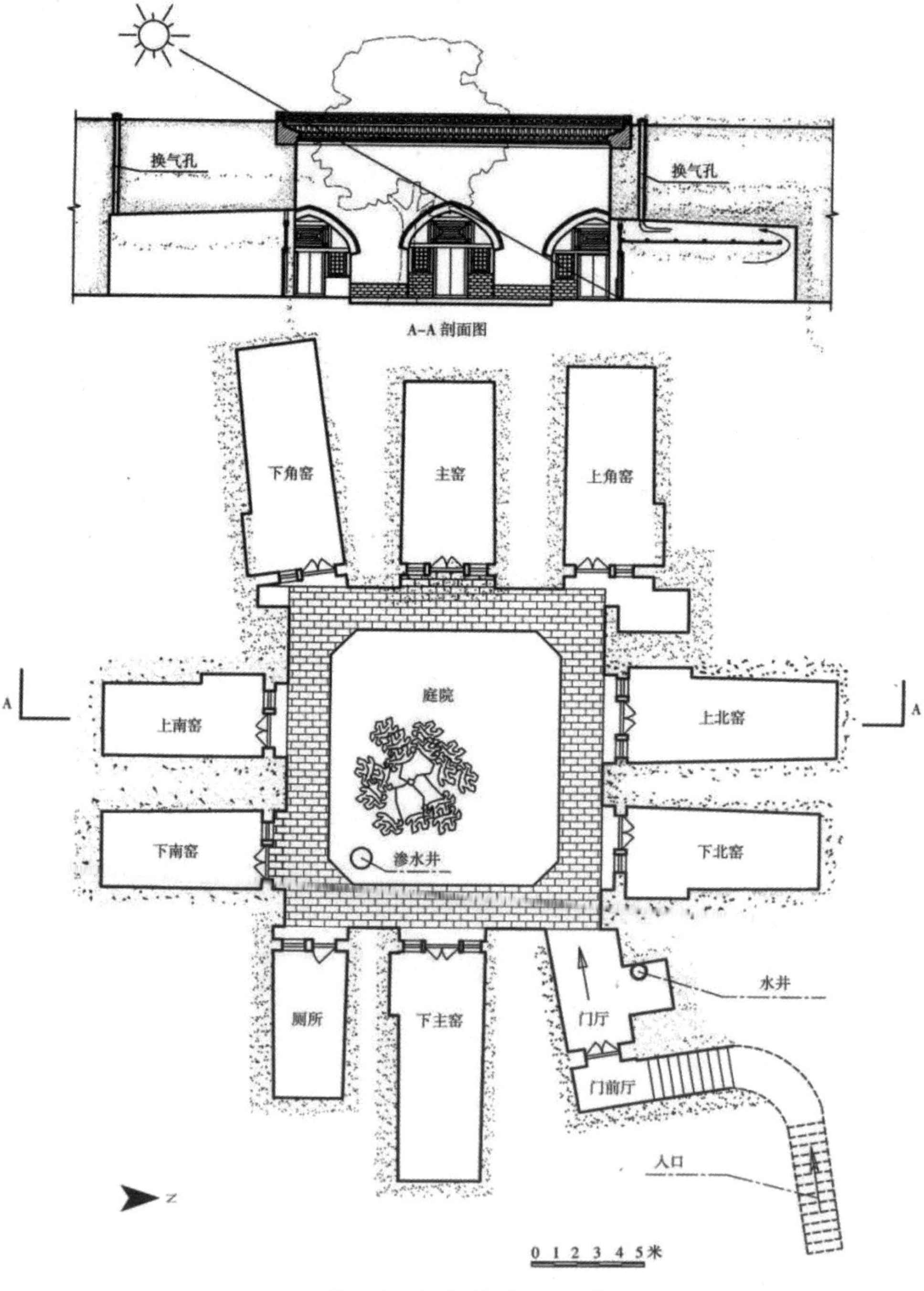

图 2-13　窑院空间结构示意图

资料来源：左满常，白宪臣．河南民居[M]．北京：中国建筑工业出版社，2007：138-153．图 1-14 ~ 图 1-21 同此。

(a) 靠山式

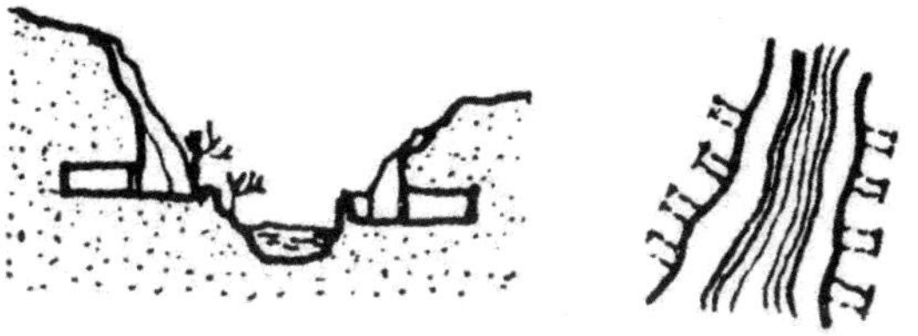

(b) 沿沟式

图 2–14　靠崖式窑洞示意图

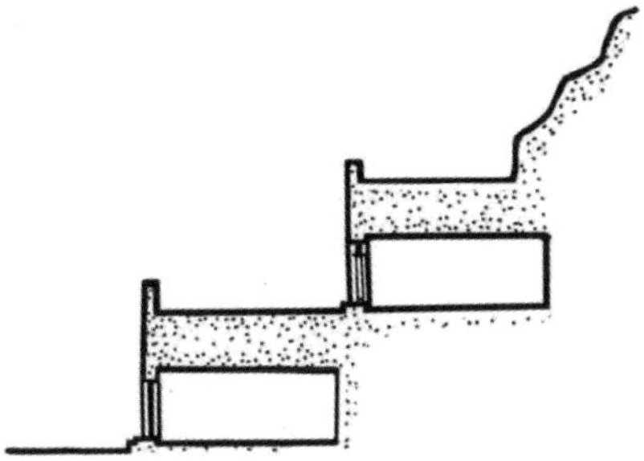

图 2–15　靠崖式窑洞剖面示意图

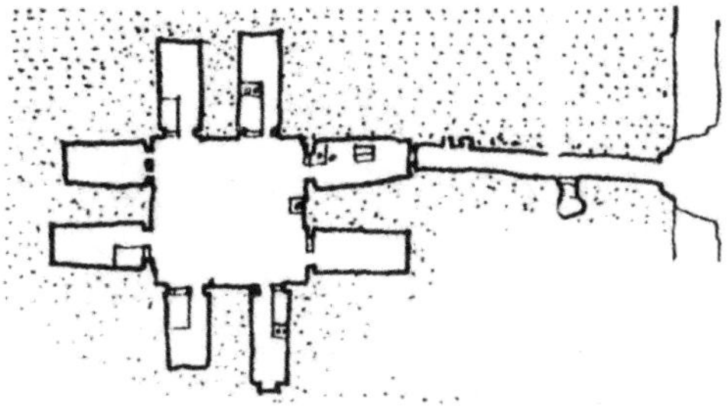

图 2–16　巩义市南河渡靠崖窑

图 2–17　天井院窑洞

图 2–18　下沉式窑洞（地坑院）示意图

图 2–19　下沉式窑洞剖面示意图

图 2–20　砌筑式窑洞（明锢窑）示意图

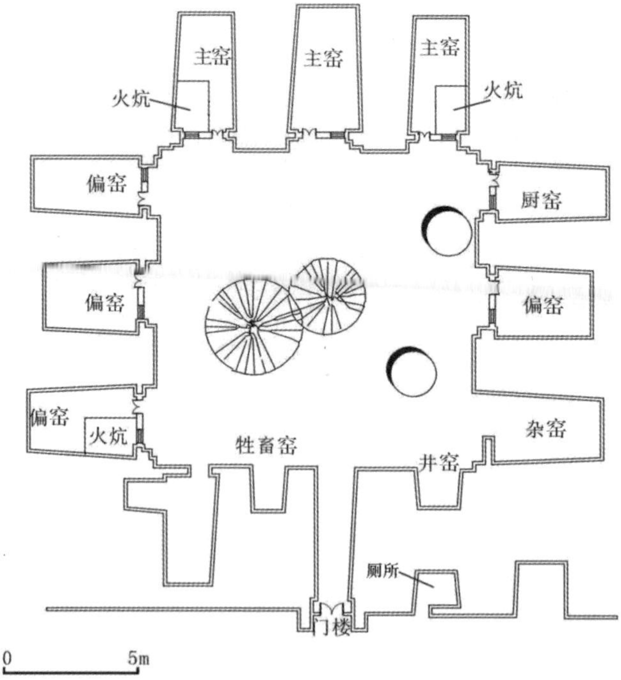

图 2–21　上十里堡 160 号住宅平面图

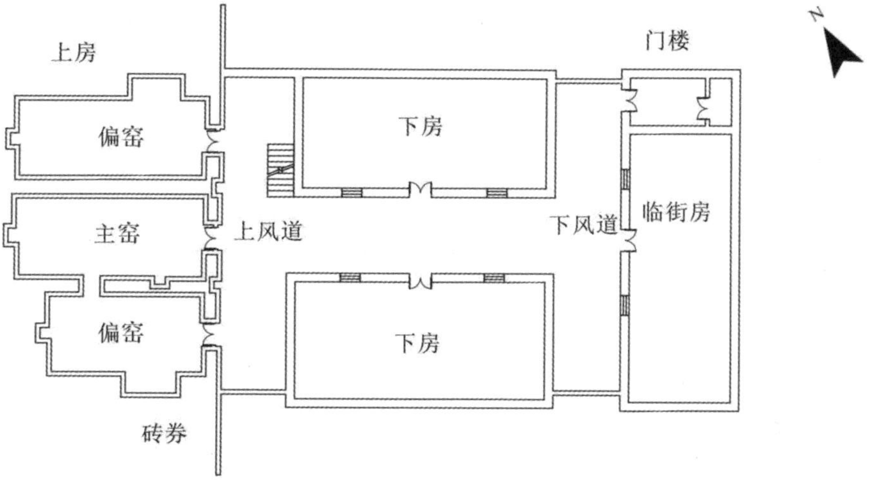

图 2-22 柏茂庄园某住宅平面图

华中地区民居建筑类型

华中地区，简称华中，中国七大地理分区之一，包括河南、湖北、湖南三省。华中地区的地形地貌以岗地、平原、丘陵、盆地、山地为主，主要山脉有嵩山、桐柏山、武当山、衡山等。而华中地区的民居主要为土家族村落，以湖北宣恩土家族村落为华中地区典型民居。

吊脚楼是分布在鄂、渝、湘、黔交会山区土家族的独特建筑形式，它是结合当地山多岭陡、木多土少、潮湿多雨、夏热冬冷等生态特点而建造的具有典型生态适应性特征的传统山地建筑，同时也是土家族民风民俗、艺术审美等多种文化取向的具体实物载体。

湖北宣恩土家族村落房屋建造仪式、过程

中国土家文化源远流长，湖北省宣恩县彭家寨是一个土家族古村落，其土家族吊脚楼保存完好。湖北宣恩土家族村落房屋建造仪式、过程如图 2-23 所示。

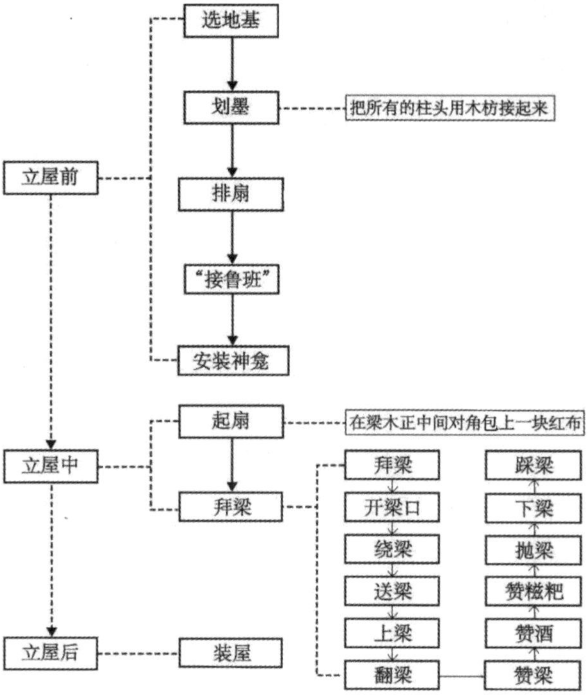

图 2–23
湖北宣恩土家族村落房屋建造仪式、过程

湖北宣恩土家族村落房屋结构

深藏于鄂西大山中的彭家寨是这一建筑形式的典型代表。其为适应山地地形，底层架空，并在转角欹子部位做一圈转廊，转廊出挑较大，均不落地，从底下仰视，如同吊在半空，故称吊脚楼。湖北宣恩土家族村落房屋结构如表 2–9 所示。

表 2–9 湖北宣恩土家族村落房屋结构

结构		材质	特点和作用	图片
门	山门（寨门）	木材	划分领地范围或抵御匪患	

续表

结构		材质	特点和作用	图片
门	院门（朝门）	木材	在门洞位置左右立两面墙，形成平面呈朝外45°角的“八”字形，给人一种迎客的亲切感，也象征着土家族人民开朗的性格	
	堂门（正屋门）	椿木	高 2.8 米，宽 5 米。 由六扇能开合的门扇组成三对大门	
房	屋顶	瓦片	有流动的视觉效果。 多采用屋顶悬挑、吊层、叠落等手法进行处理。 一般只是“一”字形或“L”形	

资料来源：笔者根据清华大学出版社 2010 年 5 月第一版《西南民居》整理。

湖北宣恩土家族村落集建筑、绘画、雕刻艺术于一体，并以其群体的美成为土家族建筑艺术的杰出代表。

华南地区民居建筑类型

广义自然地理上的华南地区涵盖广东、广西、海南、福建、云南、贵州、台湾。

其中，广西壮族自治区是我国的五大少数民族自治区之一，当地除了汉族以外，还包括壮族、瑶族、苗族、侗族、仫佬族、毛南族、回族、京族、水族、彝族等少数民族，他们依然保留着各自的民族习惯和民族特色，以及不同于我国其他地方民居的建筑风格，各少数民族常依山傍水建造木结构干栏式楼房，而显得更富特色、更加动人。

华南地区典型干栏式民居，有如下特点。

干栏建筑，又称干栏、高栏、阁栏、麻栏等，是一种底层架空、下畜上人的木构建筑形式。干栏住宅广泛分布于我国西南部的广西、贵州、云南等少数民族聚居的地区。应用干栏式民居的有傣族、壮族、侗族、苗族、黎族、景颇族、德昂族、布依族等民族。这些地方山高水险，气候炎热又潮湿多雨，底层架空的干栏式民居可同时满足防潮、防兽、防盗、通风等多种居住要求，是最适合这里的住宅形式。

干栏式建筑主要为防潮湿而建，长脊短檐式的屋顶以及高出地面的底架，都可适应多雨地区的需要。各地发现的干栏式陶屋、陶囷以及栅居式陶屋，均代表了防潮湿的建筑形制。干栏式民居结构如表 2–10 所示。

表 2–10　干栏式民居结构

结构		材质	特点和作用	图片
构架	竹木	竹木混合	增强了干栏式民居建筑构架的整体性与稳定性	
屋顶	两面坡	青瓦、白石灰	①两端类似牛角的弯角。 ②牛角装饰还体现了新时代人们对于农耕文化的重视	
柱式	木柱	松木和杉木	①就地取材、当地木材丰富。 ②常用直径为 20 厘米的木材	
砖	夯土砖	夯土	方便取材	
梁	穿斗式	木板	结构稳定	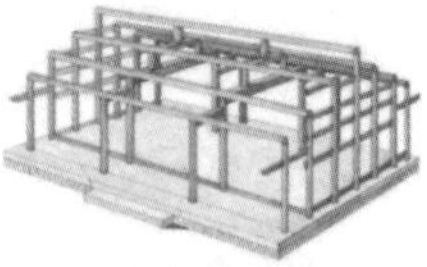
	斜梁式		在穿斗式屋架的基础上，加两根横梁，相对节省材料	

续表

结构		材质	特点和作用	图片
门窗	门	实心木	造型简洁，外表光滑平整，不加雕刻装饰，门多为菱形	
	窗	木材	形态多为规整的矩形，简洁，几何形窗花简化成田字格栅，利于采光	

西南地区民居建筑类型

西南地区因为土地辽阔，通常也被称为“大西南”。说到大西南，我们脑海里首先浮现的恐怕是一望无际的山脉，如富庶的成都平原。

西南地区不便利的交通、长时间的农业投入和独具特色的文化，这些因素叠加起来，就形成了西南山区特有的、丰富程度极高的生活圈和文化圈。西南地区典型民居以苗族民居、四川丹巴藏寨碉房最具有代表性。

苗族民居

苗族民居不仅是日常生活的地方，也是一个民族文化集中表现的场所。苗族建筑艺术同苗族其他门类艺术一样，积淀了很多纯粹的苗族文化成分。平时的生活、生产劳动、亲朋聚会、宗教活动，如纺织、刺绣、饲养、婚宴、祭祀等都在这里进行。受这些习俗活动和自然条件的长期影响，这些文化成分直接呈现在建筑形式的表层，或隐含在建筑形式之内部。

苗族民居建造仪式、过程

苗族人认为，人生无非两大事：“一栋房子难建，一个媳妇难接。”因此，修建新房特别慎重。苗岭山区与武陵山区的建房习俗大同小异。苗岭山区苗族村民的建房习俗具有浓厚的民族传统和宗教色彩。备料、发墨、上梁等都要祭祀而且有很多禁忌。苗族民居建造仪式、过程如图 2-24 所示。

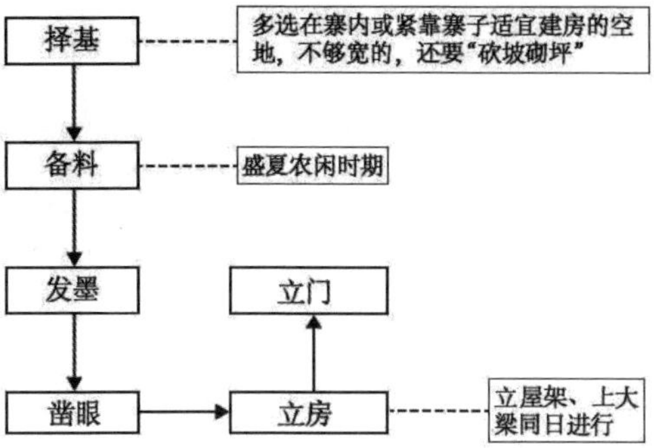

图 2-24　苗族民居建造仪式、过程

资料来源：笔者根据《西南民居》整理绘制。

苗族民居结构

苗族先民迁入苗岭山区后，为适应山区自然条件，留下平地耕种，在建造住房时，选在 30° ~ 70° 的斜坡陡坎上，创建了穿斗式木结构吊脚楼。这种结构形式具有以下特点：一是以立柱、横枋为基本构件，形成完整空间，结构简单而稳固；二是充分利用木材强度，小材质可以修建大房子；三是利用山地斜坡建屋，具有良好的通风防潮效果，还节约了耕地。从苗族村民的修建习俗就可以看到苗族村寨的发展历程。苗族民居结构如表 2-11 所示。

表 2-11　苗族民居结构

结构		材质	特点和作用	图片
墙壁	墙	树栅或杈	耐用	
	壁	树皮		

续表

结构		材质	特点和作用	图片
瓦	瓦	竹片或木片	苗族人多居住在山区，便于取材	
柱	中柱	枫木	枫树是苗族的生命图腾树，是象征祖先灵魂的圣树	

资料来源：笔者根据清华大学出版社 2010 年 5 月第一版《西南民居》整理。

四川丹巴藏寨碉房

四川丹巴藏寨碉房建造仪式、过程

四川丹巴藏寨碉房建造仪式、过程如图 2–25 所示。

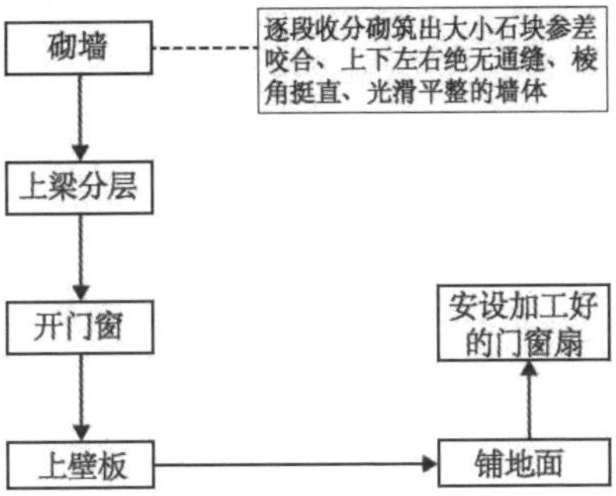

图 2–25
四川丹巴藏寨碉房建造仪式、过程

四川丹巴藏寨碉房结构

丹巴碉房的结构是密梁平顶的墙承重式，以房间为单位内外墙承重。房间的宽度即是梁长，一般为 4 ~ 6 米，梁水平搁置在墙上，大多是横墙承重，很少采用纵横墙混合承重的做法，局部墙柱混合承重。墙体以不规则石块加黏土砌筑，自下而上逐渐收分，内侧收分较少，外侧较多，具体大小由石匠目测确定，一般的基墙厚

3 尺，底层 2.5 尺，锅庄房墙厚 2 尺，至顶层墙厚 1.5 尺，外墙高 9 ~ 14 米。四川丹巴藏寨碉房结构如表 2–12 所示。

表 2–12　四川丹巴藏寨碉房结构

结构	材质	特点和作用	图片
屋顶	黄泥、骨料	调和的湿度要恰当，并且要分层铺，顶层外缘都环围着黄、黑、白三种色带	
墙	土石、木材	保存了嘉绒民居的基本特征，展现着传统藏寨的古朴风貌	

资料来源：笔者根据清华大学出版社 2010 年 5 月第一版《西南民居》整理。

丹巴民居的魅力在于每个村寨都在延续着这种居住样式，保持其旺盛的生命力，是“活着的”古民居群落，全无其他地区老房子的衰败感。这除了与藏民族的传统审美习俗有关，更得益于主人对自己房屋的精心照顾。在当地，每年雨季前主人都会按照古老的方法使用传统的材料对房屋进行维护装饰，将墙面粉饰一新。

院落格局

东北民居院落格局与功能

在东北地区，无论是汉族还是满族等少数民族的传统民居，大部分为合院式固定民居。在所有民居模式中，合院式民居是中国最普遍的一类民居，也是民居形态中材料使用和结构技术最先进、构成要素最丰富、“礼”的层次最复杂和装修装饰最多的一种类型。从某种意义上讲，它是农耕社会里最先进的一种民居模式，也是封建社会形态物化自然环境较理想的一种模式。

井

东北民居院落中，几乎家家有一口老井（图 3–1）。

图 3-1 一口老井——拉拉屯村落记忆

姜喜宝 摄影

苞米楼子

东北地区盛产玉米，因此，苞米楼子也是院落中必备的生产生活设施。各个村屯苞米楼子的材料、外形都不相同，极具村落特色。

在牛心套保村，这里的苞米楼子（图 3-2）都是用苇子来盖建的，外边插上整齐的苇秆，一侧留出楼子门儿。上盖的苇子顶上扣一口大锅，以免雨水漏下去烂仓子（东北土语，是指漏雨后粮食发霉，俗称“烂仓子”）。在松花江畔鹰屯的苞米楼子（图 3-3 ~ 图 3-5）独具东北地域特色，有的用玉米秆制成，有的用木板条围成，还有用原木搭建的（图 3-6）。

图 3–2
苞米楼子（牛心套保村）

图 3–3
苞米楼子 1（鹰屯）

图 3–4
苞米楼子 2（鹰屯）

图 3–5　苞米楼子 3（鹰屯）

图 3–6　原木苞米楼子

东北火炕与烟囱

在东北，使用火炕的民族在久远的生存历程中，不知不觉地创造了一种属于自己的文化，那就是烟囱。烟囱因房子而出现，烟囱因火炕而诞生，烟囱又因为它的独特造型，成为北方黑土地上的一种独特的生存符号。烟囱也是院落格局中重要的建筑物，是东北民居中一道亮丽的风景线。

泥土烟囱

你以为这是宝塔？其实，这是北方人家烧火炕的房屋的泥土烟囱（图 3–7）。在北方的土地上，烟囱象征着人烟和温暖。特别是对于一个长途跋涉的人来说，当他极度疲惫地行走在荒凉的原野上，饥肠辘辘，再也迈不动脚步时，突然，他看见天边的地平线上刮起烟雾，而风中也隐隐约约地飘来住家烟囱或灶坑里的柴草燃烧的气味，会立刻来了精神，于是忘掉劳累，奔向那飞烟的地方。因为，它代表那里有人烟。

烟囱又叫“望乡台”。在东北，有这样的习俗，当一个人故去七天后，当天晚上，家人要用纸扎一个梯子，立在烟囱根下。

烟囱在“家”中，处于最高的位置，人平时在野外走，往往打眼往村里一望，首先发现的是自家的烟囱，所以，活着的人认为故去的人找家时也能从烟囱分辨出家的位置来。在这天晚上，据说家里的人要想见故去的亲人，也要来到烟囱根一

图 3–7
泥烟囱（乌拉街地区）

带，或站在烟囱桥子上，心地虔诚的人，就能见到故去的亲人。

多么奇特的习俗！充满了神秘和诱惑。这也反映出火炕、烟囱与人的生活该有多么密切的联系。烟囱是大地的一面旗帜，是生命存在的符号。烟囱代表着生命的复活，也是一种生命的活态。

在民间神话传说中，女娲用黄泥捏成人，于是有了人类，人类又歌颂了女娲的智慧，而今天，人们同样可以见到自己用黄泥制成的杰作——土烟囱。

北方的土房和土烟囱非常配套。不难想象，如果这样的草房没有这样的烟囱，或这样的烟囱不配在这样的草房旁，这个环境该是多么的不和谐。

这种土烟囱里边仍是土坯垒成的（图 3–8）。先垒好烟洞、烟道，然后在外部抹上黄泥。其中，黄泥是土和草混合在一起制成的，干了以后，不透风、不裂，所以也不呛风、不走烟。乡下的一些老烟囱，有的由于泥和得不好，抹在烟道上，干了后出现裂缝，导致火炕也不好烧了。如烟囱在房屋东头，说明火炕靠近屋子的东

图 3–8　黄泥烟囱人家（鹰屯）

边，也说明这户人家人口不多。如果烟囱在房屋后的中间，说明这户人家是东西屋或南北屋的两铺火炕，人口多。所以烟囱的方位是火炕形态的标志。

除此之外，烟囱的位置和多少，也可以判断出房屋主人的生活等级和分聚情况。比如一间房一边一个烟囱的，这是一户人家开两个伙（不在一起吃饭）。往往是老两口、小两口分开过，或哥俩分开过，又没搬出一个屋。

两房中间夹一座烟囱，往往不挨烟囱的那间是仓房或下屋（主房旁边的厢房）。东北人家都有下屋，也叫仓房。里边主要堆积农具、废弃的生活用品和打下的粮食作物等。这样的地方就不用搭火炕了。

就像女儿身上的衣裳反映出娘的手艺和心思一样，东北人家的房屋烟囱也表现着这户人家主人的思想和性格。

这座烟囱（图 3–9）的底部由土和坯垒成，可是随着时间的推移，房子越苫越高，烟囱不够高，土又堆不上去，于是主人就在土烟囱上接上了木烟囱（图 3–9）。

图 3–9
土木烟囱（九台莽卡）

为了形象统一，又在上面抹上了黄泥。这反映了这户人家特别能吃苦的性格。这是北方民族最古老的烟囱形式。

北方人常说，烟囱安在山房边或烟囱修在山墙边，往往指的就是这种烟囱。其特点就是粗、高、大，并不断地增粗、增高、增大。所说的粗，是指它的底部往往有 1 米、1.5 米或 2 米以上，直径不等。质料往往是泥土。越往上，用木架支承，然后抹“羊角”。泥巴抹在木架上，使人们从外表能看出是木架，但又不露木架。这种土木烟囱，正是修在山墙边。它的烟囱桥子简直像一面墙一样大，也修得高、宽敞，还开了个小门，有点像房子和烟囱中间建的小仓房。其实也正是如此。那个像“小仓房”一样的鸡窝，就是在寒冷的冬季，鸡住在里边也是暖和的。这都是有粗大的烟囱的抽力，风和烟走得勤的结果。

这种极具风格的烟囱代表了北方人宽厚的胸怀和待人接物的处世风格，办事交友朴朴实实、不吞吞吐吐的性格。而同时，也说明这家人的火炕好烧，多年没有移动位置。烟囱证明了火炕古老的年轮。

砖石烟囱

砖石结合的大烟囱，充分表现了这户主人继承传统生活方式、不改变祖上生活习惯、勤俭而顽强的生活态度，也反映了一种故土难离的乡情。本来，砖石烟囱的高大决定了火炕好烧，特别是在同一个村庄部落或地域之中，人们往往自觉不自觉地相互学习和借鉴，表现在烟囱的造型上，就产生了许多有趣的现象，如东北的习俗“烟囱安在山墙边”就是这样。

“鹰屯”打渔楼满族村典型的人家居住处即是“烟囱安在山墙外”，也有烟囱桥子连接房屋和烟囱，上边也砌了鸡窝，不同的是，它使用了砖材（图 3–10）。

以前，砖烟囱一律是土泥所制，也是这样又高又大。到了近代，一些砖窑和砖厂开始取土烧砖，于是就有人家将泥烟囱改为砖烟囱了。砖烟囱一般砌成 4 ~ 6 节。第一节，为底座，往往粗些；越往上越细，这样往往比较牢固。底粗上细的造型也美观、适合烟的走向。而且，靠近房舍的地方，都垒有鸡窝，这是借鉴了泥烟囱的传统。而这种一座房子两边烟囱的，一眼便知这是一户人家开两个伙的生活情况。

图 3–10
砖烟囱（吉林龙潭山）

而这户人家的烟囱（图 3–11），虽然是“烟囱安在山墙边”，但不见鸡窝，说明它是一处“官房”。这是从前打牲乌拉的衙门后府所在地，它不可能养鸡。这也是官民职务之分的标志之一。

从图 3–11 中一眼便可以发现，烟囱是后建的。这座老房已有近二百年的历史

图 3–11
砖烟囱（吉林乌拉街）

了，它是吉林打牲乌拉衙门总管的后府。想当年那“土烟囱”已经倒了，建起了这个砖烟囱。虽然又高又大，但它只是走烟，已没有烟囱桥子可以安鸡窝了。

烟囱和火炕都是北方民族生活智慧的“艺术品”，流传下来，就成了生活和历史的遗产，特别是砖石所砌的烟囱更具有灵活性。在东北千奇百怪的烟囱中有一种很特别，远远看去，很像一个空心的玻璃瓶子立在那里，这就是东北有名的“门洞烟囱”。

门洞烟囱是高悬烟囱的一种，又叫“爬山过海”（图 3–12）。高悬烟囱，是将半截烟道镶在房墙里面，待顶部快到房上时，再突出来。这主要是为了节省地表面积的一种做法。而门洞烟囱的主人就此想出了一个更好的办法，那就是即使烟囱的下半部镶在屋墙体里，也能将烟囱的上半部高高地悬起，便于通烟走火。同时，为了更加美观，这家的主人又在烟道底部巧妙地修出一个拱门，把烟囱修在门的上方，这样既好看，又便于走烟。这种烟囱的造型，既美观又大方。美观主要表现在烟囱本身是门的造型。让烟囱在“门”上，别出心裁。如果另一侧也有房屋和火

图 3–12
门洞烟囱（长春大南）

炕，门的那一侧也可修作烟道，这样，这个门式烟囱就更加对称了。大方主要表现在做成门形，让人来来往往心情舒畅，而且往往会称赞主人精妙的心思。同时，门洞烟囱又形成了“烟囱墙”，正好在房屋、烟囱、门洞、洞墙处形成了院墙，给人一种生活完整的布局，很利索、干净、得体。这样的烟囱，是北方人生活的智慧和创造，也体现出主人的心灵手巧。

木头烟囱

靠山吃山、靠水吃水，这是人类生存的一种自然法则。你能想象到吗？走火的烟囱，完全是用木头来搭成？烟囱本来是行烟走火，木头是怕烟火的，可是，生活在地球北部烧火炕的民族，世世代代却使用一种“木头烟囱”（图 3–13）。

第一种是用木条夹成的烟囱，外面抹泥。图 3–13 是北方人家常用的“木”烟囱。底座用土石砌粗，然后插上成根的木条，外用麻条勒紧、绞死，就可以用了。

图 3–13 木头烟囱（长白山抚松）

但其习俗仍然是烟囱桥子留出来。烟囱桥子是北方山林民间人家必备的一种生活设备，有多种用途，所以不论什么烟囱，建造方法都不会改变。

第二种就是直接用大树制成的烟囱，这是一种奇特的风情（图 3–14）。也许是北方民族生活在大森林的怀抱里，也许是他们每天和树木打交道，于是认识了木的“特殊”的功能。这种木制的烟囱，往往就是一棵大树。那种树，叫“站杆”。或由于雷击，或由于虫咬等，它们已死亡多年，但还是不倒地立在林子里。做烟囱的人家专门上山去选这样的树。伐倒，运回，割去头部，立起使用便可以了。这样的树，由于年久枯干，中间已空，被称为空筒子。木芯已不存在，只剩下硬硬的外壳。烟火经过这种筒洞，不但不起火，反而易通风走烟。而且，这种树烟囱可以随时挑选、调换，老林子里有的是。这种烟囱对土炕也形成了天然的抽力。

如今，这种古老的树木烟囱在东北也不多见，只有在森林里的偏僻村屯才偶尔发现，已成为人们观光旅游的风景了。

图 3–14
木头烟囱（长白山漫江）

烟囱文化

东北的烟囱拥有诸多类型，形成了自己的独立文化。东北中西部平原地带的许多泥、土、垡子制作的小矮烟囱也是一种重要的类型。

那里，土是碱土，木材少。一般的盖房人家把有限的木架支起房屋框架后，铺上草或苇，称为苫房，然后抹碱泥。屋里盘完火炕后（盘炕，东北土语，搭建火炕），烟囱顺着屋墙上顶，称为顶盖烟囱（图 3–15）。这种烟囱完全是泥制土堆，在房上突起一二尺高，圆圆的，或四四方方不等，也是底粗上微细，是典型的西部烟囱。

图 3–15 顶盖烟囱（嫩科尔沁松原）

顶盖烟囱要注意的是烟囱和房顶的衔接处往往容易漏雨。所以在烟囱起突时，底部要用整根的硬草或苇，顺烟囱向下竖立，然后抹泥，以防年久雨水冲刷导致漏水。

不同类型的烟囱有不同的作用，但都是相对火炕而言的。主要作用都是省柴火和延长热度。这种类型的短烟囱主要是建在烧草的村屯，抽力不要过大；只要火炕不凉，饭能做熟就可以了。冬天便用一种叫“烟插关”的工具来控制火炕散热。

顶盖烟囱直接从屋内火炕升上房顶，把烟道留在屋内（烟道留在屋内也是增加屋内热度的一个办法）。这往往是在近代，住家一般不养鸡，也不靠烟囱桥子去给鸡窝提供热度而使鸡愿意下蛋。同时，近代的气候也有了明显的变化，人们只保留了用火炕做饭、取暖的生活习俗，因此烟囱逐渐缩小、升高，都离开地面，建在了房顶。起脊房的地区，往往取木材很方便。山林取木容易，人们住房的习惯也都趋于一致地起脊。起脊房内空间较大，房内的顶部可以成为“仓房”，能放置许多杂物，也是一种自然生态的生活方式。

北方的烟囱种类多样，还有一种“爬山过海”式即悬架式。悬架，顾名思义，就是将烟囱悬在空中（图 3–16）。这种烟囱的意义和作用就是省地、省料，又能发挥其作用。因为在北方，各家院子的地方都很珍贵，所以选房时就要尽量考虑节省地方。特别是那种家里已有了一处烟囱的人家，往往就把另一处烟囱架起来，尤其是靠近门或街道那一侧火炕的烟囱。架起来的烟囱，下部走房墙。顶部突出后，用一个托板托起，下设两架，将其架起。北方的贴墙式烟囱也是常见的一种。那往往

图 3–16
悬架式烟囱（吉林大口钦）

也是靠近门的房山一侧。如果底座太粗，影响人的出入。建这样烟囱的人家，往往是对面火炕，不得不在靠近门口的一侧，将烟囱制成这种贴墙式，好处就是省院省地，经济方便，而且和屋内的火炕配套。

在自然生态类的老烟囱中，包括那种完全从自然环境中取来材料并延续一种原始自然的制造方法而修成的烟囱，这表现了人们生存观念的古老和自然。如东北烧火炕的人家有一种大土垡子烟囱（图 3–17）。

大土垡子烟囱也是北方民族普遍使用的一种安在山墙外的烟囱类型。所谓大土

图 3–17 土垡子烟囱（查干淖尔）

垡子烟囱是指它的修筑材料和修筑方法都是源于本土。土垡子，是北方常见的一种土质，往往分布在林甸及河滩湿地一带，草经过多年的盘根错节，烂掉的植物根茎已经炭化，形成泥土一样的草土，这便是“垡土”。

垡土本身已具备了一种紧密的植物结构，而且表皮生长着一层细微的草末，底下是呈块状的土质。用时人们用“垡刀”将这种草土一块块切割下来，即为“垡子”，是垒院墙、垒房子的好材料，甚至可以燃烧当柴用，具有经济实用的优点。用它来垒砌烟囱，既结实又起得快。

土垡块大又很耐久，挖割也容易。土垡砌的大烟囱抽力很大。特别是高于房山头的那种大土垡子烟囱，烟洞也粗。一般修建这种烟囱的人家，往往开的是油坊或粉坊，屋里的火炕是用来炕豆子、炕粉面子（这里的炕，是烘干的意思）的，所以需要这样的大土垡子烟囱。这类房子的烟囱桥子往往也用垡子来建，主要是为了形象一致，而且美观，苍凉又威武。

但是，土垡建的烟囱有一点要注意，因土垡是含草炭的材料，质地松软，一些乡下的老鼠喜欢在这种土质的材料上打洞做窝，它们这样做会使烟囱透气、进风，导致烟囱也不好烧了。

所以一旦发现烟囱本来好好的，突然出现火炕呛烟和倒烟，就要立刻检查一下，是不是有老鼠在烟囱的大土垡子上盗洞做窝了——因为它也喜欢住在暖和的地方。北方的大土垡子烟囱是一种典型的自然生态的老烟囱。把火炕的“热度”扩大，形成一种生活形态的过程，我们称为人文生态的创造过程，在北方，这主要表现在烧火炕人家的烟囱桥子上。烟囱桥子是指烟囱与房屋连接过渡的地方。桥，指过渡。这一般是指烟囱修在房屋山墙外的那种，房顶房盖上安的烟囱没有烟囱桥子。东北烟囱挨着山墙外的房屋，一般都要修烟囱桥子，这种走烟过火的设备往往根据房屋烟囱主人的习惯和爱好，有高有矮、有粗有细，反映出主人的目的和不同的使用风格，但主要是为了“鸡娃”（鸡娃，东北人对家禽——鸡的爱称）。

一般的烟囱桥子（图 3–18），只要贴着地升起一尺五或一尺左右便可以了，因为这个高度与屋里火炕的高度差不多。烟囱桥子一般比火炕要高一些，因为烟是往上走的。但也有不同。东北一些人家的烟囱桥子，竟然修成一个“小仓房”，还带开门。

图 3-18　烟囱桥子（吉林榆树）

这样的烟囱桥子上的“小屋”是给鸡准备的。冬季，北方严寒袭来，气温下降到零下四十多摄氏度，天地间白茫茫一片，鸡呀、鸭呀、狗呀，都冻得无处藏身，而且各种动物又不能都挤进人住的屋里。于是生活在这里的人想出了一个好办法：在烟囱桥子上为鸡修建了一个住处。把鸡窝安在烟囱桥子上，可以充分发挥烟火的余热，使鸡在里边过冬，不受寒，到了夏天爱下蛋。而且，烟火把烟囱的土泥都烤得温热，使得狗也爱在这儿趴卧。关键是这种做法也不用费柴火，等于把一道“火墙”或一面“火炕”搬到了屋外。也只有在这时候，人们才能充分地领略到北方民族“烟囱安在山墙边”的真正动机和用意。

烟囱与火炕的关系

在北方的生活中，烟囱与火炕有重要的直接的关系，要管理好火炕必须管理好烟囱。这主要表现在烟堵袋和烟插关上。

烟堵袋

烟堵袋（图 3-19）是一个装满沙土的布口袋。它的大小粗细一般同烟洞的粗细一致，由一个设在烟囱口上方的烟堵架挂着，悬在烟洞上。烟堵架就像楼房的脚手架，固定在房屋烟囱的外围和上方位置，往往是铁或木质，但一定要结实和牢靠，因为它要悬吊沉重的烟堵袋。

图 3-19　烟堵袋

烟堵袋一般有一尺或一尺二长，半尺或六十厘米粗，装上沙土，显得松软而沉重。里面的沙土不要装得太满，以免发硬，袋落下后不能很好地盖住烟洞，俗称“坐不严”。烟堵袋的主要作用是盖堵烟洞。这是生活在这里的北方民族的一大发明。北方人在生活中发现，烧火炕是很费柴火的，但是一铺大炕要烧热，全家人才能生活，才能度过严寒的冬季，所以一定要设法省柴。而省柴的聪明办法就是制造烟堵袋。

使用烟堵袋往往是在冬季。冬季，北方的气候十分寒冷，炕和外界通过烟囱的连接，冷空气也很容易从烟囱进入，使刚刚温热的火炕立刻凉下来。所以，饭做熟后立刻落下烟堵袋，这样就会把炕洞内的热度留下来，又可省柴，让余灰热土发挥作用。这真是一个奇妙的想法。烟堵袋的控制“开关”往往在院子里的烟囱下。一般是将吊烟堵袋的绳子的一头拴绑在烟囱根部，或小仓房的门、窗框子上，要落下时，一松绳，上面的烟堵袋便会自动落下，正好堵在烟洞口上。第二天早上做饭前，再将烟堵袋绳一拉，将这一头系在昨天的位置上，烟堵袋便又会升起来，让烟火通风走气，开始新的一天的生活（图 3–20）。

图 3–20
悬吊式烟堵袋

北方烧火炕人家的烟堵袋，在房上已形成一道有趣的风景线。那千奇百怪的造型、那高悬在空中的黑黑的口袋，让每一个走进北方的人都能发现生存的快乐和自然的情趣。

烟插关

北方使用火炕的民族在久远的生存历程之中，又发明了另一种既能保持火炕中的热度，又能节省柴火的工具，那就是“烟插关”（图 3–21），这也是掌握火炕气息的好办法。

烟插关是一片长方形的铁片，一般长 1 尺、宽 4 寸左右，而且也是根据烟囱内径的大小而制作。它的主要用途就是隔断烟火。烟插关，顾名思义，就是把烟和火隔开，使烟囱里的风不能把烟火带走，把炕里的余热保留在炕里。有的安装在室内，有的安装在屋外的烟囱上。

人们知道，炕里的烟和火，是通过烟囱散到外面去的，要想保留住炕洞里的热度，用什么办法隔断烟火的通道呢？烟插关由此应运而生。

这个东西一般在冬季使用。冬天，当有炕的人家把饭做好，炕也热了，为了保持炕内的温度，就把设在烟囱上的烟插关“插”上了。

为了“插”“关”方便，烟插关一般都挖在屋内的烟囱上。所说的“插”上，就是将烟插关推进烟囱里去，这样便隔断了“烟路”。烟囱里边不透风，炕里的热度便被保存下来。而在夏季或平常，烟插关是被拉开的。烟插关的作用和烟堵袋是一样的。有所不同的是，烟插关是设在烟囱的通道里，而烟堵袋是悬吊在房屋上的烟囱口。这都是烧火炕的北方民族在生活的过程中总结出来的经验。

图 3–21 烟插关

朝鲜族民居院落特征

院落是人生命的课堂，它是对人生存的一个总结。古村落把文化固定在人的一切行为之中。走进一座村落就会发现人对自然和文化的理解，空气中散发着深深的文化气息，人的思想在这里延伸，人的智慧在这里延伸，并不断地得到新的启示。

从城市走进村落，人会有一种别样的感受，仿佛这时才认识了自己，因为村落是一个民族性格的代表作。在下泉坪朝鲜族古村落中，人们处处都可以感受到文化的存在。

房屋与牛

在朝鲜族古村落，每户人家的房子都留有一间专门给牛住的屋子（图 3–22）。那间屋子，往往是居房的一头。在吉林延边，朝鲜族特别喜欢黄牛，家家都将黄牛的圈和主人屋子的厨房连在一起。每当遇到繁重的劳动，或秋收去田里拉稻草的季节，主人往往会用狗肉团子、打糕团子给他们的黄牛加餐……

在延边朝鲜族古村落里，一旦牛干活累了，主人就会把黄牛牵回村落的牛屋里

图 3–22　专门的牛屋

去，让牛进屋充分地休息（图 3–23）。他们把黄牛看成自己的生命一样。他们说生命的“生”，就是来自“牛”。

图 3–23　黄牛走进自己的屋（下泉坪村）

民俗学家吴正默先生曾经说过：汉族家畜中重要的是“猪”。你看，家庭的“家”字，就是一只猪（豕），住在“家”里；而朝鲜族的黄牛，却是“生”字的意思，就是“牛”底下加一横，变成了生命的“生”，这是说明他们把“牛”看得和人的“生”命一样重要。因此，他们认为自己比汉族人尊重牛。朝鲜族用牛拉车，不是用牛的脊背拉套，而是用牛的脖子驾辕。他们说，牛的劲全在脖子上。留出牛的背，也是为了让牛多些喘息。而且，他们坐牛车时，不是从车的左侧上去，而是从右侧上去驾车。他们说，左为“大”，为了尊重牛，我们从右边上吧。这是理解和重视牛的一种心理文化。在下泉坪，我们在村道上、在人家的院子里、在人家的居室处，都可以见到这个民族对牛的尊崇的文化。这是一种很独特的文化。

房屋与水稻

在延边古村，没有水稻简直就等于没有古村本身。这是因为他们是栽种水稻的民族，而这又同这里的水土和气候条件分不开。

据考古发现，在距今5000年前我国的西北大地湾农耕遗址中就出土了水稻碳化种子。而且，居住在东北长白山和松花江、图们江流域的先民早在唐代渤海时期就开始了自己的农耕文化。因为这里山林茂密，水源充足，特别是山地间的平原和湿地、江湾、河滩一带，很适合农作物特别是水稻的生长，于是，这种作物就成了延边村落人家耕种的主要作物。水稻的种植同样经过插秧和收割。

稻地，往往就在村落周边的山下，或者平原上，往往是一家子，或夫妻二人一同上地。一人赶车，一人装，一人码。在秋天的延边，村落旁的稻地上，拉稻是这里的人们生活的重要一景。瞧啊，男人们套上车，走了，走进无边的丰收的稻田里，一场秋收开始了。

许多活计，特别是“抛稻”，往往是女人的活儿。在朝鲜族生活中，女人是主要劳动力。水稻运回之后，农家开始打稻（脱粒），然后把稻谷装进袋里，装好后整齐地摆在院中，这时，农家就剩下稻草了。在东北朝鲜族古村落，稻草的作用太大了，无论是编织、苫房、烧柴，还是搭建各类动物的窝圈、防寒暖窖的帘子，几乎生活的方方面面，都需要这种原料。

打稻后，家家把稻草堆放在自家的院子里或者屋前房后的空地上（图3–24）。挑选稻草的活计是一项极其细致的活儿。一个好的劳动力，必须会这种需要有技术、有体力的活计。各家的稻草垛，便是这里人家勤劳、富裕的一种标志。

在村子里，人们已充分地品味出“稻草”所展示出来的村落文化的气息。那种浓浓的田野人文的特点，就是水稻植物的秆棵在包围着村子，包围着房子，包围着人；人也是天天地行走在稻草之中，融入大自然了。

村落，就是一堆堆稻草堆、一垛垛稻草垛。金黄色，已和村子浑然一体。这是朝鲜族古村落的本色、原色。金色的稻草文化已把这个朴实的民族和他们居住的古村落整体地概括出来。他们已离不开这种草了。

图 3-24
屋前稻草

院落与玉米

在北方一带，下泉坪朝鲜族古村落院里，另一种自然景观就是村里的玉米文化。我在东北的许多汉族村落里也见过玉米丰收之后的处理：为玉米盖一座楼子，称为玉米楼子，然后将玉米一筐筐地抬上去，储存在里边，让风吹干吹透。可是，朝鲜族古村落对待玉米不是这样。他们是将玉米两穗和四穗八穗的叶与叶相连，然后搭在木杆上晾晒。但这种“搭杆”，往往是搭花。他们的晾晒很有新意，一般是在院子里支上架子，然后按架子的走向搭晒玉米。其实在夏天，这种对玉米的晾晒工作就已经开始了。首先是为晾晒玉米搭杆架杆，然后等着玉米丰收。秋天，人们先把玉米秆割倒，然后把掰下的玉米，一堆堆、一行行地堆在地里，让风吹和自然的阳光晒一下。在五天至一周后就用带槽子的牛车将地里的玉米运回家中。这时，就要考虑在院子里早已搭建好的玉米架子上晾晒了。在自家院子里晾晒玉米，已成为村子里的一道道亮丽风景线。你看，一家家那千奇百怪的玉米架子，真是奇特极了。而且，每家每户晾晒玉米的架子从来也不重复，还有独创。摆在杆架上的玉米架花（图 3-25），显示出主人的手艺，那往往是一种展示——有许多人家按照心情和对生活的热爱，不断地发明着玉米架子的形状和特点。

玉米在平常是最普通不过的一种植物了。可是，一旦玉米在古村落中被村里人悬挂在架子上，又装饰起来时，玉米就变成了村落生命的一部分。它们“活”了，它们让自身的生命焕发出一种独特的魅力，装点着村落。同时，它们又是一种文字，仿佛书写着大地的丰裕和富饶，把一种充实和智慧展示给生活，也留给大自然本身。

图 3-25 玉米架

朝鲜族是一个勤劳而智慧的民族，他们能把玉米装扮得如此风光，其他生命的部分，还有什么不可以装点得更美更神奇呢！我见过其他地方的许多玉米垛，但总觉得赶不上延边的玉米架。这应该是村落的缘故，玉米架让村落产生了一种新的美感，成了村落的组成部分。

所以，村落是一个“生物圈”，是由人、物和周边环境共同构成的一个有机体。在这个“圈”里，一种深深的文化诞生着、延续着，传承着、发展着。这一切都是自然的生成，就像太阳照在大地上，雨水浸润着大地，万物有了春生、夏长、秋结籽一样。

多么好的村落呀，完整的文化部落。

房屋与大酱

在朝鲜族村落院里，家家离不开装大酱的酱缸。只要走进一户人家院里，就会发现酱缸（图 3–26）。

村落里下的大酱，称为黄酱。这种酱，是用黄豆制作的。方法同汉族下的大酱

图 3–26　大酱缸

图 3–27
悬挂在房檐下等待发酵的酱块子

差不多，也是先将黄豆煮熟、烀烂，然后制成酱饼、酱块子或饼包，放在火炕上发酵。有的人家把酱块子用稻草捆扎好挂在房檐下（图 3–27）。

待到了豆儿已发酵，立刻下缸。下缸后就开始打酱。打酱，就是每天都用笊篱去搅动，促使其发黏和融合在水与盐中。坚持十几天这样地搅动，黄酱就做成了。

房屋与菜类

朝鲜族古村落下泉坪的房屋都有长而宽的屋檐，因为屋檐下是生活在这里的民族的一种亲情和生活的情态外显。首先，宽宽的屋檐，给鸟和燕子创造了垒窝的上好条件，几乎家家的屋檐下，都有燕窝（图 3–28）。

世世代代，春来秋去，鸟儿以村落为家。村落的房檐下，是它们的家，多么温暖的家啊！自然动植物也是村落的一部分，村落也是它们的家。

图 3–28　房檐下的燕窝

除此之外，就是这种大屋檐可以悬挂青菜、干菜、种子、小鱼、大蒜、辣椒……

在屋檐下挂上大蒜和辣椒等生活用品，村落就有了“生气”。生气就是生活的气息，这是一种活态的记号，也是人存在的标志，久而久之，就成了村落的文化“符号”了。有时，不喜欢吃这些东西的人家也挂。

有人问：“已经都干了，怎么不吃还挂？”

“因为人家也挂呀。”

对了，这个回答，恰恰道出村落与“文化”的关系。不一定“用”，但要去“做”，因为这是“村俗”。

秋白菜也挂在屋檐下，这是朝鲜族古村落的独特风情（图3–29）。他们特爱吃这种秋白菜，往往是秋季趁青掰下，用绳捆上，挂在房檐下。这种做法叫“阴干”，即白菜干了，但还柔软，保持着水分和姿态，好吃，味发甜。

小鱼也是朝鲜族古村落房檐下的“常客”。这种小鱼，是用来做“小鱼汤”的。

图3–29 屋檐下的秋白菜

小鱼汤是村落里招待“客人”的上好菜肴。在这儿，一有贵客，家家的餐桌上都离不开这种小鱼汤。小鱼是村周边小河里的野生鱼儿，它们散发着浓浓的自然野生气味儿。做法是将小鱼泡开放在一种清汤里，再撒上辣椒粉和干白菜，味道鲜美极了。屋檐下是储存小鱼的上好地方。夏天，在江和小河里捕来了小鱼，一下子吃不完，于是村里人就习惯将小鱼穿成串挂在架子上，再把架子放在屋檐下，或者将小鱼装在一种透风的兜子里，再将兜子挂在屋檐下。在朝鲜族古村落，人们最能充分利用屋檐下，这片地方已成为一种独特的文化场，可以叫村落的特色场。

村落的屋檐下，简直是一个丰富的“市场”，在这里，任何一种动物、植物都可以见到、找到。这里是一种古文化的汇集处，又是一种生活进程的刻度表。无论穷富，无论日子过得好与坏，屋檐下的内容都是一致的。没有这里的风情，就没有了一个村落。

在下泉坪古村落，稻种是屋檐下的主角（图 3–30）。在这个以种植水稻而出名

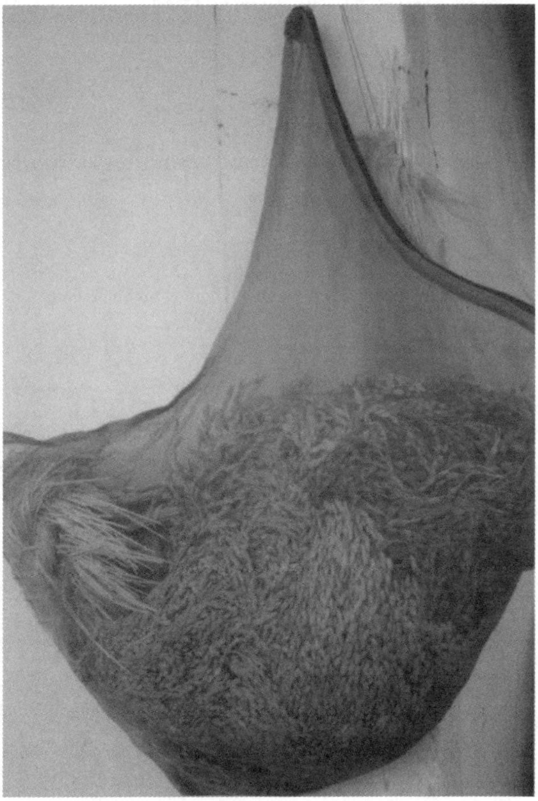

图 3–30　屋檐下的稻种

的地方，屋檐下怎能没有稻种呢？秋天，当农人收下稻子时，就要选一些籽粒饱满的稻子，一颗颗地、完整地装在一个袋子里，挂在屋檐下的墙上，留给明年的丰收。村落里的屋檐下，还常常见到一串串农人的草鞋。平时，村里人闲暇时，会打草鞋，然后将草鞋一组组地系上，挂在屋檐下，这是为了让草鞋干燥，穿时方便，也是草鞋文化。这仿佛是让人去记住一种岁月。村里人可以不穿草鞋，但不能不挂，那是村落的“语言”，属于一种独特的景观。

挂饰，我想这是一个朝鲜族古村落的独特的民俗风情，就连秋季吃不完的玉米，他们也系好，悬挂在屋檐下。那一串串的玉米，虽然干了，但它依旧散发着迷人的清香，久久地飘荡在村落的院子里。

缸和坛坛罐罐，是屋檐下最多的。而这一切都是为制作“泡菜”做准备。制作泡菜，是东北朝鲜族村落最为盛大的生活仪式。泡菜包括酸辣包菜、咸萝卜、糖蒜、桔梗、沙参等，各种“泡菜”应有尽有。大屋檐，可使腌泡菜的缸（图 3–31）得到很好的保护。缸和坛坛罐罐把这个民族村落的院子装点得更加具体。几乎每一家屋檐下的摆设，都是这些。

朝鲜族是个喜欢洁净的民族。他们已经晾好准备下缸的菜或准备腌制泡菜的缸，在房檐下躲避了尘土，看上去也干干净净的。

图 3–31　屋檐下的缸

院落与打糕

杵，是村里人杵米去壳和制作打糕时用的一种工具。这是从前比较原始的农具。后来，朝鲜族制作打糕多采用槌，而它的存在，记录了下泉坪农耕历史生活的情态。

制作打糕要有场地和工具，所以必须有宽敞的院落（图 3–32）。朝鲜族村落是这种生活活动的重要场所，这也使村落具有了一种独特的功能。

图 3–32 在院子里制作打糕

打糕的来历是过日子的人家为了省粮而悟出来的一种“吃法”，由于制作精细，需把米粒捶细，使粮食的结构发生了变化，口感也变了，这使本来就“筋道”的糯米更加地适口，再加上白糖和小豆，就更好吃了。

打糕是朝鲜族春节的必备食品。打糕时全家人穿上新衣，济济一堂、欢天喜地地劳动，并有一种庆祝丰收的意味和期盼明年五谷丰登的心理，于是吃打糕一点点地演变成了人们的一种精神活动，成为一种习俗。

秋千

在朝鲜族古村落，打秋千是这里的人们日常生活和节庆活动之中不可缺少的一项内容。秋千也成为院落中重要的娱乐设备（图 3-33）。在下泉坪，由于有农夫节庆祝活动时的操场，没有设置秋千场地，但为了说明这项活动是朝鲜族人民生活中重要的事项，我们在小和龙村和其他几个村落拍到了秋千。

图 3-33　打秋千

打秋千有一个古老的传说。据说是朝鲜族姑娘被老人关在家里出不去，于是她们就想出了一个主意，用一块板系上绳子，一悠一荡，便可看见外面的风景。汉族也有类似的传说。但是单就打秋千来说，其已成为朝鲜族人民生活中和节庆时不可或缺的活动了。

秋千的主要构件是秋千架（图 3–34）。一般情况下，秋千架都是用原木做的。近代以后，朝鲜族秋千架也有用铁杆制作的。那往往是在集镇上，或大的体育场和比赛场地上。

远远望去，还是由原木做的秋千架朴实、有风味，并且和村落的生活形态相匹配。那种秋千架往往就是一棵整树，选直立的松树枝干，上面架上门梁和二梁，这

图 3–34 秋千架

是大型的秋千，一般人家会为孩子制作小秋千。

门梁，是专门用来悠绳的，二梁，比门梁细一些。起到悠时微微地挡住起绳的作用，使得悠绳不至于起得过高，失去控制。秋千架的立法是底部微微向两边张开，给人一种稳固的感觉。秋千架高 6 ~ 10 米不等，一定要够高，不然悠起来不解渴、不刺激，也不能使人兴奋起来。这是每一个朝鲜族古村落的重要标志。架的顶端，系两条长长的粗绳，绳的下边系在“踏板”上。踏板，是一块半尺宽、长一尺半左右的厚木板。两端挖出眼孔，系上铁环或鼻套，然后悠绳从中穿过，将木板托起。绳往往从板的底部而过，将踏板包起来。

踏跳板

和打秋千同样珍贵的朝鲜族古村落活动，还有踏跳板（图 3-35）。踏跳板是东北朝鲜族生活中的一项重要的生活和娱乐活动，常常是妇女和儿童来玩耍。跳板是一根长 5 ~ 6 米、宽 0.3 米左右的厚木板，中间安上一个铁架，或架在一堆石头上，使一边翘起，一边落下。活动时，一人先站在落地一方，另一人立刻跳上另一端。

图 3-35　踏跳板

由于受力，落地的那人便一下子弹起。而当这人落地时，又把那人弹起。于是两人一起一落，一高一低，形成循环。这就是踏跳板活动。

据说这种活动的来历也同秋千差不多，也是朝鲜族姑娘想去外边见世面，而家里老人不允许，于是聪明的姑娘们发明出来的一种能实现自己愿望的好办法，从此也便流传下来。虽然这只是一个故事或传说，但这种活动是一项很好的体育活动，在全国少数民族传统体育运动会上，也有此比赛项目。踏跳板已被列入我国第一批非物质文化遗产名录。

西北民居平面布局、空间处理与建筑造型

西北传统城乡民居大都以四合院形式呈现，一般为一进院，形制多为长条形，左右厢房间距较窄，房屋大多为“一坡水”；从用材上看，土坯、青砖、木材兼有，一砖到顶的较少；屋顶多用方砖平铺，很少用筒筒瓦，与西北雨水少有关。由于西北为多民族聚居区，也有很多具有各民族特色的民居。

关中地区平面布局与空间

关中民居历史悠久，目前在各城镇中还保存有不少明清时期的民居。其中西安、三原和韩城等地的民居尤其具有代表性，无论在土地利用、平面布局、空间处理还是内部装修等方面都不失为这方面的范例。关中民居一般都具有平面布局紧凑、用地经济、选材与建造质量严格、室内外空间处理灵活及装饰艺术水平较高等特点，是我国建筑文化的宝贵遗产。迄今，该地区新建的民居，在平面布局、空间处理及建筑造型等方面，不少还保留着传统民居的风格和特点。

据《陕西民居》记载，关中民居虽然具有自己的地方风格和特点，但其平面关系与空间组织仍属于中国传统院落式的民居模式。我们引用一部分图片，展示关中

民居的独特之美。[1]

关中民居多为沿纵轴布置房屋，以厅堂层层组织院落，向纵深发展的狭长平面布置形式（图 3–36）。

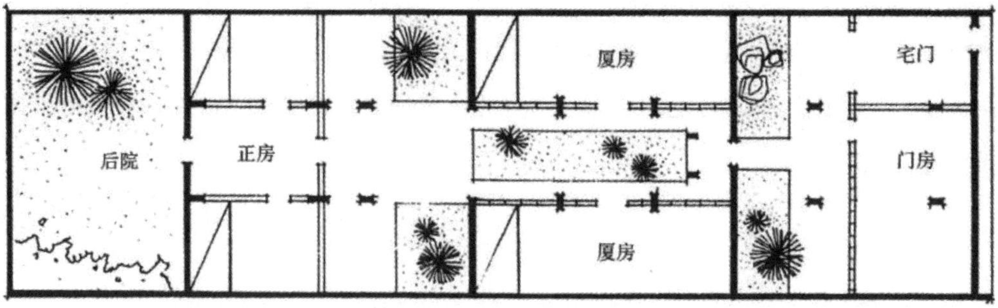

图 3–36　关中民居典型平面图

独院式平面

独院式平面是关中常用的民居平面布局形式，这类布局多沿用地四周布置房间，由前向后，依次是门房、庭院、正房和后院，庭院两侧布置两栋单坡顶的厦房。

前庭是大门进入宅院的过渡空间，具有外向性，它由门庭、厦房和过厅围合组成，供接待、婚丧、庆典及家人团聚之用。因此对前庭的处理，无论是平面形式、空间联系、装修和绿植栽种，都有较高的使用和观赏要求。

前庭的布局一般有四合院、三合院和二合院几种形式。

纵向多进式平面

纵向多进式平面是由独院式平面沿纵深方向重复组合而成。关中地区地少人多，宅基地势平坦，城镇街道平直，民居宅院多沿街巷道两侧布置，很少考虑方位朝向。纵向多进式平面的厅堂院落的层次虽不尽相同，但是以二、三进式为主（图 3–37～图 3–39）。

1　张璧田，刘振亚．陕西民居 [M]．北京：中国建筑工业出版社，2018：37–78.

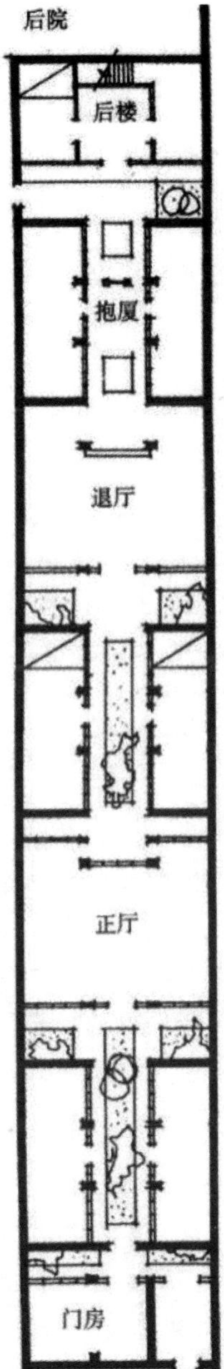

图 3–37　某宅院落平面图

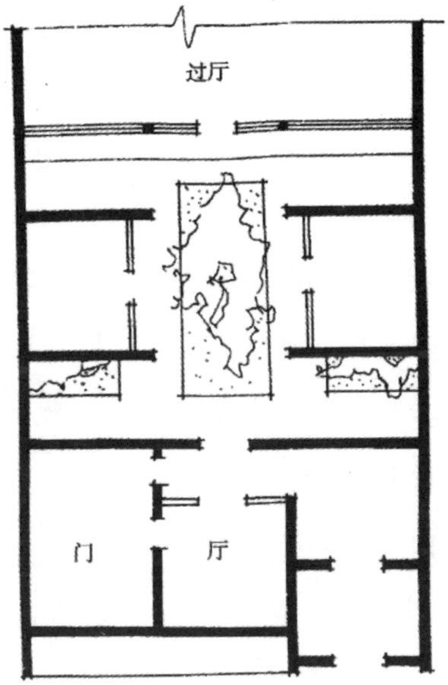

图 3–38　四合院前庭平面图

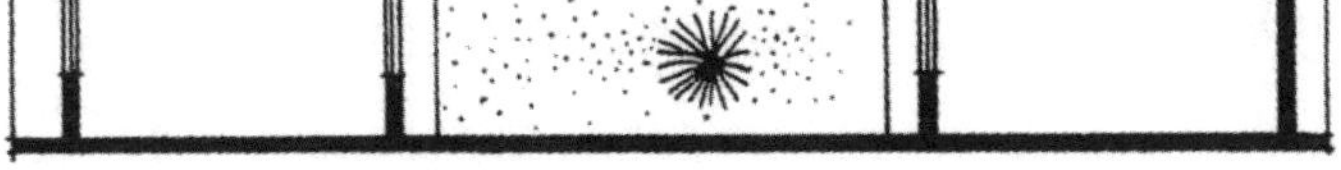

图 3–39　二合院前庭平面图

四合院式的前庭：关中地区多用的形式，它由门厅、过厅和两边厦房形成庭院空间。厦房间数的多少，直接影响前庭的进深和比例关系。对比之下，用一开间厢房的庭院比例较好，用三开间厦房的前庭比例狭长。若是面宽为五开间的平面布局，采用三开间厦房，其前庭比例为最佳。

三合院式前庭：一般不设过厅，只由门厅和两边厦房围合组成，去掉过厅增加两边厦房的间数，前庭与内院用围墙及门洞分隔，这种做法在城镇中不多见，但在农村使用较为普遍。

二合院式前庭：一种只设门厅和正厅不设厦房的前庭形式。

横向联院式平面

将几个多进式宅院，用数道墙门横向连通，为独户使用的民居类型。横向联院式宅院的各院之间，仍用高墙分隔，各院都设有独立的对外出入口，因而使各院仍保持独立的多进式宅院的特点。各院之间的联系有通道门相通，这种布局都有正院和偏院之分。

正院位置多居中布置，一般都具有建筑物尺度高大、庭院宽敞、建筑材料和建造质量高及装修精致等特点。正院应具有主人起居、接待宾客等功能。

偏院居正院之侧，多为晚辈和家人生活居住的场所，其布置较灵活，院内设居室、餐厅、厨房及花厅等用房（图 3–40）。

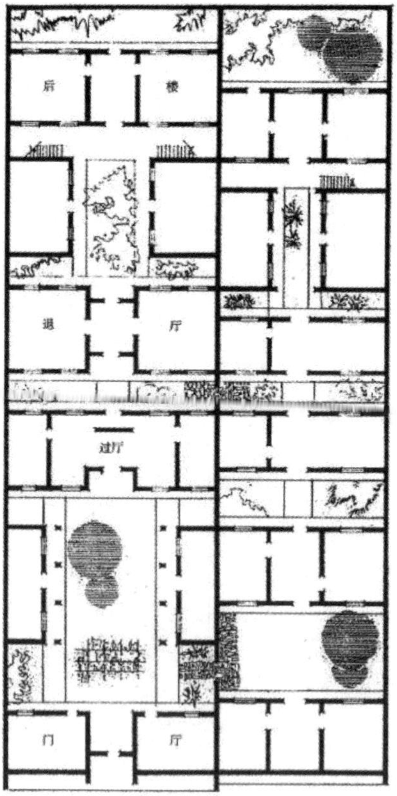

图 3–40　横向联院式平面图

大型民宅

关中地区大型民宅，用地面积多、建筑规模大，多为昔日的高官、富户所有。这种布局是由几个甚至十几个多进式宅院联片组合而成。

传统农村住宅

传统农村住宅的平面，一般都比较简洁明了，以厦房为主，房屋类型少，经济、实用，而且布局灵活自由。其平面布局基本上也属于关中窄院的传统形式（图 3–41）。

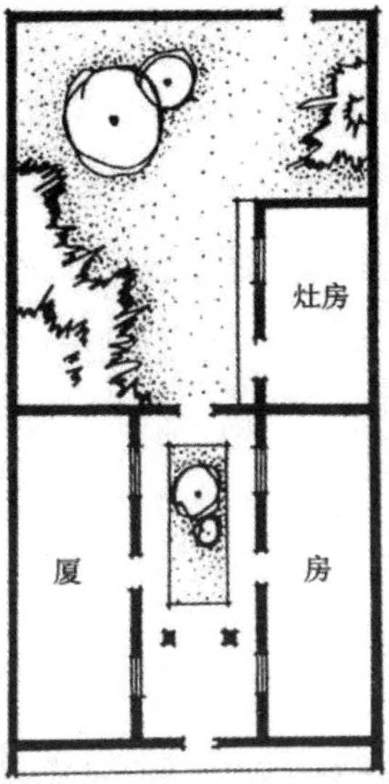

图 3–41　关中地区三合院式农宅平面图

陕南地区平面布局与空间

陕南地区的一般农宅以“一”字形平面居多，少有“L”形平面。“一”字形平面的开间数，从 2 ~ 7 间不等。由于夏季湿热，乡间农宅做开敞式庭院居多，城镇的“一”字形民宅往往直接临街，并有封闭的后院。“L”形平面有的仍是开敞式庭院，有的则用围墙围成封闭或半封闭庭院，形成近似三合院的空间，面对正房的墙做成影壁，设花坛，形成清幽的前庭空间（图 3–42）。

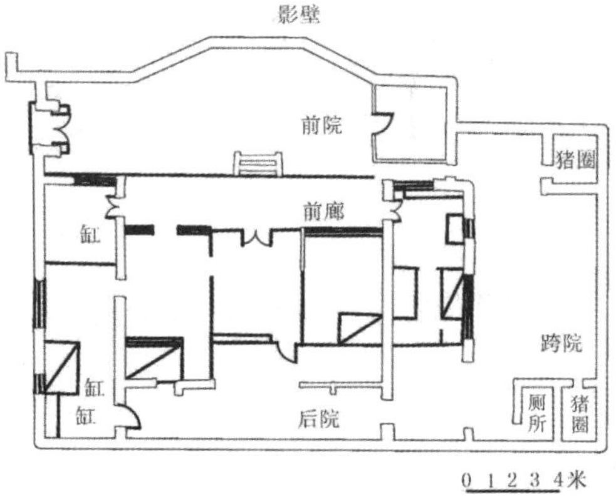

图 3–42　略阳陈宅平面图

在较大的民宅中，均为三合院、四合院的布局，这也是典型的中国传统宅第建筑的平面布局。陕南民居中的四合院布局，除具有北方民居的一般特点外，还兼有南方民居灵活多变的布局手法。从布局的层次上分类，可有：一进院、二进院、三进院等。这种院落的纵深层次，往往显示出宅第的规模，并反映着房主的社会地位和财力物力，此外也受地形条件所制约。二进院、三进院多为官宦、富商、豪绅宅第，这是封建社会等级制度的反映。例如，西乡县明末清初曾官居二品都察院左都御史的李某住宅（图 3–43）的厅堂布局就符合“一品、二品厅堂五间九架”的规定。但后人打破了这些规定，特别是偏僻村镇民宅就更不受此法约束了，主要着眼于和自然环境融合，充分利用地形、地貌，顺其自然，量体裁衣，因地制宜，巧妙安排，使建筑的“场所精神”及“环境意念”得到充分的发挥。

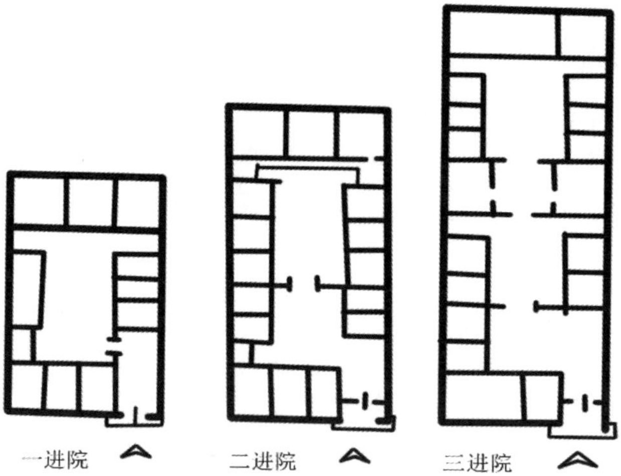

图 3–43 三进院平面图

陕北地区平面布局与空间

独院式平面

陕北地区由于气候比较寒冷，为了争取良好的日照条件，避免遮挡，其主庭院都比较宽敞，这与关中地区的狭长形的庭院有明显的差异。庭院的宽度最少为五开间（约 15 米），多者可达九开间。庭院的深度多为三开间的厢房另加两开间的过道，约为 12 米（图 3–44）。

正房的中间三开间为堂屋，它主要作为敬神祭祖、婚丧嫁娶时的礼仪活动场所。尤其是神木市靠近内蒙古，多数居民笃信佛教。正房的两侧一般都有 1 ~ 2 间不等的耳房，它的开间和进深都比正房小，耳房一般都作为主人子女的书房或厨

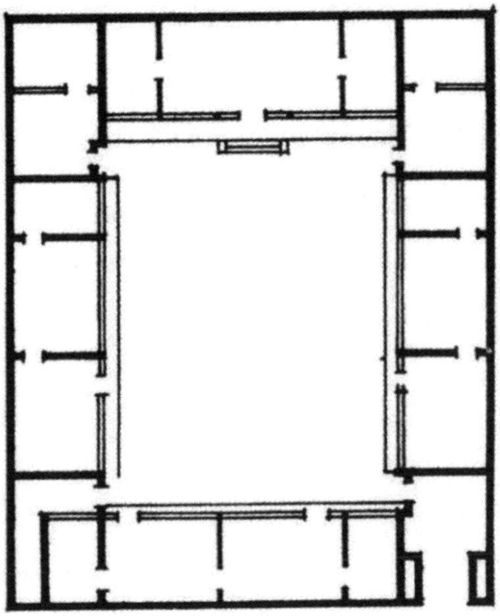

图 3–44　神木市李宅平面图

房。每个耳房前都设有一小前庭，在这个小空间内有的在一角种上几株花卉，有的点缀几棵丁香，使小小的庭院给人以清幽之感。小前庭通过一孔拱形的小门（称为角门）与宽敞的主庭院相通。分隔这大小两个空间的角门处理得十分精细，每个角门的门楣上都雕有许多精美的砖雕花饰和文字，如“兰芳”“桂馥”“积厚”“枯受”等。在与角门相对的前方多有一影壁与其对应。

主轴线上和正房相对应的是五间倒座（关中地区称为门房），一般都坐南朝北，其间数与正房相同，开间大小也基本一致，但进深较小，台基也较低（只设一步），其高度要比正房低，装修也较简单。一般中间三间为客厅，两侧间为居室。倒座的两侧左为柴房及厕所，右为本宅的大门。

主轴线的左右两侧为厢房，多者可达八间。当开间较多时，为减少主庭院的狭长感，往往用花墙把庭院分隔成前后两部分。

双院式平面

对于人口较多的住户，单院式的平面布局满足不了居住的需要，因而形成了一个宅门并联两个院落的双院式的平面布局。

这种双院并联式民居主、次院各有一中轴线，每院基本上仍保持对称式布局。主、次院的房屋在建造规格上有明显的差别：主庭院较宽敞，正房仍保持着高台基、大进深、装修考究等特点。而次院中的房屋建造规格都比主院低。这种并联式双院住宅既可以供多子女的住户居住，也可供铺面、住宅并列的住户使用。

窑洞民居平面布局与空间

陕西省地处我国黄土高原的中心地带，除陕南地区外，全省大部分地区适于建造窑洞，其中陕北和关中的渭北一带比较普遍和典型。

单体窑洞的平面形式

单体窑洞的平面大多为“一”字形，窑体宽度前后一致，呈筒形，此种窑洞修筑方便，并利于家具布置和采光通风。因各地的气候条件和习俗不同，平面形式也略有差别。如有的窑室前大后小，称为大口窑。它的采光通风好，室内显得开敞明亮；有的窑室前小后大，称为锁口窑，利于避风保温；也有的因在挖掘过程中遇到土质变化而将窑室斜向布置，称为斜口窑。为了扩大使用空间，有些在侧壁挖壁龛供储存物品之用，形成了“L”形和“十”字形平面（图 3-45）。

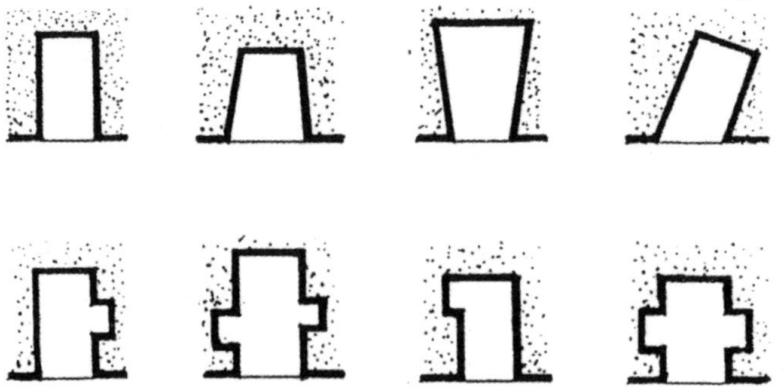

图 3-45　单体窑洞平面形式

剖面形式

窑洞的纵剖面形式也多种多样。其中最常见的是前后同高的平直形；也有前高后低的喇叭形，也称大口窑；前低后高的楔形，又称锁口窑；还有拱顶高低不一的台阶形；等等（图 3–46）。

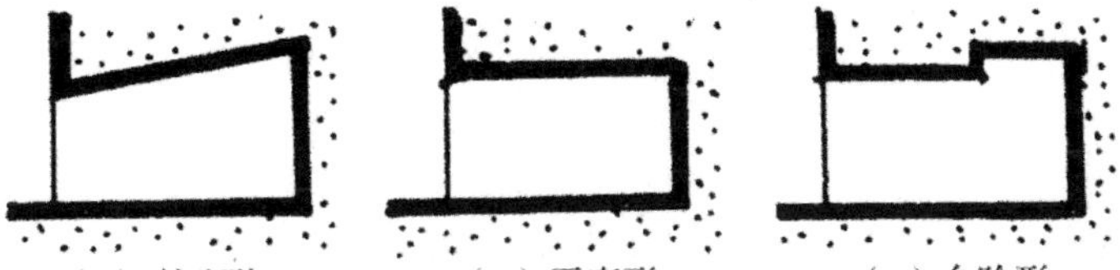

图 3–46　单体窑洞剖面形式

华北民居院落格局与功能

华北民居院落在空间组合上，通常以简单的形制为基本单元，组合成不同的院落格局和变化，从而形成一体化及追求群体和谐的特征。作为建筑秩序的主要组织方法，院落内在秩序的构建与轴线和轴心有着直接关系，通过屋顶、开间、斗拱朵数、色彩以及其特殊的等差形制和“模数”为基本单位来体现等级和空间组织的有序化。

华北地区村落格局与自然环境、宗族结构特点

一般研究者认为中国传统居住建筑以四合院住宅为代表，形态特征以单体间围绕内院布局，呈现出自然内引，达到力的平衡的自然关系，其美学内涵体现了社会生活的“法”与“礼”。

以环境为主导的河南传统村落形态结构主要分为散点结构、集中结构和线性结构三种（表 3–1）。

表 3-1　华北传统村落的形态结构

类型	中心	边界	特征描述
散点结构	无中心	无明显边界	整体布局松散，构成要素分布匀质，呈点状散落在地域中，与周边环境有机融合，少群体结合，无空间的限定
集中结构	强中心 多中心	边界清晰	构成要素之间布局紧凑，呈团状，主次为中心递进关系。重要建筑或者开放空间构成村落中心
线性结构	单中心	边界清晰	村落沿着河流、官道等线性要素展开，呈带状。线性要素会形成一条非常显著的联系纽带

点状空间

点状空间指的是村落的中心点、临界点等所限定出来的空间区域。

点状空间主要有以下的特征：

第一，村内的活动中心一般为点状空间，具有一定的影响力和辐射力，这种空间有明确的识别性，受到当地百姓认可。

第二，点状空间一般依附于某些重要的建筑或设施，会分布在其周边及入口，共同形成点状空间。

第三，点状空间一般具有积极空间的特征，四面围合、尺度适宜，空间内部的功能组成因地制宜。

线状空间

线状空间主要是指村落中街巷和其他线性空间，如河流沿线、寨墙沿线等。线状的街巷空间主要担负着交通、联系、交往、商业、日常活动等功能。街巷是组织村落活动、道路交通的重要载体。

华北地区线状空间的主要特征如下：

第一，沿着街巷界面整齐，并排宅院，街巷北侧立面整齐，房门连成线。

第二，日本建筑师芦原义信在《街道的美学》中提出，主要街巷的高宽比（*D*/*H* 比）一般在 1 左右（街道宽度和建筑高度相等），支巷的 *D*/*H* 比一般小于 1（街道宽度小于建筑高度），主街和支巷之间的高宽比具有差异性，主街宽敞，支巷局促。

第三，街巷中的小空间都是利用宅院之间的转折形成，沿街界面紧凑，街巷中间无空隙。

第四，街巷和宅院交叉口处人流密集，是百姓的主要活动场所，每个宅院的入口处既能避雨遮阳，又有视线的遮挡和空间的围合。

第五，街巷空间倾向消极的空间，不宜驻足停留，一般具有穿过性的特征。从消极空间和积极空间的角度来看，街巷空间的围合感和尺度感都较差。

面状空间

面状空间的形成主要有以下两种情况：

一种是村落中集中的开阔空间的面积占到村落整个面积的一半以上且空间在历史上发挥着一定的作用，就形成了面状空间。

另一种是村落空间中没有点状空间的存在，或空间无法形成汇聚中心，都可以称为面状空间。

河南村落中的面状空间主要有两种类型：一种是由于历史上村落特殊功能的需要，村落外部空间占地与宅院占地均衡；另一种是村落外部空间没有秩序性和方向性，如地坑院类型的村落，整个村落位于地平线以下，外部形成了一个偌大的平面空间，与传统意义上的街巷联系的模式不同。

院落形制

院落是北方地区最为常见的民居建筑形制，华北传统民居中主要有三合院和四合院等。三合院缺少临街房，俗称“三阁斗宅”。四合院则由堂屋（也称主屋、正屋、上房）、厢房（也称陪房或东西屋、厦子）和临街房组成，俗称“四阁斗宅”。多为高墙窄院，与北京、东北等地民居合院式院落不太相同。大型的宅院多由二进院、三进院及四进院组成，这种院落由过厅或过屋相连，讲究的过厅内有明柱、屏风门，每间四扇棂门，前院直通后堂。院中有砖木结构的楼房，还设有花园、屏障、砖石院墙和精致的门槛。位于原阳县城南街的夏家大院，建于明末清初，整座宅院占地约8000平方米，是一处保存较为完整的清代民居建筑群。该建筑群是研究中国古代建筑、雕刻艺术的典型，由主院和配院组成，主院位于建筑群的中部，为三进院落，布局严谨。房屋坐东朝西，整体院落包括150余间楼阁式房屋，建筑形式为“转厢楼”。外观典雅而庄重，院内木雕的花鸟禽兽精致细腻，偏门上砖雕“善宜”“戬穀”“施吉”等字样苍劲有力，具有很高的艺术价值。

普通民居院落由主屋和简陋陪房构成，多为土墙或土坯墙相围的简易小院，而以秸秆、树枝编织为墙的院落，叫作“半截院”或“不成院”。三合院或四合院，院落讲究大门的设置，多设门楼，门楼有土坯门楼“脊架门楼”和“过道门楼”，一般多与临街房相连。大型三合院、四合院的大门多为过道型的门楼。庭院通过建筑、墙、廊及附属门屋的围合与间隔，形成特有的空间。

华北地区住宅形制与家庭结构、生活方式和民族特色

宅院类型划分方式

河南民居院落变化较大，大致可归纳为四种基本形式，即四合院、三合院、窑房院和前后排房院（图3–47）。

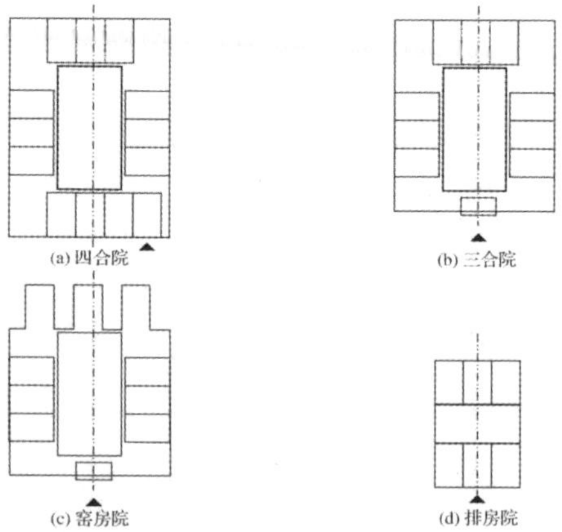

图3–47　河南民居院落基本形式

资料来源：左满常，白宪臣．河南民居[M]．北京：中国建筑工业出版社，2007：173.

其中的窑房院是很典型的窑洞与房屋的组合形制，主要分布在豫西窑洞区。这种组合一般是三孔窑洞做正房，庭院左右分列厢房，厢房间距较小，在 3 ~ 4 米（图 3–48），沿纵深方向也可组合为两进院或更多。河南境内的民居院落仍保留四水归堂天井式，如阎氏祠堂、石老九宅院等。

图 3–48 窑洞与房屋结合的院落

院落的组合方式

院落由基本形院落发展成中、大型院落。院落组合的方式可以沿轴线纵向扩展，而后再横向扩展。规模大小视主人的经济能力、社会地位高低以及个人喜好而定。

纵向组合

基本院落组合首先是纵深组合，前面一个四合院，后面一个三合院，即组成一座二进四合院。多数是一主（面阔五间）一跨（面阔三间）式二进四合院，自成体系，在河南地区具有代表性。其院落特点是，院落宽度等于正房通面阔，进入二进院必须通过客厅，所以客厅在河南又有“过厅”之称谓。厅堂之后则是一座完整的三合庭院，有自己的院门，即二门。二门与客厅后檐墙之间还有一段距离，宽度一般为 1.5～2 米，为前后两庭院的过渡空间。这种二门位于厅堂之后，二门前并有过渡空间的院落组合方式，是院宽与厅堂相等形制下的组合形式。

若院落宽度大于厅堂通面阔，厅堂两山墙外另有道路可通往后院时，二门一般设在厅堂山墙与院墙之间的隔墙中间。这样的组合，二门更加隐蔽，此处的空间成为前后院的过渡空间，绕过厅堂即进入二进院。

上述两种组合形式，为河南民居庭院组合的常见手法。

在二进院的基础上继续重叠庭院，即变成三、四进等多进四合院。如图 3–49 为三进院的组合图例，其中的图 3–49（a）型为完整型，即庭院中正房、厢房俱全；图 3–49（b）和图 3–49（c）为简化型，即二进院的正房去掉，由两座厢房或厢耳房组成二进院的小庭院。这种简化形制往往是受宅基地长度所限，也成了河南民居的一种固定组合形制，在河南范围内广泛分布，开封、洛阳、三门峡、平顶山、南阳、新乡等地都有这样的院落，数量上多于完整型四合院。这种简化形制也有用于二进院的情况，如康百万庄园主宅区，因基地长度更加紧张，有几座二进院的正房也都被减去，变成简化型院落。

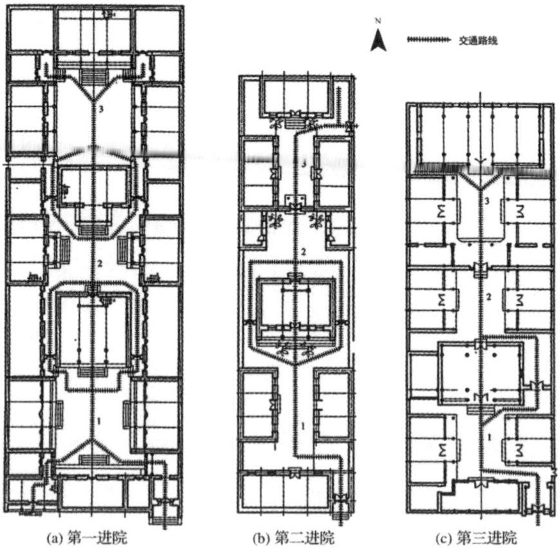

图 3–49　三进院常见形式

资料来源：左满常，白宪臣 . 河南民居 [M]. 北京：中国建筑工业出版社，2007：173.

横向组合

单独的院落纵深一般不超过两重院，否则因狭长会显得平面比例严重失调，且应用不便。院落需要进一步扩大，就要纵横向同时发展，以便于更好地组织空间，同时也便于使用。河南民居横向发展的模式有主次院并列和两组或多组并列两种情况。

主次并列即一座正常的院子为主院，其旁边另加一座次院。次院的特点是比主院窄很多，但与主院等长，与主院共同形成一座中大型院落。次院在河南民间又叫“跨院”，如图 3–50，就是河南民居中较为典型的二进主跨并列式院落，为寨卜昌民居的主要院落形制。图中主院面阔五间，次院三间，不够一个标准院落宽度，其内只能容纳一排厢房。主跨院形制在其他地方也可见到，但不似寨卜昌那样集中。形成的原因不像寨卜昌民居那样，是有意自成体系的院落形制，而是宅基地宽度大于一座标准院落而又小于两座的宽度，在确定主院格局之后，余下部分与主院一并统筹安排，按实际需要建房，与主院共同构成合理的分区。纵深组成二进四合院后，院落空间即有明确分区，前院为主人会客、管理等活动的公共空间，后院则是全家人居住的私密空间。主跨院形制为传统民居的功能分区进一步细化提供了空间保证。富裕人家一般都重视教育，专门开设家学（私塾）的场所，供老师居住和孩子们学习与活动。劳作区主要是生活区，另供长工居住。二进或三进主跨院应当算是比较阔气的院落了，功能分区齐全，中等家庭足够使用。

两组或多组并列有别于主跨院并列，这里的“组”相当于民间说的“路”，都是指并列的院子大小相等或者是相近所形成的大型宅院。这种大型宅院的形成在河南民居中分两种情况：一是大户人家兄弟之间各自建房，老大、老二等共居一处；二是宅院集中所形成大片民居。

每户家庭以院落为基本居住空间单位。除院落中位置灵活的简易棚外，院落基本由堂屋、厢房、倒座 3 种主要元素构成，它们的组合有一定的规律性。大体上，院落内部构成方式可以分为堂屋无厢房式、堂屋加单侧厢房式、堂屋加双侧厢房式三类（图 3–50）。

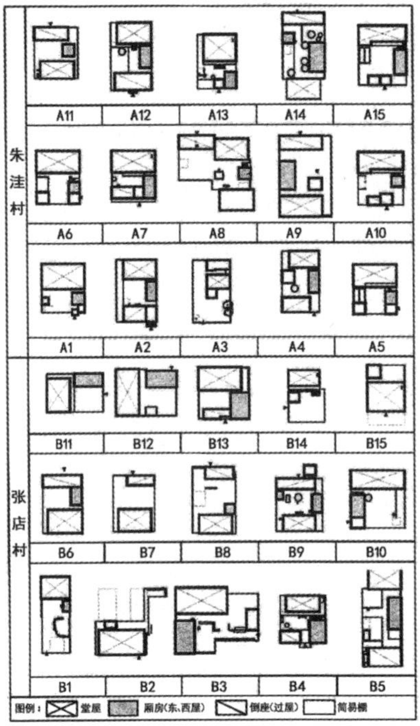

内部构成	无倒座		有倒座		总计
堂屋无厢房式					
数量	5		1		6
堂屋加单侧厢房式					
数量	6（东厢）	5（西厢）	7（东厢）	4（西厢）	22
堂屋加双侧厢房式					
数量	0		2		2
总计	16		14		30

图 3-50　二进主跨并列式院落空间构成

资料来源：李斌，何刚，李华．中原传统村落的院落空间研究——以河南郏县朱洼村和张店村为例 [J]．建筑学报，2014(S1)：64-69．

分家制度

在华北地区的传统村落中广泛实行的诸子均分制又被称为“兄弟分家”，顾名思义，是将包括房屋、土地、金钱等家庭的财产平均分配给所有儿子。其以豫南地区大型家庭结构中的分家为典型代表。

在豫南地区，即便是三代同堂的小家庭，也多保有以“四世（或五世）同堂为荣”的风俗观念追求。在一些大型家庭结构中，分家的主持人多由家中辈分最高或年龄最长者担任，除有父辈、子孙两代直系亲属参加外，还须请舅舅、姑姑等旁系亲属到场。尤其是舅舅，其在外甥的分家事宜中具有举足轻重的影响。

分家，首先必须恪守“长子不离中堂”的原则，即住宅中等级最高的堂屋和意义最深的供桌（象征祖先）必须留给长子，至于其他产业，则按门头（分裂出的子家庭单元）进行均分或调剂。分家完成后，原先整体的住宅结构就被打散为若干尺度近似、价值相当的个体单元。此时老人的安置多做如下处理：

老人迁居他屋单立锅伙，由儿子们分摊老人日常开支的做法称为“打供给”；

老人定期轮流到儿子家吃饭并与之合住的做法称为“临锅”；

老人去世后，其丧葬事宜由儿子们共同办理，其所需花费由儿子们均摊。

以信阳市光山县白雀镇的两座百年老宅 114 号院和 42 号院为典型（图 3–51、图 3–52）。

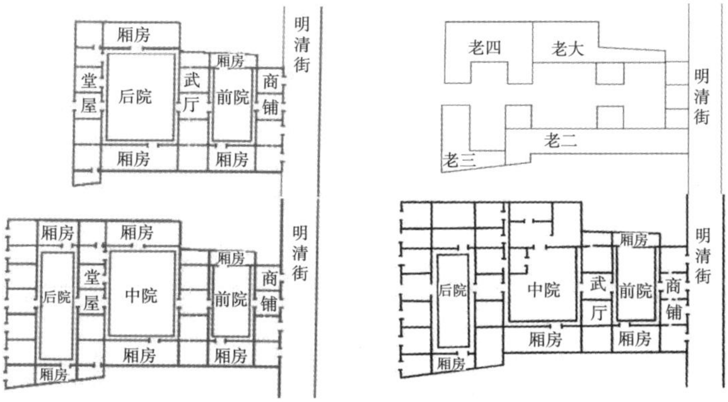

图 3–51　白雀镇明清街中街 114 号宅院平面演变示意图与家庭组织关系示意图

资料来源：郭瑞民．豫南民居[M]．南京：东南大学出版社，2011：66.

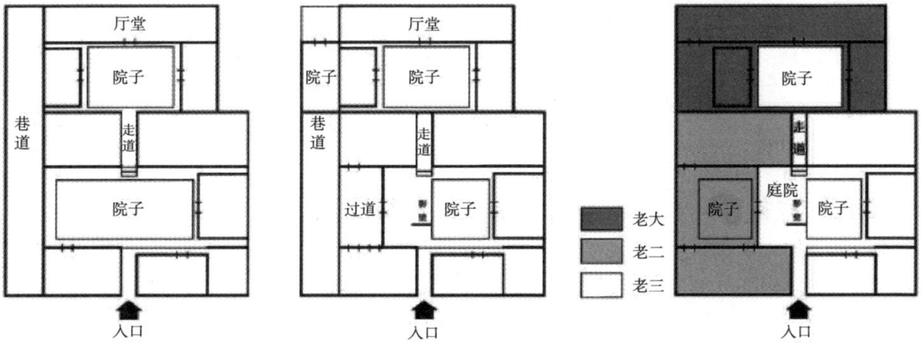

图 3–52　白雀镇西街 42 号宅院平面演变示意图与家庭组织关系示意图

42 号宅院位于白雀镇西门附近的西后街。从平面格局的演变可知：分家前，整座宅院被第一进院分隔为前、后两块区域，前部区域用于日常活动，后部区域用于私人居住。家中年龄最长的老太太住在正堂，此时的各居住单元规模并不均等；分家时，为保证子嗣产业的均衡，前院两侧的厢房分别以矮墙划分，又各建门楼，老太太所住的正堂也向左侧加建；原来的格局被调整为三个面积基本均等的单元，演变为如今的空间形态。

人口规模的扩大是促使华北地区传统村落内部空间重组的根本动力。当家庭个体实现人口、资源再分配的同时，也完成着村落整体的再分配，这些经分裂后独立的个体单元随着日后的规模扩大，又会继续引起分裂或重组，当此过程反映在村落（镇）的肌理形态上时，就表现为由内而外自然生长的肌理拓展轨迹。

华北地区不同地域的典型院落格局

华北地区宅院的类型主要根据宅和院的组合方式，以及院落的形式、位置等将宅院划分为四合院、内天井、独立式及地坑院等四种类型（表 3–2）。

表 3–2　河南传统村落宅院类型

宅院类型	空间特征	院和宅的关系	图示
独立式	开放，无院落空间，独立的单栋的房屋	宅前一般有空地。 宅面向道路或河流开放	
四合院	四面围合，院落中轴对称	中轴对称，院居于中心位置。 宅为居住，院是生活空间和农产器械存放空间	
内天井	四面围合，尺度小、院落深，空间主要满足采光、通风、汇雨水需要	宅布局紧凑，院插空式布局其中。 院根据宅的需要调整空间尺度和形式	
地坑院	四面围合，在地表以下	院落方正，按照八卦方位选择主朝向。 宅环绕院布局	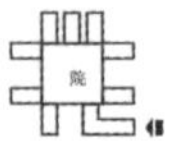

康百万庄园（图 3–53、图 3–54）背靠邙山岭，利于避开北来的寒风，处于向阳位置；面临伊洛河，南望嵩山，左与洛河交汇，交通便利；右近黑石关隘，风景宜人。庄园完全按我国地理“阴阳”理念选址。

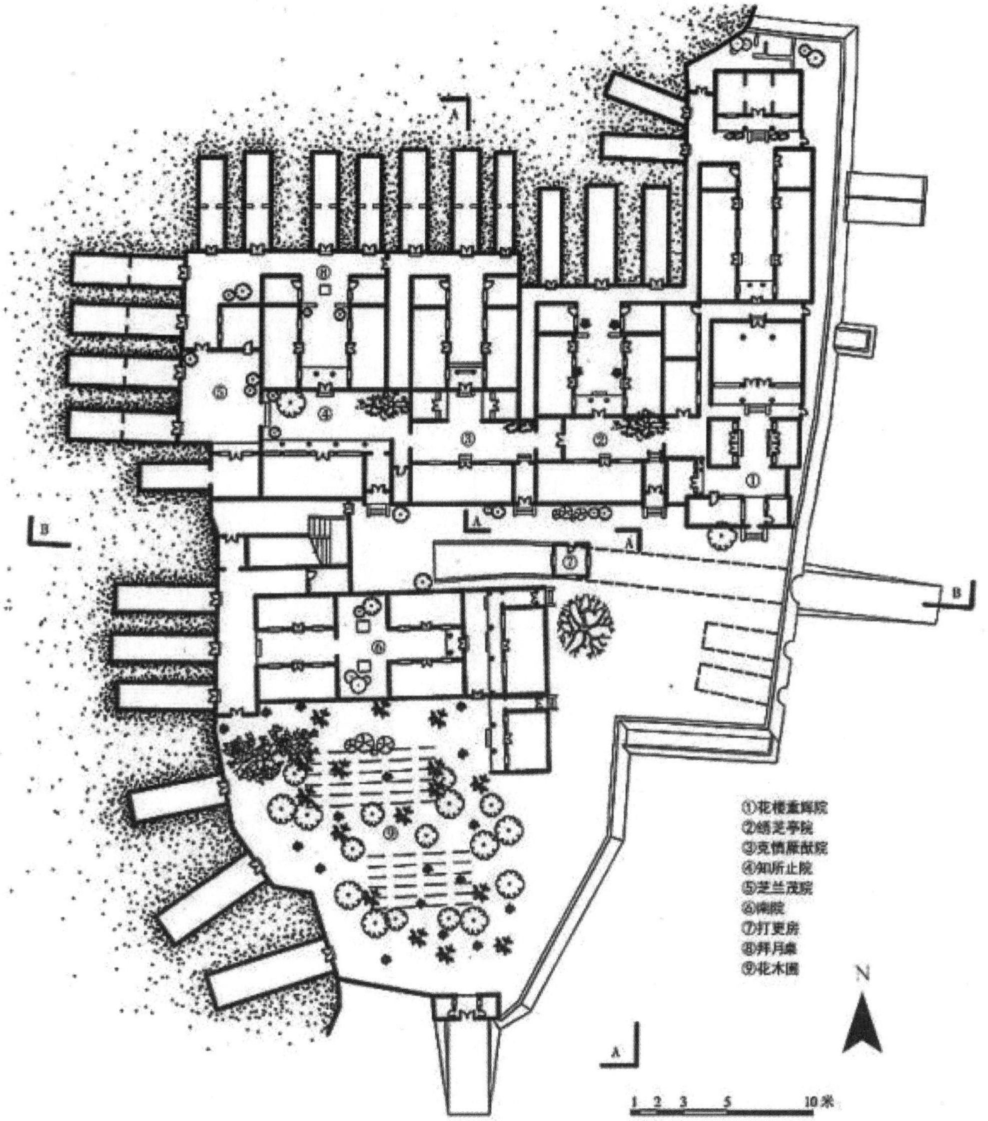

图 3–53 康百万庄园主宅区现状平面图

资料来源：左满常，白宪臣．河南民居[M]．北京：中国建筑工业出版社，2007：58–60．

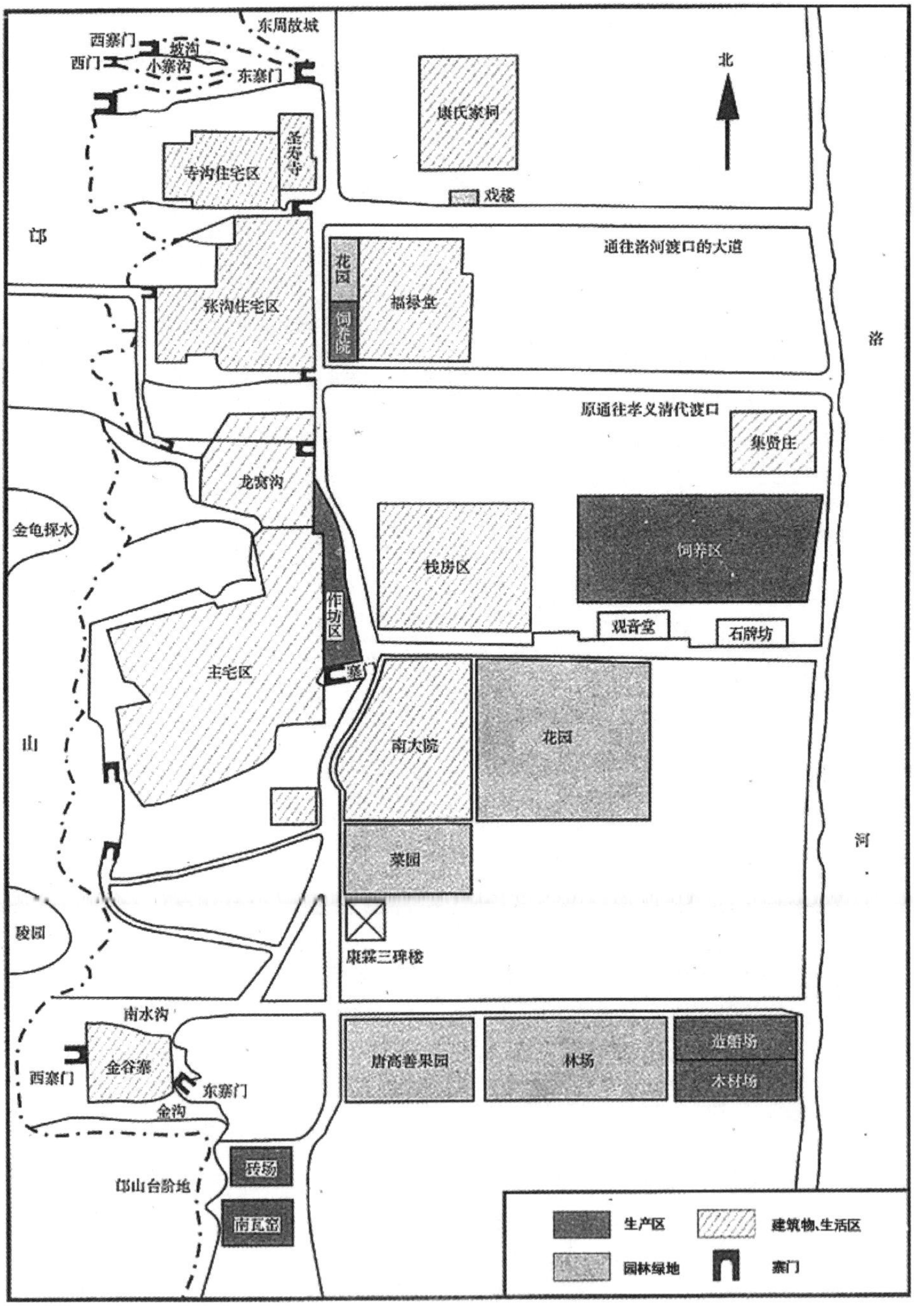

图 3-54　康百万庄园原貌平面图

资料来源：左满常，白宪臣．河南民居［M］．北京：中国建筑工业出版社，2007：58-60．

庄园建筑群充分利用自然地势，整个庄园设有居住区、栈房区、教育区、祭祀区、社会活动区以及军事防御区等 19 个区，形成功能齐全、布局合理的大型封建财主庄园。

主宅区建筑根据基地平面形状，以涵洞沟及沟边大路为界，分为南北两个建筑群体，即北部 5 座院和南部 2 座院。北 5 院由东向西并排，皆坐北朝南；南 2 院由东向西并排，坐西向东。

华东民居院落格局与功能

水乡民居的组合与构型

水乡人家的民居虽然同为临水民居，但因为屋主的经济实力、社会地位，以及房屋建筑基地条件等差异，而有具体不同大小的规模，也便产生了不同的水乡民居形态。具体来说，有单座独立房屋的民居，也有多进院落的组合式民居。

只有单座独立房屋的民居，是水乡民居中规模较小的形态，一般为一座平房或一楼一底的楼房，其中一间的平房是规模最小者，而实际上大多数的单座独立式房屋的民居，都是两三间的平房或上下皆有两三间的楼房。这样的民居规模适合一般平民百姓居住，空间基本被实实在在地利用起来，主要作为起居室和卧室、厨房使用，而没有大户人家的书房、画室、琴室等用来颐养性情的附属建筑。

旧时的江南水乡，河道为主要的交通路线。在一个小镇的中心，往往会出现河道交叉的十字河口（图 3–55）。

单座独立式民居，以“间”来计其大小。“间”是我国传统木构架建筑空间的基本构成单位，水乡民居作为我国传统民居的一大类型，自然也在这个范围之内，同样是木构架的结构体系，同样是以“间”为基本单位。这种单座独立的水乡民居的扩展方式是：沿着原有房屋的横向增加房屋的间数，其规模便随着间数的增加而变大。

图 3-55　江南水乡景象

资料来源：余津萱．江南聚落与民居的形成要素研究[J]．建筑与文化，2020(7):249-250.

院落式民居，特别是多进院落的组合式民居，自然大多为大户人家所建。其房屋一般沿进深方向扩展，并以“进”为单位形成民居的空间序列。水乡院落式民居中，实际上大多也是前后两进，三进、四进院落的都是比较少见的，因为水乡可建宅的地面很少，临水的地面更少，因而有“寸土寸金”之说，民居的规模也不可能过大。

院落式民居因为有了院落，便形成屋与屋之间的庭院空间，其庭院空间也受土地面积所限而为狭小的天井形式。天井是水乡民居纵向空间序列中不可缺少的元素。

在水网密布的江南水乡，民居靠近水源建造自然会使人们的生活更加方便，但毕竟不可能每家每户都临近水源。因此，为了尽量使更多的人家临水而居，江南水乡民居都是纵向扩展，而极少横向的，并且在纵向扩展中，其房屋的开间往往只有一间，形成单开间多进式民居形式，呈现出水乡民居特有的平面特色。

水乡民居的重要构件——檐廊与小桥

江南水乡气候湿润、多雨，所以为了保护民居外檐的木装修，人们常常在外檐加建檐廊，以遮挡风雨，保护木料不被雨水侵蚀。单层民居的檐廊自然只有一层，而两层的楼房既可以设在底层屋檐处，也可以上下两层均设檐廊，各依需要而定。檐廊的设置是为了适应江南水乡多雨的天气，在少雨或干旱的地区民居一般不加设，所以檐廊便成为江南水乡民居中的一个特色构件。此外，带有檐廊的民居也增添了民居外观的层次感。

无论是单门独户式民居，还是院落组合式民居，总体来说，作为水乡的民居风格都是较为朴实的，其建筑构造与构成也比较自由、自然，而没有刻意之态，与官式建筑的严格形制形成对比。

水乡民居作为我国传统民居中独具特色的一支，其特色不但表现在民居本身，更在于其颇具艺术魅力的水乡环境。诗人杜荀鹤曾有诗赞水乡之美景："君到姑苏见，人家尽枕河。古宫闲地少，水港小桥多。夜市卖菱藕，春船载绮罗。遥知未眠月，乡思在渔歌。"

杜荀鹤是唐代诗人，从他的诗句中我们可以了解，远在唐朝时期，作为水乡重要地区的苏州已是"古宫闲地少"。可见，水乡确实是寸土寸金之地。在这"人家尽枕河"的寸土寸金之地我们还看到了"水港小桥多"。水是水乡的特色，水是水乡民居大环境最重要的构成因素，而桥历来与水之缘深厚，有水之地一般必有桥。

江南水乡的桥梁，数量众多，形态各异。或为平桥，或为拱桥，或为石桥，或为砖桥，或为木桥。桥的平面则有"一"字形、"八"字形、"曲尺"形、"Y"形等多种形式。无论是什么样的形式，也无论是什么样的材料，水乡的桥梁大多是单拱或单洞桥，没有桥墩或多余的拱洞。水乡的桥梁是水乡人民交通的必需设施，同时也是水乡重要而美妙的动人风景，有些更成为水乡民居的构成部分。

作为水乡民居构成部分的桥梁与民居紧密相依。江南水乡的某些民居，因为靠近小桥，便利用小桥的桥体作为自家房屋的一面侧墙，这样既省去了再建一面侧墙的部分材料，也方便了上下桥，桥既是侧墙的一部分，也是民居的一座上下楼梯，可谓省时、省力又省心。这样的民居与桥的组合形式，称为"倚桥"，是水乡民居扩展空间与借取空间的一种方式，也是水乡民居独有的建筑特色。不过，实际上这样的建筑形式对于作为公共建筑的桥梁的使用来说，无疑具有一定的妨碍性。

水乡民居的空间延伸方法

除了倚桥之外，在人多地少的江南水乡，人们对于民居的建造还有很多借取空间的方法，都是为了在尽量少占地面的基础上多一些民居使用空间。这种借取空间的方法，称为民居空间的向外延伸，其延伸的主要形式有：出挑、枕流、吊脚楼。

出挑是利用大的悬臂挑出一部分空间，置于水面之上，下部悬空。出挑较大者可以成为房屋空间的一部分，出挑小者则可以作为阳台或檐廊使用。吊脚楼与出挑相仿，也是房屋的一小部分悬于水面之上。不过，吊脚楼伸出的部分，下面用木或石柱等附属物件支撑，以加强伸出部分的稳固性，而不是与出挑一样依靠承重力强的悬臂固定。

枕流相较于出挑和吊脚楼来说，其跨越水面的空间更大。它是横跨在水面上、两端都连接岸边的住宅形式。房屋的大小由枕流所利用的水面来决定，水面宽者枕流建筑体量大，水面窄者则枕流建筑体量小。枕流建筑体量较大时，要在下面使用柱子支撑，以增加其承载力。要利用水面建造枕流房屋，其水面必须是自家私产，因为枕流房屋建成后，这段水面就不能再通行船只了，如果是公共水面自然不可以被私人独占。同时，一般建枕流房屋的人家，大多是因为这处水面两岸都是自家房屋，这样一来，建成枕流房屋后，可以将两岸自家的房屋连成一体，来往方便。

出挑、枕流、吊脚楼与倚桥相比，虽然同为借取，但又略有不同。因为出挑、枕流、吊脚楼是利用的水面空间，因此称为“跨水建筑”，而倚桥是非延伸于水面的空间的方法。跨水建筑相较于倚桥来说，虽然利用了一定的水面空间，得以延展民居中的使用空间，但并不影响水的流通。

独立房屋、合院式住宅、出挑、枕流、吊脚楼等，与小桥、流水相互依偎、交相辉映，形成了淡雅而多姿的水乡景观。其中水是最能体现江南特色的因素，可以说水乡民居就是以水为纽带而发展成为水乡集镇，并尽情展现着它的魅力。

华中民居平面布局、空间处理与建筑造型

江西住宅平面形制

多数住宅可以分解为两大部分：一部分是住宅的主体；另一部分是各种附属房屋，有伙房、柴房、猪舍，也有书楼、轩斋、花园。有些住宅组成一个完整的群体，是主体的平面形制。

清代的住宅中少数为清康熙、雍正、乾隆三朝所造，多数造于嘉庆、道光年间，历史悠久，规划街巷已有250多年，不少地产已有变易，房屋也经过几次翻建，所以房基地很不整齐，房屋因地而建，差异也很大。这些住宅的主体的平面形制主要有单进前后堂式、前后两进式、三进式等。清代没有明代住宅那种前厅后楼式。

单进前后堂式

在流坑村，这类建筑平面形制使用较多，是最简单的一种住宅形制。前后一堂是住宅，正屋均为三开间，少数为不规则五开间。如敬吉堂，进深很大，一个屋顶下的三间都分隔为前后间，前后都有天井。明间为厅堂，在厅堂中后部做个太师壁，将明间厅堂分为前后两部分：前梢部分进深大，称前堂；后檐部分进深较小，称后堂。由于前后两堂是同一个坡屋顶，这种做法又称“一脊翻两堂”。太师壁左右是耳门，通前后堂。前堂内在耳门之上设龛，供奉祖先及杂神的牌位。

前堂是住宅的正堂，为礼仪性空间，装饰华丽，正对前堂是前天井，天井前为照壁，所以称靠壁天井。天井前的砖照壁做成牌坊式，雕花、鸟等图案，柱子上悬匾额、对联，用来烘托前堂庄严华丽的气氛。

前后堂的左右都是卧室，分隔成前后间。天井左右各一间厢间，常做成敞开式，个别的装有能随时拆卸的桶扇门。一旦家中举行各种活动，婚丧、庆寿、祭祀等，需要大的空间，就可拆下桶扇门，使前堂、厢间、天井形成一个整体空间。

后堂由于进深小，使用起来不方便，人们便将屋檐出挑加长，使原本不大的后天井只剩下一道窄缝。后檐口的高度也比前檐口低了很多。这种加长后檐的做法为“拖步”，在流坑村住宅中使用十分广泛。后堂是纯粹的家庭内部空间，只供家人日常活动，所以朴素无装饰。后天井两侧也有厢房，多用作厨房。这种住宅的正门多开在前天井侧面，以敞厢为门屋，进宅路线曲折，不易一眼看到宅内，有利住宅的私密性。除此之外，后堂在厢间也设有小门，可通往主体正屋之外的辅助建筑，如菜园、厨房、杂物间等。

前后堂式住宅三开间一进，规模较小，多为经济不宽裕的人家居住。

前后两进式

前后两进式住宅为一种四合院，中间是天井。正屋都是三开间，大门开在前进正中，以明间前部为门厅，后部为下堂。第二进明间称为上堂，是住宅中的正堂。第二进的地坪略高，进深较大，第一进进深较浅。上下堂朝天井敞开不设门窗，两厢有的敞开，有的做桶扇门。厢间仅一间，天井很窄，前后进的檐口几乎接上，只留一线天光，宅内很昏暗。

上下堂左右是卧室，长辈居上堂左右，晚辈住下堂左右，厢间进深小，只放杂物或做侧门用，不住人。前后进式住宅有一类第一进不做院子，有一类前面围有前院，院门可居中，也可在一侧，多做成牌坊式门头，高大华丽。如“花萼联辉”宅、“庆见南云”宅等。前院内通常有辅助房，并植有花草。有了前院，大门多做成开敞的凹入式门廊，如此前院显得比较宽敞。

三进式

随着流坑竹木生意的兴旺，住宅越建越多，规模也越来越大。出现了不少三进的大宅子，如存仁堂、藏恕堂等。存仁堂是大竹木商人董学文在乾隆年间造的，他在这幢大宅里接待了知县严安儒。这类住宅，第一进为门屋，第二进明间为下堂，第三进为二层楼，底层明间为上堂。一般第一进与第二进建筑之间距离较大，天井较宽，第二进与第三进的间距较小，天井较窄，与明代所造的前厅后楼式的住宅十分相似。这种格局不但扩大了住宅面积，也使住宅内外有所区分。据藏恕堂后代回忆当年居住情况，平日家人及来客都在下堂活动，客人不许进后楼，因为那里均住着女眷，长辈们住上堂左右的卧室。第三进一侧为楼梯弄，设楼梯。楼下不住人，做书房使用。厢间有门可通到菜园、厨房或巷内。

还有一些规模很小的住宅，多为单间或单间两层，它们分建在村边及龙湖的西岸，属于经济较为贫困的住户。这样的房子许多是临时的，一旦有了财力则会建起新的住宅。

以上几种平面形制，可以独立使用成为一幢住宅，也可以组合成并列式、串联式或几种主体形式都有的住宅群，变化多样，十分灵活。

通常建住宅先造主体建筑部分，再根据所剩地段在主体建筑外侧建辅助房，如客厅、书房、厨房、柴房、杂物房、畜厩等。存仁堂的右侧就有精雅的“采韵”小轩和“六宜楼”书屋，知县严安儒在这里“衔杯细论，卜昼卜夜”。有的房主在建房时考虑将来儿子分家单过，需要扩建住宅，就在主体房的左右或背后预留出建房的空基，因此流坑村内许多住宅群均是扩建以后形成的。大宾第建筑群和思义堂建筑群是流坑村最重要的两个住宅建筑群。

住宅中，通常主体建筑部分高大规整，辅助房则因地段或大或小，或高或低，很不规整，它们簇拥围合在主体建筑两侧，使住宅外形变化多样。由于住宅沿巷子密集排列，互相之间多由侧门贯通，遇有紧急情况，能很快疏散。

湖北民居平面形制

吊脚楼是分布在鄂、渝、湘、黔交会山区土家族的独特建筑形式，它是结合当地山多岭陡、木多土少、潮湿多雨、夏热冬冷等生态特点而建造的具有典型生态适应性的传统山地建筑，也是土家族民风民俗、艺术审美等多种文化取向的具体实物载体。

深藏于鄂西大山中的彭家寨是这一建筑形式的典型代表。其为适应山地地形，底层架空，并在转角欹子部位做一圈转廊，转廊出挑较大，均不落地，从底下仰视，如同吊在半空，故称吊脚楼。吊脚楼既是穿斗式结构的一种，又有别于普通穿斗建筑。

山门（寨门）住在山地半山坡上，远离河谷的土家山寨的土家人，常常会在村寨前面设置寨门，以划分领地范围或抵御匪患，如利川鱼木寨的山门便是典型的防御形式。彭家寨因为隔河与周边村寨相望，河水便成了天然屏障，河上的吊桥便取代山门，成为唯一的对外通道，也成为“一夫当关，万夫莫开”的天然关卡。

院门（朝门）规模稍大的土家族民居常在三合院院落前方加设一院门。院门平面多做成“八”字形，给人一种迎客的亲切感，也象征着土家族人民开朗的性格。很多“三合水”房屋在建造时，受地形、地势影响，正屋大门的朝向不理想（与风水学说认为的、按照房主生辰八字算出的“吉方”不符），而“大门”在风水中是“纳气”的重要部分，为了顺应风水，于是在“三合水”院坝前加一个朝“吉”向的院门，也叫“朝门”。从平谷地带，到移居搬迁适应了山坡的坡地生活，土家人设朝门的这一风俗仍在有需要和有能力的山寨民居中保留着。山门本身最大的特点是门开为“八字”向构造，即“八字朝门”。它是在门洞位置左右立两面墙，形成平面呈朝外 45° 角的“八”字形。当然“八字朝门”的形式只在做生意或做官的大户人家才会出现，在彭家寨的普通山民家院中，出现更多的是简单的围院栅栏，至多是加一个简单的坡屋顶形成门框。

堂门（正屋门）土家族风俗中常有堂屋不装大门的习惯，但也有不少人家装门，只是平时大敞着。

彭家寨的堂门各有千秋。正堂屋的大门多做成“六合门”，高 2.8 米、宽 5 米。它是由六扇能开合的门扇组成三对大门，用门轴安装在上下门里，每一扇门的两端透雕或浮雕“梭子花”，中间做成各式各样的门窗。“六合门”有真假之分，真“六合门”六扇均能开启，两扇一对，形成三个通道，它们尊卑有序，进出的先后都有讲究。如过年时村民玩狮子灯，狮队绕进绕出的门不合“规矩”，就会“玩不出门”。假“六合门”也是六扇门的形式，但两边的门只是摆设，中间两扇大门才能开启。有的住户在假“六合门”外加装两扇对合开的“打子门”用以挡鸡犬，“打子门”高 1.1 米、宽 1.7 米，门由椿木、“猴板栗”木做成“羊角角”。由于当地民风淳朴，鲜有盗贼，有的住户堂屋干脆不装大门，只做简易的“打子门”。

永宁摩梭人民居平面形制

永宁地区摩梭人的木楞房，绝大多数以四合院围构，部分也采用三合院形式。典型的四合院布局方式：正房一般一层，右侧（这里讲的左右皆指人站在正房，面朝外的方位感）上层设经堂，下层堆放杂草；左侧厢房上层分许多小间为男女阿夏偶居所住，下层畜；门楼上层为客房，或供女子居住使用，下层设入口和关养牲畜。内院较大，铺垫厚厚的杂草，人踩畜躏，便成优质肥料。

正房平面布局较为复杂，是全家日常活动中心。白天以长妇为家长的全体成员在此用餐、聚会、闲聊、举行必需的仪式；晚上，年长的女性、未成年的孩子以及老年男子就寝于此。这里是摩梭人活动最为频繁的地方，也是母系家庭居住文化经典之投射。

正房由五部分组成，即前廊、正堂、左室、右室及后道夹壁。正堂前有廊，后有夹道，左有室右有房，是圈于正中内的“内圈房”。四周都用圆木垒搭。

左室一般为家中老年男子过夜的地方，右室多为粮食饲料加工场所，有木架石磨、碾台铁锅等工具，设一灶台（下火塘），主要为煮猪饲料之用。

后道夹壁平日堆放粮食、储存杂物。夹壁的门、正房的门与前廊的开口位置不能位于一条直线上。

正房进深多达 10 米。宅内的社会中心在“格故鲁”，即中间置火塘的隆起的平台。平台周围三边为坐宿处，空着的第四边朝向火炉。平台上有两根落地方柱，里边那根为“男柱”，外边这根为“女柱”。摩梭人 13 岁时需行“穿裙子礼”和“穿裤子礼”：每当农历年的最后一天，到年纪的少男少女们便在宅内的“女柱”和“男柱”边举行成年仪式。另外，当家中成员外出或遇到灾难烦恼时，男的在“男柱”前念经，女的在“女柱”前念经，祈盼家人平安归来、诸事顺遂。平台中央的火塘是体现家族男女长幼尊卑的标志，家中男女家长按序排列就寝及就座。火塘上架铁质三脚架，代表灶神。每天饮食之前，要例行简单祭祀，即少许茶饭放置于火塘的三脚架上，或者洒一些茶水，表示敬献祖先，然后全家才能用膳。

与正堂入口相对的柜上放有一些酒食及若干个盛有清水的小铜碗。清水必须每天早晨在太阳还未升起时盛上，在下午太阳还未落山时倒掉。另外，在正堂中央有一高台炉灶，是家人做饭烧水之地。无论火塘还是高台炉灶，俱无烟囱，柴火熏烟就从墙壁和屋顶的空隙中窜出。缝隙的做法是：房子的墙壁上部往往不到屋顶而由撑梁短柱搭在圆木墙壁上形成空隙进行采光和通风。

华南民居平面布局、空间处理与建筑造型

广东民居

广东村落布局形式大致有四种：一是梳式布局，在广东大部分地区都有，是本省广府地区农村中最典型的村落布局形式；二是密集式布局，在粤东地区较多，是该地区代表性的村落布局形式；三是围团式布局，是客家地区村落；四是自由散点式或排列式布局，一般在少数民族地区采用较多。详情表 3–3。

广东民居形式较多，包括广府民居、潮汕民居、客家民居这三大类。

表 3–3　广东村落布局形式

布局形式	特点	案例
梳式布局	平面单元大多是三合院，整齐划一，像梳子一样。南北向排列成行，两列建筑之间有一小巷，称为“里”，是村内的交通要道。梳式布局村落中，建筑群前为一小广场，称为禾坪，做晒谷用。坪前为池塘，可蓄水、防洪	广州从化钟楼村
密集式布局	建筑密集，外有高墙，封闭性强；适应气候条件，内部采用敞厅、天井等方式形成外封闭、内开敞的平面布局形式；庭院天井变化丰富和布置灵活，它不但具有通风、采光、换气、排水、交通等功能，而且还有美化环境和满足人们户外生活需要的作用	广东潮安区登塘镇林妈陂村
围团式布局	一般按姓氏宗族三五成群地布置在坡地或山脚处，围屋的形式有方形、圆形（寨）和前方后圆形（围龙屋），以围龙屋形式最为多见	广东梅州市梅县区梅南镇宁安庐
自由散点式或排列式布局	山区的民居，因布局受地形和水源的限制，以结合地形为主，无一定的格局，房屋的朝向也没有一定的规矩，主要为因地制宜，进行自由的布局	山地围龙屋布局

资料来源：笔者根据 2008 年中国建筑工业出版社陆琦的《广东民居》整理所得。

广府民居平面划分、类型

广府民居建筑一般由厅堂、房、厨房、杂物房、天井、廊道等基本内容组成。小型民居只有一个天井，或带一个后天井。大中型民居则有几个甚至十几个天井，并利用建筑、天井、廊道进行组合，形成富有变化的平面和空间。

厅堂

厅堂为家庭公共活动场所，在厅内靠后墙处有一阁楼，名为神楼，作为祭祀之用。大型住宅的厅堂有上、中、下堂之分。

房

房设在厅堂的两旁，有门直接或间接通向厅堂。它主要是用作住宿休息，有“光厅暗房”的别称。

廊道与过厅

廊道与过厅是作为各房间交通联系用的通道，廊道与厅房相连，天井与廊道相接，厅堂就和天井相通，故交通方便，又利于采光通风。

庭院天井

庭院天井——大者称庭院，小者称天井，它是南方民居中不可缺少的组成部分，天井的大小、多少和形状主要由其所在位置及功能而定。

常见的广府民居类型有竹筒屋、明字屋、三间两廊屋等。

竹筒屋（图 3–56）属于开间民居，简单的竹筒屋为单层，布局的方式为厨房、天井、厅、卧房。

明字屋（图 3–57）平面为双开间，类似“明”字，故称明字屋，也有称为明次屋者。它由厅、房和厨房、天井组合而成。

三间两廊屋（图 3–58），即以三开间为主，前带两廊以及天井组合而成的三合院民居，分布范围广泛。三间两廊屋大门布置类型有正面入口和两侧入口两种。

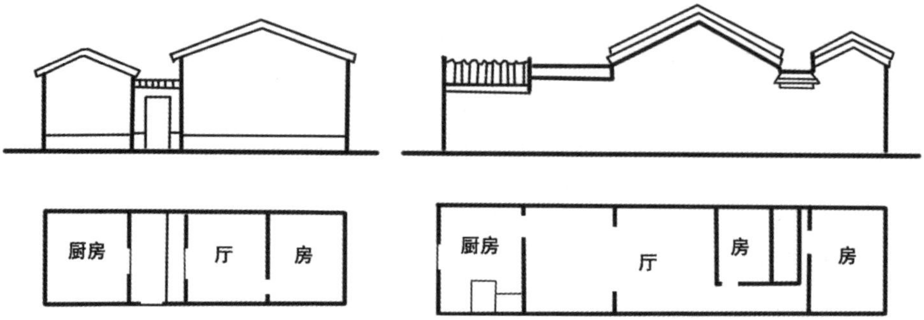

（a）大门由天井出入　　（b）大门由厨房出入

图 3–56　厨房在前的简单式竹筒屋

资料来源：陆琦．广东民居 [M]．北京：中国建筑工业出版社，2008：67–74．

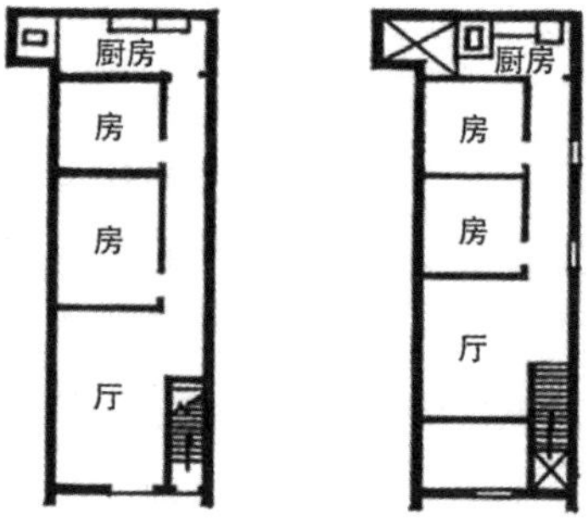

(d) 二层平面　　(b) 一层平面

图 3–57　广州关西某宅

资料来源：陆琦．广东民居 [M]．北京：中国建筑工业出版社，2008：67–74．

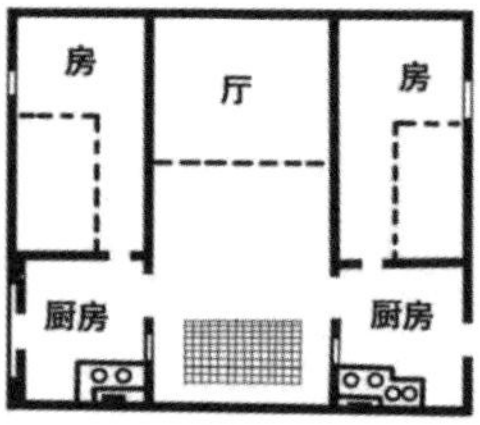

平面

图 3–58　广东高明三间两廊屋

资料来源：陆琦．广东民居 [M]．北京：中国建筑工业出版社，2008：67–74．

潮汕民居平面划分、类型

民居基本类型大致有：①竹竿厝：为单开间式，通常厅、房合一。②单佩剑：即双开间式，平面进门为大厅，旁为卧房，后带天井厨房。一般为平房，砖木结构、土坯墙，也有二楼的，开间跨度不大。③双佩剑：由单佩剑发展而成，即三开间式，亦即三合院带后天井的形式。④四点金：格局跟四合院相似。中轴线上一前厅一天井一后厅。前厅后厅两侧各一房，因其形如“金”字而得名。“四点金”横向发展为“五间过”“七间过”；纵向发展有“三座落”“三厅串”；向纵横同时发展形成“驷马拖车”“三壁连”等格局（图 3–59）。

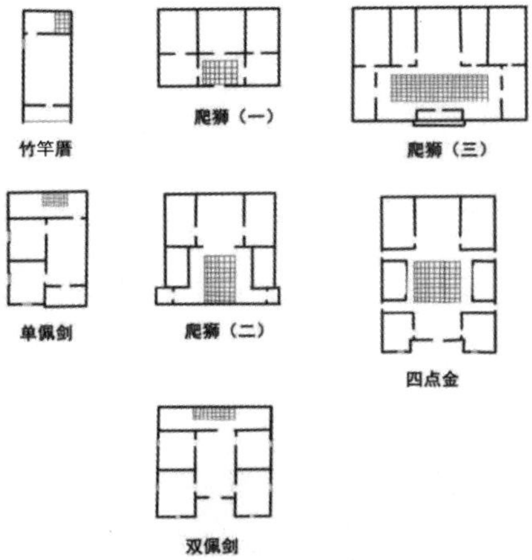

图 3–59
潮汕地区简单式民居各类型平面图

资料来源：陆琦．广东民居 [M]．北京：中国建筑工业出版社，2008：103–152．

客家民居平面划分、类型

客家民居（图 3–60）的平面形式多样，组合灵活，形成各种各样的围屋类型。但客家民居的基本类型或单元主要有门楼屋、锁头屋（横屋）、堂屋、堂横屋、杠屋或杠楼等形式。

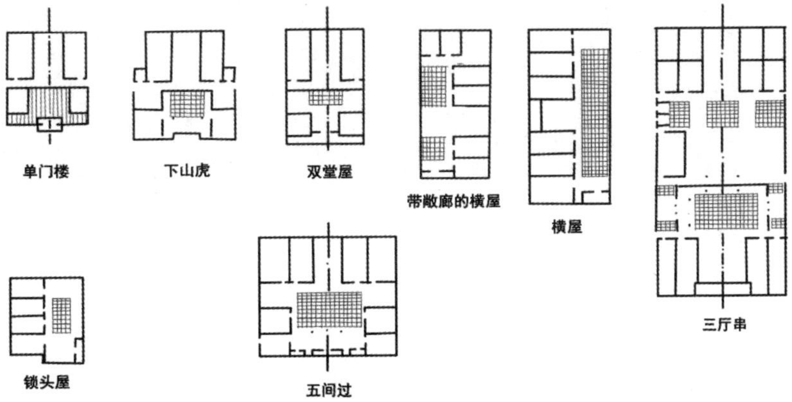

图 3–60 客家民居基本类型平面图

资料来源：陆琦．广东民居 [M]．北京：中国建筑工业出版社，2008：103–152．

福建民居

福建泉州民居是福建闽南地区民居的代表，也是整个福建省最富有特色的民居形式。泉州民居使用的材料是红砖，目前仅在我国的福建泉州一带和台湾部分地区有所使用。

泉州红砖合院式民居，即是华北汉地的四合院与当地的红砖材料相结合产生的一种别具特色的民居形式。泉州红砖民居不但保留了四合院这种布局形式，而且采用了中轴对称的布局方法，不过，在此基础上略有变化，泉州红砖民居的合院相对开放一些，房屋也相对低矮一些（图 3–61）。

图 3–61 泉州红砖民居屋顶景观之一

资料来源：刘翼．泉州民居记忆剪影[J]．中国中小学美术，2019(7):40–42．

泉州红砖民居的屋顶造型主要有两大类别：一为燕尾脊，二为五行山墙。燕尾脊就是燕子尾巴形状的屋脊，即房屋正脊两端翘起的端处有如开衩的燕子尾（图 3–62）。

图 3-62 泉州红砖民居屋顶景观之二

资料来源：郭丹瑾．闽南传统古厝建筑装饰艺术研究 [D]．南京：南京艺术学院，2022．

五行山墙（图 3-63）并不像燕尾脊一般只有一种形象，而是有五种形象，分别为金、木、水、火、土。这五者在我国古代合称“五行”，所以这五种形式的山墙便合称为“五行山墙”。

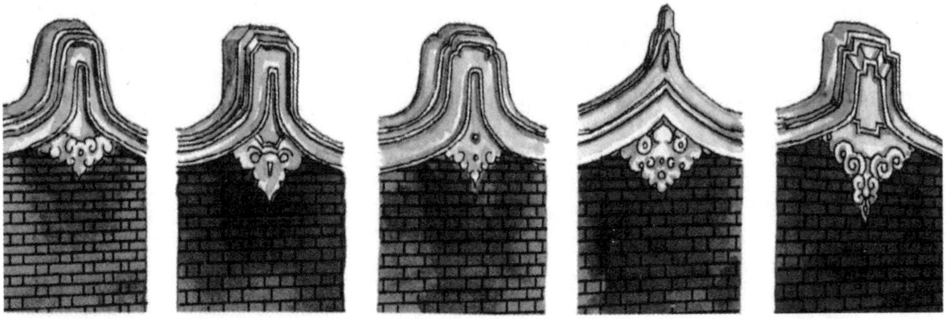

图 3-63 金、木、水、火、土“五行山墙”

资料来源：王其钧．中国民居 [M]．北京：中国电力出版社，2012．

广西民居

干栏式民居

我国云南、广西、贵州等少数民族聚居地区基本处在热带雨林地区，其传统民居大多为适应当地环境的干栏式。干栏式民居（图 3–64）是我国原始社会巢居的成熟形态，并且与使用土材料的窑洞式民居相对，干栏式民居基本使用木料。

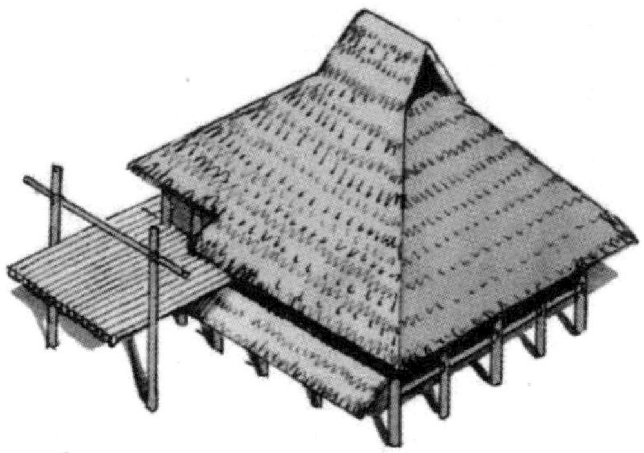

图 3–64　干栏式民居形象示意图

曾五岳先生认为，在距今大约一万年的福建漳州一带的古越族先民住的是水上的船和陆地上的干栏式建筑。《汉书 · 严助传》中道：古越人“习于水斗，便于行舟”。古越人是我国西南少数民族的先祖，他们很早就创造了干栏式民居，以适应南方的特殊地形和气候。

干栏式民居主要是用木为梁柱搭成的简易小楼式建筑，也有部分地区使用竹材料代替木料的，如傣族的竹楼。《旧唐书》中有：“人并楼居，登梯而上，号为干栏。”干栏式民居的上层住人，而下层为牲畜圈或杂物间。这种底层空出作为他用而不住人的形式，是干栏式民居最大的特点。

干栏式民居结构

干栏式民居底层架空不住人，屋顶出檐深远，能够很好地遮挡阳光的辐射，同时又能防止雨水淋湿房屋，架空的底层还可以较好地防止虫兽侵入室内伤人。干栏式民居自成一体，由许多根木柱摆放在地上而架在某处，必要时，可以整体搬迁。

火塘是干栏式民居的一个重要组成部分，位于客厅的中央，是家里的厨房，更是一个家庭生活的中心，是家人平时生活起居的重要场所，也是招待客人的地方。在火塘的上方还常常设一个吊架，悬挂着筐或篮子之类，里面放着一些肉类等食物。

干栏式民居的主要类型

《中国民居》中提到，我国使用干栏式民居的少数民族很多，傣族、侗族、景颇族、哈尼族、布依族、佤族、苗族、瑶族、壮族等主要使用干栏式民居。根据底层空间的高低，这些干栏式民居主要可以分为高干栏和矮干栏两种。其"高""矮"是依照底层的高度能否供人正常行走与活动来区分的。

矮干栏民居的层数一般为三层，而高干栏民居的层数大多为四层。矮干栏的底层因为太矮人不能直立于其下，其空间一般只能作为架空层存在，而不能作为关牲畜、放杂物之用。

高干栏因为底层较高，人可以在其下自由活动，所以这里可以拴养牲畜，也可以作为堆放杂物或磨粮食之处。

不过，不论是高干栏还是矮干栏，火塘都设在架空层的上层室内，即整个民居的中心，也是最重要的位置。

干栏式民居的典型案例

以侗族和傣族为例来说，两者就有不小的差异，下面将分别进行介绍。

侗族干栏式民居

侗族干栏式民居多为二层或三层，四面逐层悬挑形式，由底层至顶层做一层层的悬挑，形成上大下小的外观形态，与一般民居要求上小下大以达到稳固性的目的有很大的不同。侗族干栏式民居的体量相对比较高大，但仍然显得活泼轻巧，更有部分结合地形做成吊脚楼式更显生动。

侗族干栏式民居（图 3–65）的平面布局大多是近似方形，也有少数被称为

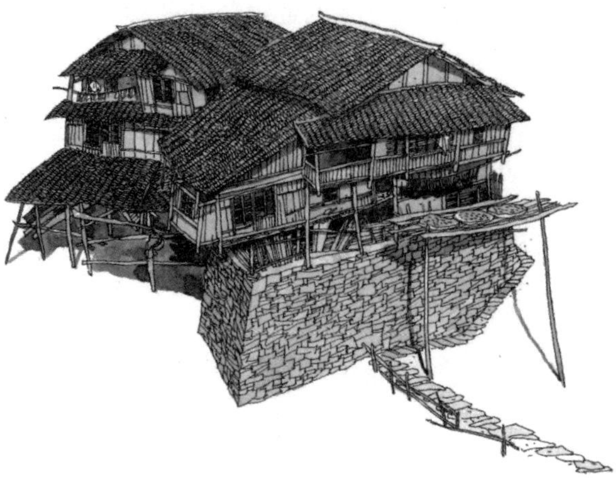

图 3–65　侗族干栏式民居的外观

“长屋”的矩形平面形式。不论是方形平面还是矩形平面，其大体的空间分配相仿。除了底层的架空层，二、三层的布局大多由前至后为前廊、堂屋、卧室，楼梯设在楼层的尽端，其实是设在主体两侧挑出的偏厦之内。整体构成了可以完全满足侗族人民生活居住等各种功能的住宅。

从平面分配上来看，与其他地区的干栏式民居相比，侗族干栏式民居的前廊是非常突出的。其最突出所在即前廊空间非常宽大，所以当地居民也称其为“宽廊”。宽廊的设置是侗族干栏式民居的重要特色之一，它在整个民居中所占的比例较大，成为侗族人民内外生活空间的重要中介，与人们的生活密切相关。侗族人比较重视与外人的交往，宽大的前廊不但成为人们平时劳动与休息的重要场所，也是与客人谈天交流的绝好场所。因此，宽廊内不但摆放有供妇女纺纱、织布用的工具，而且还设置有供谈天、休息的坐凳。

堂屋是侗族干栏式民居的主体，屋内中心设火塘，这与其他地区的干栏式民居是相同的。堂屋后部的卧室是相对私密的空间，与半开敞的宽廊空间正相反，因此，卧室便因其功能的特殊性而设计成封闭式。

侗族干栏式民居的主体使用层是二层，也就是架空层上面分别由堂屋、宽廊、卧室等构成的一层。在这一主体层的上面是阁楼层。侗族干栏式民居的阁楼层空间较为宽大，主要用作晾晒与储存谷物，有的人家还将其再做分割布置，辟出一间空间作为女儿卧室。整个民居的空间利用率很高。同时，因为阁楼层既有卧室，又是储存与晾晒场所，所以其对外而言有封闭也有开敞，都是据实际情况而定的。

侗族村寨中的民居主要为干栏式，造型简易，屋顶覆盖灰瓦。在这些近似两面坡顶的民居群中，耸立着体量高大的塔式鼓楼，侗族村寨一般都以鼓楼为中心营建。

侗族村寨的民居在山坡上大致按照若干等高线的原则逐一排列，从平面上看，房子就会有各种朝向。从远处看一个寨子，民居排列得十分复杂。传统民居依附自然，形成十分自然的村落形式（图 3–66 ~ 图 3–68）。

图 3–66
沿坡参差而建的侗族民居

图 3–67
侗族干栏式民居的屋顶

图 3-68
侗族干栏式民居环境景观

傣族干栏式民居

傣族民居的主要形式是干栏式，傣族主要分布在云南西南和南部的边境，根据云南雨水多的气候特点，傣族人民创造了适应本地气候的干栏式民居形式。

傣族干栏式民居（图 3-69）主要形式是竹楼，竹楼属于地方性称呼。侗族等少数民族都使用干栏式民居，但要说目前我国干栏式民居在造型上独具特色，而且单体建筑尺度较大的实例，还是云南西双版纳的傣族竹楼群。

图 3-69 傣族干栏式民居的外观与造型

傣族竹楼（图 3-70）的平面构成与具体结构受傣族当地生活习俗的影响而呈现出自然的特色。傣族竹楼主要由底部架空层、楼梯、堂屋、卧室、前廊和晒台等部分组成。架空层居最下部，四面透空，只用柱子支撑，一般用来拴养牲畜和堆放杂物。楼梯则是底部架空层与上层的联系件。其余的几个构成部分，前廊、堂屋、晒台、卧室等都集中在二层。

图 3–70　傣族竹楼

前廊在最前部，处在楼梯口，相对宽敞开阔的前廊一侧伸出一个平台作为晒台，用来晾晒衣服或谷物等。这与侗族民居中将晾晒场放在主体层的上层有较大的不同。

前廊之后的大面积空间分为两大部分：一为堂屋，二为卧室。如果傣族民居有三层，则最上层的空间最小，称为小阁楼。小阁楼一般作为储物间，也有作为卧室使用或是闲置不用者。

闽粤民居

闽粤移民来台后建造的传统建筑，建筑方位多是坐北朝南或坐东朝西、前埕后厝的。一般选择地势平坦，前有水源后有倚靠之处。常见的平面布局形式有“一条龙”“单伸手”“三合院”“四合院”“多护龙”等（表 3–4）。

表 3-4　闽粤传统民居形式

布局形式	格局特点
一条龙	一条龙是最为基本的房屋格局，只有正身而没有两侧的护龙，整体呈“一”字形，而有着左右对称的合院式布局是更为常见的类型。但是随着人口增多，每家每户的经济能力和社会地位产生差异使得平面格局呈现多进、多护龙、多院落的发展趋势
单伸手	只有单边护龙的布局，闽南人一般将护龙俗称为伸手，这种“L”形布局的民居因为只伸出一边，所以被称为单伸手，别称“辘轴把”
三合院	在两侧均建造护龙，形成了较为舒适的院落空间，整体呈“凹”字形，是最常见的形态

资料来源：笔者根据相关资料整理。

《台湾传统民居中的原住民与闽粤信仰文化》一文提到：传统闽粤民居以三合院居多，大门设在中间，在其厅房正中央的一间被称作正厅或正身，这种围绕厅堂展开的建筑平面，取中轴对称，并以厅堂为起点向左右和后面延伸。

西南民居平面布局、空间处理与建筑造型

西南少数民族在生活实践中，结合当地的地理环境、生活环境和长期以来的审美情趣，逐渐形成了具有自身民族特色的居民建筑。西南少数民族的房屋类型多种多样，如石头房、吊脚楼、竹楼等。这些独具特色的居民建筑不仅体现了西南少数民族人民的文化和智慧，还体现了独特的建筑艺术特色。

苗族民居

苗族民居的吊脚楼底层，多用于圈养牲畜和家禽，或安装碓磨、堆放柴草、放置农具和储存肥料等。第二层为全家人活动的中心，靠山一侧为实地，外侧是楼板，人称“半边楼”。地平部分，砌炉灶，挖火塘；楼板部分，安床睡觉，建廊小憩。第二层既是堂屋，又是客厅，嘉宾亲朋到来，常在此间摆上长桌，设宴款待。第三层一般存放粮食、杂物，大户人家也用一两间做客房或女儿的卧室。有的在吊

脚楼外搭架木板作为晒台，晴天可以晒谷物，夜间又可观赏星月，热天还可休息纳凉。

四川丹巴藏寨碉房

丹巴县位于四川省西部，甘孜藏族自治州东部，东、北与阿坝藏族羌族自治州小金县、金川县相连，南、西与甘孜藏族自治州康定市、道孚县毗邻，辖 14 个乡、1 个镇，面积 5649 平方千米，总人口 5.72 万人。这里是嘉绒中心地区，也是中国历史上的“藏彝走廊”地带，自古就是西北古氐、羌人南下的主要通道。先秦时期南下的氐、羌人中一部分留在此处繁衍生息，至秦汉之际，氐、羌各部落与部族间相互交融，形成“六夷、七羌、九氐”的杂居局面。唐朝后逐渐被向东扩张的吐蕃兼并，随后吐蕃移民、随军奴隶与当地氐、羌人融合，形成了一个以吐蕃文化为主，兼收氐、羌各部族文化的独具地域与语言特色的藏族，今称之为嘉绒藏族。明代土司制确立以后，部落首领便成为土司，该区域一度成为众多土司并存的地区。1926 年设县时，取境内丹东革什扎、巴底、巴旺三大土司音译汉文首字为县名，故名丹巴。

与其他藏区不同的是，丹巴碉楼民居均为院落式。由码了高高柴火的矮墙围成院，院坝地面即是牲畜圈的平顶，并且牲畜圈出入口与人的出入口分设。房屋都有藏语名称，其含义将各层的功能解说得明明白白。

平面的基本原型就是地面层的形式，一般由两开间、两进深的 4 间房屋组成边长为 9 米左右的“田”字形方整平面。进门这一开间较窄，净宽约 3 米，前面是过厅，放置楼梯，里间是储藏室，即碉形体的底层；侧面开间较大，净宽约 5 米，分成前后两间，方正的大房间是锅庄，锅庄后（阴面）的隔间用作储藏，若隔间在向阳面也会作为卧室。各地区也有一些小差异，如中路碉房的开间和进深大致等分，形成较方正的四个房间，过厅兼作厨房。而甲居碉房的侧面只有一间宽大的锅庄，平面是两开间共 3 间房屋的“品”字形式。

随着社会的发展，基本原型也随着家庭经济条件的改善和人们需求的增多而有所变化。有些碉房扩大平面尺寸，边长达 10 ~ 12 米；中路的碉房大多在方形平面中间增加一开间，成为三开间共 6 间房屋，长约 15 米、进深 9 米的矩形平面；甲居、巴底一带在主体入口前扩建一间敞房作为厨房，形成曲尺形平面；最近十几年来，为改善居住环境条件，有些家庭在碉房外建矩形平面的独立敞房（也有用汉语称呼为耳房）作为厨房、客房，与主体碉房围合成院，其平面呈“凹”形。

室内配置

中国传统建筑技术和艺术在世界建筑技艺之中，是极具民族特色的瑰宝。而中国传统建筑的内部所包含的内容更为浩瀚与深奥，从结构、构造、装饰到室内配置与陈设形成了一个有机组合的有序等级系统，洋溢着中华技术与艺术璀璨纷繁的文化内蕴。

东北民居室内配置

最典型的东北民居样式就是坐北朝南的土坯房，以独立的三间房为最多见，而两间房或五间房都是三间房的变种。

绝大多数的民居是用土与茅草混合泥水而建的，房顶是用茅草盖的，行话叫苫，或者叫苫房。正因如此，才有了烟囱的出现。

典型三间房的室内格局为三个房间东西排列，东侧与西侧房间均为卧室，根据家庭人口数量，卧室或为两铺炕或为一铺炕，一铺炕都在靠窗户的南侧。窗户通常为扁宽形，窗口较小。窗棂用木条做成井字格，外糊窗户纸。采光效果极差，但保暖性能较好。

被垛

被垛是东北火炕人家的生活内容之一。它透出各家生活的实质：贫穷或富裕。

过去，经济条件好一些的人家，被子往往装在炕上的炕琴（图 4–1）里，或罗列在炕柜上。而生活一般的人家，干脆就直接将被垛码在炕上。被垛的垛法，也显示出家庭主人的脾气和性格，以及手脚的利索和勤快与否。好看的被垛，会让人眼前一亮，觉得既舒适幸福，又美观大方。总之，东北火炕上的被垛是火炕上的一种多彩的文化风情。

图 4–1　炕琴与被垛

炕被

火炕上最丰富的内容，还有炕被。东北火炕，炕被一般都是古老的式样，人们称为麻花被（图 4–2）。

图 4–2　火炕上的麻花被

麻花，是北方人的一种叫法，是指炕被上面的花，很像北方原野上的一种植物——麻的花。麻是北方人生活之中时刻离不开的一种植物。它们是春天由农民种下，然后到了秋天结下密麻麻硬硬的小籽，人们将小籽撸下，留作第二年种植。剩下的茎秆就要投入大水坑中去，俗称“沤麻”。

麻沤好后，扒下麻皮，用来制作绳，织衣、布、线，做农具和生活用品。所以人们熟悉这种植物。而麻花被的手工艺品又叫蓝印花布，这是一种古老的民间印制手艺的成果。从前，北方的农人几乎家家都会纺织、印染这种老布，制作这种老被褥。

麻花被和麻花布，都是北方火炕上常见的物件，给人一种沧桑的历史感。在从前，若女人不会织染这种布，就会被人家笑话或看不起。东北火炕上的被褥往往就是火炕上的文字，是一本生动的生活大书，人们可以永久地去翻动和阅读，因为它记载了人们的生存历程。

枕头

枕头，是睡觉用的，也是火炕上的丰富物件。枕头一旦放在火炕上，就使火炕显得多姿多彩，充满了生活的味道。

枕头是一种文化。各种人睡觉枕的枕头种类也不尽相同。比如东北生活中有大枕、小枕，长枕、短枕，圆枕、方枕，还有其他各种形状的枕头。同时，枕头的一侧还绣有花纹图案，俗称为“枕头顶”（图 4–3），特别是东北满族的枕头顶艺术非常出名。

图 4–3　枕头顶上的二人转

东北满族人民讲究枕头顶艺术。他们睡觉用的大枕头呈长立方体形，在枕头上绣图案已有久远的历史了。

枕头顶文化十分丰富，来源于早期巧手的女人，后来一点点地得到普及，成为满族枕头的特色，样式较为生活化、民族化。除了花鸟鱼虫外，还有“故事”。

常见的是普通的枕头。往往是布料边装上谷糠、碎米就成了。后来，巧手的家庭主妇令枕头形成了一种文化，于是枕头顶的式样也越来越多了。

把枕头做成“老虎”式样（图 4–4），表明人与虎朝夕相伴，人借虎光，可以胆大心细，不惧怕自然界中的凶猛动物。这是人的一种追求，也是一种文化心理。而老虎枕也表明了动物与人的依赖关系，说明自然和人的和谐，这是人类最早的生存观念。

图 4–4 老虎枕

同时，满族人还形成了系列文化枕头顶。东北枕头顶已形成一种独立的文化类别。它样式多、色彩鲜艳，充满了民间百姓的生活理想和创造意图。东北枕头顶图案及寓意如表 4–1 所示。

表 4–1 东北枕头顶图案及寓意

类型	内容	寓意
动物	小虎、小鹿	希望人能多福多吉
植物	莲花、葫芦	早生贵子和成神成仙
人物故事	八仙、寿星、弥勒佛、福禄神	人生的美好追求
戏曲化人物	四郎探母、天仙配、小放牛、嫦娥奔月	人们的生活理想

枕头顶文化是人类的一种智慧创造，也是东北火炕的艺术组成部分。从这一点讲，火炕是一座内容丰富的活态北方文化博物馆。

炕桌子

炕桌子就是农村人家火炕上放的桌子（图4-5、图4-6），是专门摆放在火炕上的一种炕上生活用具。这种桌子，是四条短腿儿，上面铺一面横板，以便摆放碗筷。它的造型区别于地上的桌子。

图4-5 炕桌子之一

图4-6 炕桌子之二

张欣春 摄影

地上的桌子往往腿长，称为“八仙桌”。而炕上的桌子腿短，这是它的特征，主要在炕上使用。东北人一年四季离不开炕，桌子更不能离开火炕，所以叫“炕桌子”。这是北方地域的一种产物，它伴随着这里的人祖祖辈辈地生活在这块土地上，讲述着北方民族的生存形态和生存历程，是火炕民族的见证。

火盆

东北火炕上往往还有一样重要的器具，那就是火盆（图 4–7）。

图 4–7　火盆

火盆是东北火炕上的取暖设备。它往往是用泥或铁、铜等材料制成，大小不一，有的还在盆边刻画上吉祥花图，等灶里的火燃起后，用的人就将“豆棵”“谷草”“茬子”等燃后的灰（又称小灰）装到火盆里，搬到炕上来，供全家人烤火使用，还能给屋内增加热度。

烟具

火炕又是东北人放置烟具的最佳场地。东北人好客，来人去客，往往说：“天冷，上炕抽袋烟！”所以，炕上早已给客人准备好了烟笸箩（烟叶筐）（图 4–8），烟具和各种抽烟用品。这也是火炕的丰富文化类别。烟笸箩，就是装烟叶的器具；烟袋，就是抽烟的工具。炕上要有烟笸箩。因为烟袋往往是来人自带。

图 4–8　烟笸箩

笸箩是北方人对盛东西的一种柳条编织的器具的统一称呼。而烟笸箩，是专门放在北方的火炕上盛放烟叶的一种器物。北方人是热情好客的，谁家炕上不摆上这些，总觉得过意不去，对客人不尊重。

你到谁家做客，往往头一句话就是："上炕上坐着去！"然后接下来就是："给你烟笸箩！点上颗烟，自己抽抽……"

这时候，北方人的热情在火炕上浓浓地飘荡。热情招待客人，这是中华民族的一种情谊和本能。在早期农人家，上炕暖暖脚，坐下抽袋烟，就是黑土地民族的亲情。

我们常常可以看到东北人家火炕上的这个烟笸箩，这是一种文化风情，也是一种生活习俗与生存品质。

习俗是人类的生存背景和生存空间。入乡就要随俗。坐在火炕上，抽上一袋烟，说明你入了俗。如果违背了这个规俗，人们便会以为你看不起自家，从此就会对你另眼看待。

一个小小的火炕上的器物竟然有这么多说道，其实这只是生活中的一个细节，却是不可忽视的规俗，是火炕文化规俗。

抽烟要用烟具（图 4–9），东北火炕上的烟具具有自己的独特形态。首先是烟袋杆长。东北最长的烟袋杆有“一掏”（五尺）长，这是关东百姓的发明。这种长烟杆，实际上起到了过滤烟毒的作用，使烟油子分布在长长的杆中，在短时间内不至于给人造成危害。更重要的是，晚上老年人抽烟睡着后，烟灰烧不到被褥。

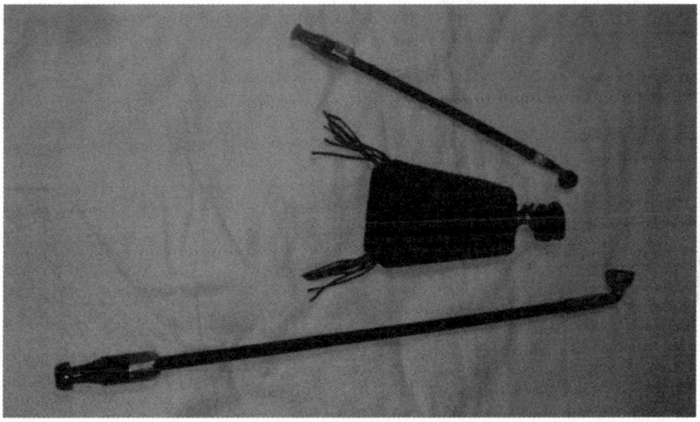

图 4–9 烟具和烟口袋

自从有了烟，便有了烟口袋（图 4–10）。烟口袋往往是用狗皮、鹿皮、兔子皮、猫皮、老耗子皮、驴皮、狼皮、松鼠皮等材料制作的。巧手的姑娘常常把烟口袋做得十分精美，送给自己的心上人。

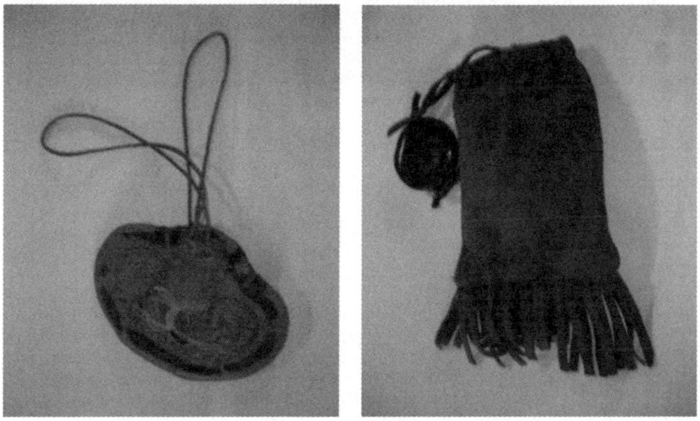

图 4–10 烟口袋

她们常常把烟口袋（也叫烟荷包）摆放在炕上，以炫耀自己的手艺，希望能得到人们的夸赞。

巧手姑娘如江南姑娘给情人绣荷包一样装点烟口袋，有的在上面绣上鸳鸯、凤凰、荷花、兰草，还有的写上福寿，画上财宝等。更有手艺精湛的姑娘还要给烟口袋绣上花苞，抽上穗，镶上边，拿上褶。还有的做成圆形，象征团圆；做成心形，象征心心相印；做成灯笼形，表示奔向美好的前程；做成莲花形，表示双方恩恩爱爱，永为并蒂莲。

有的小伙把情人送的烟口袋常年带在身边。同时在民间也形成了许多关于烟口袋、烟荷包的故事和传说，往往都是歌颂男女爱情坚贞和忠诚的。这是对关东烟文化的一种发展。

扫炕笤帚

火炕上还有一件平常最常见的物件，就是扫炕笤帚（图 4–11）。

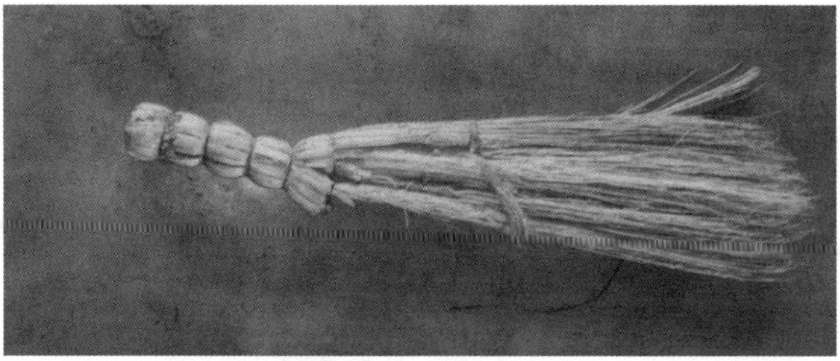

图 4–11　扫炕笤帚

说起来，这还有一个“笑话”。

从前，有一天，一伙土匪进了东北的人家。进屋大喊：“有没有干净媳妇！”这家老太太见过“世面”，急忙走上去迎着土匪说：“大柜，俺家没有干净媳妇。只有一个埋汰媳妇，还回娘家了……”土匪一听，也笑了，说：“什么媳妇？我们说的是扫炕笤帚！”（这是黑话，老太太当然不懂）老太太这才明白，原来土匪管扫炕笤帚叫“干净媳妇”。笤帚，是用东北平原上的一种植物的秆上的“果实”穗（也叫高粱）编织成的一种工具，又分“扫地笤帚”和“扫炕笤帚”。扫地笤帚，是比较长、大的那种，专门扫地用；扫炕笤帚，只有一尺来长，一头有扎好的“把”，专门用来扫炕，所以称为扫炕笤帚。

这种工具是北方火炕人家不可缺少的。之所以称它为“干净媳妇”，是因为它常年放在火炕上，家庭主人可以随时拿起它，把炕上的土末、饭粒、瓜子皮儿等脏东西“扫”下去，让炕保持干净。笤帚由于总使用，最后磨得越来越短，被人称为“笤帚疙瘩”。而且，这种火炕上的“工具”，常常被老人用来抽打淘气孩子的屁股，是一种很有趣又离不开东北火炕的生活用品。还有鸡毛掸子（图 4–12）也属于这一类。

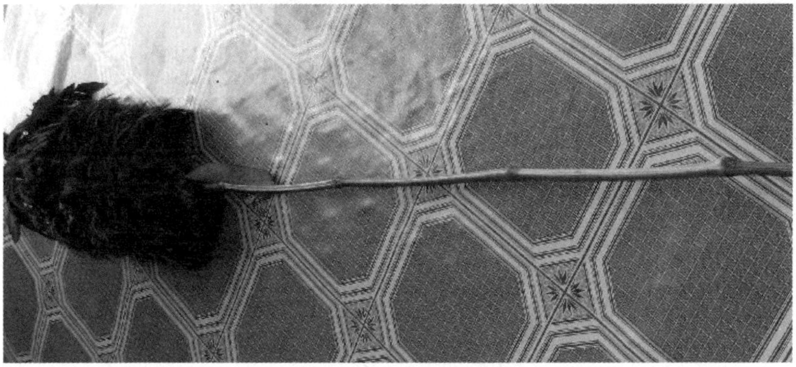

图 4–12　鸡毛掸子

它的功能和笤帚疙瘩（扫炕笤帚）一样，专门用来扫去炕上的杂物，或拂去柜子和窗台上的灰尘。掸（dǎn）子用鸡毛制成。找一根木棍，或取一段竹竿，把鸡毛一根根缠绑在棍（竿）的一头，形成一组，就制作成功了。

东北人家不愁没有鸡鸭，它们的毛，随时可选来扎这种“鸡毛掸子”。选鸡毛时，可根据主人的性格和爱好来进行。可以选一样颜色的鸡毛，也可以把各种颜色的鸡毛掺杂在一起，称为“花掸子”，用途一样。鸡毛掸子，轻飘利索，且好用。它不仅可以用来扫炕，还可以用来拂去炕琴、炕柜和大柜上的花瓶、镜子以及梳妆台上的灰尘，是北方火炕人家常备的用品之一。

炕琴

炕琴又称“炕柜”，是东北火炕上的重要盛装物件的器具。东北火炕上的炕琴，十分独特，它们简直就是一种艺术品，家家都是艺术品展销会。

首先是炕琴上的花纹（图 4–13）。这种炕琴，往往根据主人的民族和生活性格、喜好，画上不同的图案，以表达主人的理想和愿望，表明自己的民族和信仰。如莲花，象征着吉祥，好运；兰花，象征着富贵，财气。还有一些故事内容，如“五子登科”“连年有鱼”等。

图 4–13 丰富多彩的炕琴花纹

其次是炕琴的种类。炕琴有上面掀盖的，称“大掀盖”；还有一头开门的或半开门的形状，称为“箱柜”等，千奇百怪。炕琴已经有许多是瓷画或贴瓷砖的类别了，而且，那种炕琴上的“柜画”，又成为一种独特的文化门类。在农村，画“炕琴画”的艺人被称为“画匠”，他们是农村生活中不可缺少的人物（图 4–14）。

图 4–14 炕柜生活

西北民居室内配置

在民居建筑的整体设计中，由于西北大部分地区干旱少雨，传统的民居建筑多属于土木结构的平顶房。造房的成本低廉，与当地的生活水平相适应，特点比较鲜明。

羌、藏族民居

帐房

平面多为正方形或长方形，用木棍支撑框架，上覆牦牛毡毯，四周用牛毛绳牵引，固定在地上。帐房正脊留有缝隙，供采光和通风用。帐房内部周围用草泥块或土坯垒成矮墙，上面堆放青稞等。帐房内陈设简单，中间置火灶，灶后供佛，四周地上铺以羊皮，供坐卧休憩之用。这种帐房制作简单，拆装灵活，运输方便，是牧区群众为适应逐水草而居的流动性生活方式所采用的一种特殊的建筑形式。

碉楼

大多数为三层或更高的建筑。底层为畜圈及杂用，二层为居室和卧室，三层为佛堂和晒台。四周墙壁用毛石垒砌，开窗甚少，内部有楼梯以通上下，易守难攻，类似碉堡。窗口多做成梯形，并抹出黑色的窗套，窗户上沿砌出披檐。

新疆民居

高台民居

独门独户，户户相连，每户几乎都有大小不等、形状各异的内院；院子里种植花草盆栽，室内装饰艳丽华贵。高台民居院落平面布局自由灵活，室内外空间布置都是根据具体条件的实际需要而定，不受对称等概念的束缚，充分利用地形和空间修建。高台民居里的院落住宅有平房、二层楼、三层楼甚至有七层楼，崖上建有三层、崖下四层，从崖上、崖下都可上。宅主的绝妙设计充分利用了地形，土崖上的三层可以从崖上进出，崖下四层既可从三层下到最底层，也可从最底层沿上下互通的楼阶到达任何一层。

庭院有强烈的封闭性。既能满足维吾尔族人民家庭生活的要求，又能适应当地自然环境，起到防风防雨的遮蔽作用。

简朴变化多端的外形。维吾尔族建筑组成建筑外墙的凹凸线脚不多，墙面大方流畅。户外大门，多为两扇门，庄重厚实，门上镶有刻图案花纹的铜质、铁质护板压条。吊装两个碗大的门环供上锁用。沿街外墙用土坯砌成，抹上麦草泥，数十年甚至百年依旧如故。也有用白石灰涂刷的。

室内建筑分为主人居住室、客厅，两侧多为子女和同代家族的住房。住室内不设木床，几乎都睡在土炕上。不同于我国北方农村的火炕，而是填实的平整土炕，占去住室整个面积的一半或三分之二。墙壁上则建有敞开式的墙壁柜，有许多层，放置生活用品。客厅墙壁上的壁柜更有伊斯兰建筑装饰风格，多为拱形，大小不同的壁龛，有数层不等。四周有维吾尔族传统的石膏花边图案。有的壁龛则是石膏镂空花纹图案镶嵌在整个壁龛上。石膏雕花呈蓝底白色花纹图案，一眼望去就是一件民族特色鲜明的雕刻艺术品。住室和客厅墙壁上还挂有和田地毯。大一点的庭院屋前一般有回廊，回廊立柱上雕刻有各种花卉图案，回廊下的护栏条都是木匠旋制出来的、圆形粗细间隔长短不一的木质护栏。回廊里有土炕，铺上花毡地毯，院内的葡萄架连架回廊，葡萄藤倚架爬上回廊顶，是绝好的纳凉地方。

有些古老的民居大多有数百年历史，也有一些民居世代相传，至今保留了三四百年，房的结构、屋顶、墙体、门窗，甚至颜色都依然如故。一户民居就是一部家族繁衍、生息、兴衰、延续的发展史。许多民居都是由七八代人传下来的，由于维吾尔族的宗族观念很强，民居文化中核心的一点就是对家眷故土的依恋。有些大的民居院落内楼上楼下住房多达一二十间，两侧厢房几代人同住一个院落，是真正的四世同堂。看过民居小巷景观，了解维吾尔族民居文化特色，领略、体验小巷深院里蕴藏着一个民族生活的历史和民宅的文化内涵。高台小巷除了民居奇观，还有一个历史更为古老、悠久，即原始泥土手工制作陶器的土陶作坊，现保存有十几家古老作坊。高台民居所在地，维吾尔语叫“阔孜其亚具希”，汉语意思是“高崖土陶”。土崖上独特的民居和古老的土陶作坊成为高台上两处最具有文物和观赏价值的景观。

吐鲁番民居

依山而建，空中楼阁、过巷土楼随处可见，屋顶高大。不少屋顶上方有晾台，为挑选和晾晒葡萄干提供了宽阔的空间。

“阿以旺”民居

以“阿以旺”为中心，围绕其布置，到顶部提高其屋面，侧面加天窗围护而成。结构形式采用土木结构，平屋顶，带外廊，中留井孔采光，天窗高出屋面 40 ~ 80 厘米，供起居、会客之用，后部做卧室，亦称冬室，各室也用井孔采光。其顶部在木梁上排木檩，厅内周边设土台，高 40 ~ 50 厘米，用于日常起居。室内壁龛甚多，用石膏花纹做装饰，龛内可放被褥或杂物。墙面喜用织物装饰，并以此质地和大小、多少来标识主人的身份与财富。屋侧有庭院，夏日在葡萄架下，休息、纳凉。

新疆民居的结构虽以土坯墙为主，但因不同地区的气候不同，在构造上还是有若干差别的。例如，北疆的昌吉、伊犁地区降雨量较大，民居土坯墙就多用砖石做基础和勒脚；天山南麓的焉耆地下水位高，人们就采用填高地基的做法，并在基础与墙身接合处铺一层苇箔做防潮层，以防土坯墙受到水的侵蚀。吐鲁番地区几乎终年无雨，墙体就全用土坯砌筑，用不着砖石做基础和勒脚了。

新疆民居的屋盖多用土坯拱券，以满足夏季隔热、冬季防寒的要求。阿以旺式住宅则用密梁平顶，受汉族文化影响较多的回族民居，多喜用内地木构架起脊的屋顶，平面布置也采取四合院、三合院形式，和汉族的住宅没有多大差别。

窑洞民居

明庄窑洞一般是在山畔、沟边利用崖势，先将崖面削齐，然后修庄挖窑洞，多为一庄三窑和五窑，少数在五窑以上。在董志塬上还有利用胡同修庄的，由于崖势不高，不得不挖进几米再挖窑洞，往往形成三面高、一面低的格局，这种庄子被称为半明半暗庄。

下沉式地坑院窑洞在平塬大坳上修建。先在平地上挖长方形的大坑，将坑内四面削成崖面，然后在四面崖上挖窑洞，并在一侧修长坡道或斜洞子，直通塬面，作为人行道。这种窑洞实际是地下室，冬暖夏凉的特点更为明显。

箍窑一般是用土坯和麦草黄泥浆砌成基墙，拱券窑顶而成。窑顶上填土，呈双面坡形，远看像房，近看是窑。许多人还在箍窑上面铺瓦，以保护窑顶不被雨淋，使箍窑的寿命更长。近年又出现了砖面箍窑，比泥土箍窑更坚固、耐用。

据地方史志记载，合水县老城 1947 年全城有房屋 162 间，而窑洞有 296 孔。正宁县城东、西两关在 20 世纪 50 年代初，有厦房 404 间，窑洞却有 429 孔。庆阳市所在地西峰城区，清代城内窑洞星罗棋布，多达数千孔，其中地坑院占 60% 以上。民国时期，西峰城里还有窑洞 1992 孔，占居民住室总数的 70%。随着社会的发展，人口的大量增加，人们从窑洞里走出来，开始零星地修建厦房，于是民居也开始有了变化。新中国成立后，随着人民生活水平的提高，土、木、砖混结构的房屋逐渐增多，以房屋或楼房为主的小城镇不断出现，但是广大农村农民居住仍然以窑洞为主。20 世纪 80 年代后期调查摸底结果显示，全市农村土窑洞仍占民居建筑的 70% 以上。

四千多年来，虽然历经风风雨雨，沧桑巨变，一批批旧窑洞在风雨中倒塌，一批批新窑洞又在生活中诞生，但是庆阳人民就像天上的星星没有离开过月亮一样，也没有离开过窑洞。他们像热爱自己的父母兄弟姐妹一样，热爱着窑洞、迷恋着窑洞。

窑口（卷边）

陕北窑洞民居窑口形式直接反映了窑室的横剖面形式，有的是双心拱形，有的是三心拱形，也有的是半圆拱形，还有的窑洞教堂将窑口做成尖拱形，与尖拱形门窗相协调，表现出教堂建筑特有的传统风格。

窑口的处理因所用材料不同也有区别，一般靠崖式黄土窑洞窑口不做处理，与崖壁一起用草泥粉光，但经雨淋、日晒、风化又年久失修黄土易剥落。砌砖石护壁的黄土窑洞和砖石独立式窑洞用块石或砖立砌发券成拱，也有的窑口与窑脸砌平不做处理，或在窑口上部拱形部分做拱头线脚向内层层凹进。有的人受外来影响，打破常规不做窑口，门窗分设，门居中设置，门上气窗做成拱形，两边窗子上部呈半圆拱或尖拱状，低于气窗的高度，而门窗组成的拱形外轮廓还是反映了洞室的内部空间形式。

女儿墙

女儿墙是一个建筑专业术语，又名压檐墙，是屋面与外墙衔接处理的一种方式，作为屋顶上的栏杆或房屋外形处理的一种措施，可防止人员掉落，也可起到屋面防水的作用。

女儿墙的作用是保护人员的安全，并对建筑立面起装饰作用。不上人的女儿墙除起立面装饰作用外，还用来固定油毡或固定防水卷材。

有混凝土压顶时，以楼板顶面算至压顶底面为准；无混凝土压顶时，以楼板顶面算至女儿墙顶面为准。

如今女儿墙已成为建筑的专用术语，伴随着社会的发展和进步，女儿墙的浪漫和诗情画意也不再是人们津津乐道的内容了，只是国家建筑规范中 90 厘米高的砖混结构式的一堵矮墙而已。它回归了建筑的本原，在建筑物上起着它应起的作用。一般在一些单元楼的屋顶上，成为建筑施工工序中必不可少的并且具有封闭性的一部分，是避免窑顶行人失足跌落的防护措施，也可防止雨水冲刷窑脸。一般都用土坯或砖砌成各种图案的花格墙与护崖挑檐合为一体。

挑檐

在女儿墙下做挑檐（图 4–15）以防止雨水冲刷窑脸，其做法多种多样，充分反映了民间匠师的精湛技艺。挑檐的形式多种多样。有的用石板挑出上部用女儿墙压顶；有的为木挑檐；有的做雕石挑檐梁，梁上承檩椽铺瓦称为雕石翘檐；还有的做叠砖屋檐，砖自顶部层层挑出，并叠砌成各种图案。

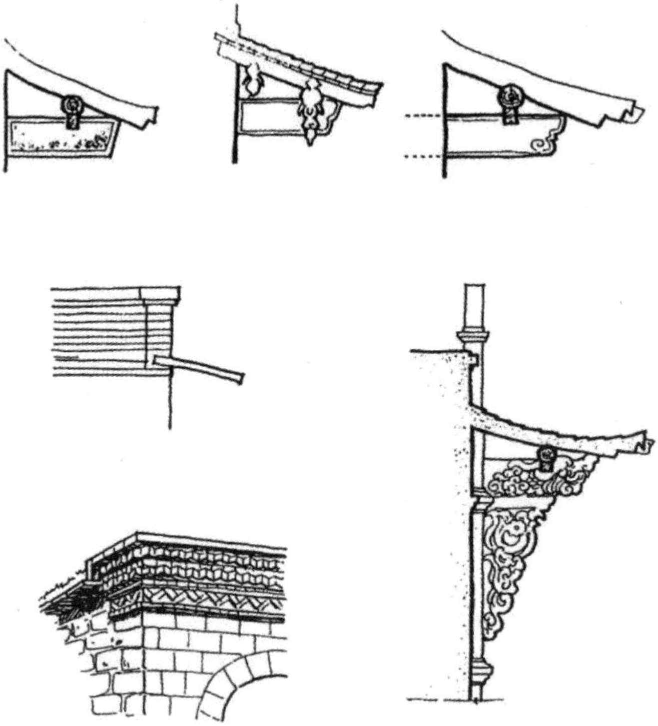

图 4–15　窑洞民居的各种挑檐细部

资料来源：《陕西民居》编写组，张璧田，刘振亚．陕西民居[M]．北京：中国建筑工业出版社，2018．

门窗

门窗是陕北窑洞民居中最为考究的装饰部位。与渭北下沉式窑洞不同的是满樘开大窗，门在两侧或居中设置与窗连在一起。窗格的图案形式有的呈直纹，有的用斜纹，也有的做成拱形或放射形图案等。门的形式变化多，一般都是木板门或下部为木板门上部做成棂格。

入口门楼

门楼是民居的入口中心，乃装修的重点部位，起着画龙点睛的作用。陕西各地民居的门楼变化多样，各具千秋，尤其是陕南民居的门楼造型丰富，轮廓线优美。以下是几种具有代表性的门楼实例（图 4–16）。

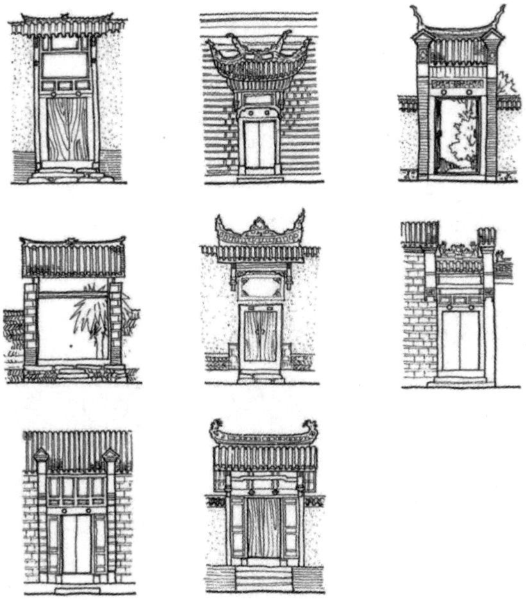

图 4–16　陕西民居门楼集锦

资料来源：《陕西民居》编写组，张璧田，刘振亚．陕西民居[M]．北京：中国建筑工业出版社，2018．

垂花门常作为深宅大院的二重门，乃是此方民居的一般做法，它一般设在宅院的前庭与中庭之间，但也有设在入口过道与前庭之间，与影壁成直角布置，起分割空间的作用，也是庭院中的一个对景。在陕南和关中也有把第一道大门做成垂花门的形式，垂花柱下端有扶壁装饰，把承重柱包在中间。

门楼是各家各户的入口标志，是户主着意重点装修的部位。门楼的形式和做工精巧与否，往往能反映出户主的身份、社会地位乃至整个宅院的装修质量。陕西省的不少门楼都体现出精雕细刻、做工讲究的特点。从造型上分析，陕北及关中的门楼具有北方民居的一般形式。韩城地区的大门均有匾，多数用木刻题字，如耕读第、诗书第、明经第等，有的则为砖雕。

檐部装饰

出檐深远是陕南民居的独特风格之一（图 4–17）。这样做主要是出于遮阳、避雨的需要。一般挑檐梁的出挑均在 1 米以上，有的达到 1.5 米，梁断面为 7 厘米 ×

图 4–17　檐口出挑样式

资料来源：《陕西民居》编写组，张璧田，刘振亚．陕西民居 [M]．北京：中国建筑工业出版社，2018．

20 厘米左右。一种是举架梁的托梁直接出挑支承檐檩，挑梁头饰以花纹居多，挑梁与檐柱的夹角饰以雀替状木装修。有的用挑梁托住垂花柱，柱上支承檐檩。另一种是再加一挑梁支承短柱，分担挑檐的荷载，俗称“板凳挑”。为了轻巧，有的还做成翘曲状。

山花细部

在硬山做法中最多见的是人字形山花，在陕南的安康、汉阴等地的店铺民居中带有马头墙的人字形山花较多，博风板用豁土分块烧窑而成。有的博风板用砖砌成线脚后抹灰，每条线脚出挑 2 ~ 8 厘米，这是为了防止雨水淋湿山墙并有光影效果。

山花小窗是为阁楼通风采光之用，也是山墙装饰的重要组成部分。茹土烧制的漏花小窗，因山墙有中柱贯顶脊檩，因此小窗需在中柱两边成双布置。形式有圆形、扇形、六角形、八角形、菱形、四方形，形状多样，讲究的镶以雕花砖，窗花图案富于变化，颇具匠心。

马头墙

马头墙在陕南的店铺民居中运用较广泛，特别是在安康和汉阴两个县城中；但完整的马头墙仅存于汉阴城关，其他县城的马头墙脊吻已残缺不全，伤痕累累。

马头墙多用于相邻两家店铺屋面的交接处，它的功能是衔接两屋面，特别是两个屋面有高差时，在构造上便于处理。另外，马头墙还起了防火墙的作用，并丰富了立面造型。

马头墙的轮廓线十分优美，每当夕阳西下，暮色苍茫、晚霞临空之际，在天空中便会露出马头墙脊吻的优美曲线，十分妩媚动人。脊吻以豁土制坯，整体在窑中焙烧而成，它的垂直高度在 0.7 ~ 1 米，式样各异，丰富多彩。

壁画雕刻

陕西民居壁画雕刻的部位多半在大门两侧、影壁中央、窗间墙、窗下墙、墀头及墀头的角柱石。取材立意主要为吉祥如意、国泰家宁，纹样的取材有飞龙舞凤、狮子戏球、飞禽展翅、四季花卉。有用青石精雕，有用方砖拼砌雕刻。

安康城关顾宅大门两侧的石雕内容是苍松古柏、梅鹿雀跃，一派国泰民安的景象。苍松象征长寿，梅鹿象征福禄。

屋脊与脊吻

在陕北、关中地区，一般农房的屋脊与脊吻都用砖砌筑；在陕南则用小青瓦砌筑。比较讲究的宅院的屋脊与脊吻，是用黏土分段预制，在窑中焙烧而成。分段预制的屋脊，分上下两层，下层与屋面相接，作为屋脊的基础，以横线脚装饰，上部为屋脊正身，饰以多种纹样。

脊吻的形式多样，尤以陕南为最，有的是整体预制焙烧而成，有的是分段分块预制经焙烧制成。关中有的大宅院的屋脊与脊吻砖雕十分精致，立体感很强，工艺水平很高。有的大型宅院的屋脊尺度很大，将近一人高。

隔扇与门罩

陕西民居的木装修做工精致、选材考究，由于工匠来自江、浙、川、鄂，因此在装修风格上没有特殊的地方。隔扇门、窗均成双布置，一开间布置四扇者居多。讲究宅第的厅堂入口为了悬挂门帘，均设有门罩，门罩上部饰以各式雕花，顶部及两侧均为镂雕，有的漆成浅色，与深色隔扇门形成对比。

关中与陕北地区，有相当数量的砖雕与石刻艺术表现在碑头、碑亭、石牌楼、影壁以及拴马石上。关中北部是著名的唐代十八陵所在地，民间石刻艺术丰富，具有民间艺术独有的粗犷的气质，与表现宗教的石刻艺术迥然不同。

拴马石用整块石料雕琢而成，高 2 米多，形同帝王陵墓前的华表。农村中殷实之家会将它竖立在门前。拴马石上刻有神态各异、多彩多姿的人像或狮子。

华北民居室内配置

平面布局：北京四合院都有一条南北向的中轴线，东西南北四个方向的房屋共同面向一个庭院。大门设在基地左前方。大型住宅由多进院落组成，一般不超过五进院。

结构形式：北京四合院属砖木结构建筑，房架子檩、柱、梁（柁）、槛、椽以及门窗等均为木制，木制房架子周围则以砖砌墙。梁柱门窗及檐口、椽头都要油漆彩画，墙习惯用磨砖、碎砖垒，屋瓦大多用青板瓦，正反互扣，檐前装滴水，或者不铺瓦，全用青灰抹顶，称“灰棚”。

细部装饰：以朴素淡雅为主，木构部分一般仅施油漆，不施彩画。一些重点部位，如影壁心、墀头、抱鼓石、门簪、垂花门及室内隔扇、花罩等，常以砖石或木制雕刻纹饰装点。

大门

大门是住宅等级的一种象征。清代的制度规定王府的大门设于中央，亲王府五间，郡王府三间，等级很高，而且通常会在大门内设二门，寝殿之前另设寝门。有的王府会在正门外东西两侧另设“阿斯门”（据说“阿斯”是满语翅膀的意思），把整个胡同拦腰截断。这么多道门主要是为了体现其高贵的等级和严格的礼制象征意义，是紫禁城重重宫禁的一个变体。

王府以外的所有的府宅（包括贝勒、贝子、公侯伯子男各等爵位以及大学士、尚书等高官的住宅在内）和普通四合院的大门都只有一间。

大多数正常朝向的四合院的大门均设于东南角，面朝南开。按照八卦的概念，东南属于“巽”位，主生，最为吉利。一些朝东、朝西或朝北开设的大门，一般位于整个宅院面向胡同一侧的右角。

单间大门属于门屋的样式，其本质就是一间硬山房，台基和屋顶都比旁边的倒座房要高出一截。单间大门从外观看基本上都差不多，但也有很明确的等级划分。区分等级高低的关键就在于门扇的安装位置。如果门扇安在两根中柱（进深方向中央位置的柱子）之间，就叫广亮大门，在所有单间大门中等级最高，门前的空间最为宽阔，显得很敞亮。如果把门扇往外移一段距离（大约 1.3 米），设在金柱的位置上，就叫金柱大门，比广亮大门低一级。比金柱大门再低一级的是蛮子门，门扇又往外移一段距离，安装在檐柱的位置上，这样门前基本上就不留什么空间了，显得局促一些。“蛮子”是从前北方人对南方人的贬称，传说这种大门形式是来京做生意的南方商人率先采用的，遂得此名。比蛮子门等级更低的是如意门，具体形式是在前檐柱之间砌筑砖墙，中央留出一个门洞来安装门扇。如意门屋檐下经常雕刻很多花纹，显得很精致。门头上额经常雕刻“如意”二字或者雕刻如意形的图案，故称“如意门”。

以上四种单间大门都是门屋的形式，更简单的四合院大门是门楼。门楼并不是真正的楼房，只是在墙上直接用砖砌筑一个入口门洞，其中安装门扇，与院墙浑然一体，没有内部空间。门楼同样可以雕刻得很精致。清代乾隆以后，受到西方文化的影响，一些门楼混合了西洋建筑手法，表现出西式风格或中西合璧的样式。

大致说来，广亮大门、金柱大门是不同品级官员住宅的专利，蛮子门多为富商住宅采用，普通居民住宅大多修建如意门和门楼。通常看一户人家大门的形式就能猜出主人的身份高低，所以北京人把官宦豪门称为“大宅门”，把普通人家叫“小门小户”，门成为家庭社会地位的直接体现。当然，各家的大门形式也不是永远不变的。有的人家的儿子当官了，就可以把原来等级低的门楼改换成金柱大门或广亮大门；有的人家衰落了，也会把原来的广亮大门改成蛮子门或如意门。

大门包含很多细节。所有的大门都设有门槛，门槛上安装一种特殊的石质构件，这种构件用一整块石头雕琢而成，内外形状不同，内侧呈方形，上面有窝眼承接门扇的转轴，名叫门枕石；门枕石的外侧部分凿为长方形或圆鼓形，称作抱鼓石，民间称为门墩，又把方形门墩称作“方鼓子”，圆形门墩称作“圆鼓子”。门墩主要起装饰的作用，是雕刻的重点，上面经常刻有各种复杂的兽面图案，寓意辟邪、吉祥。

门扇的上方安装一组木质构件来固定门框的中槛，一般是四个或两个，断面呈六角形，位置、形状和功能都与古代妇女固定发髻的簪子很相似，因此叫作门簪。门簪也是装饰的重点部位，可以刻画牡丹、荷花、菊花、梅花四季花卉，也可以写上“福禄寿喜”“平安吉祥”“国泰民安”等吉利字。广亮大门、金柱大门的檐枋下侧的两端需要安装一种外形接近三角形的曲线构件，名叫雀替。

门扇几乎都是双扇，用非常厚重的木板拼合而成，与其他房屋上轻巧的福扇门截然不同，需要用力才能推开。富贵人家的大门门扇上常常装设一对铜质的兽面，嘴里叼着门环，这种构件叫作铺首，是由来已久的装饰物。门扇背后装有门闩，用来扣紧门户。

垂花门

从前俗话说“大门不出，二门不迈”，这个“二门”就是垂花门。只有两进以上的四合院才会设置垂花门，用来区隔内外两重院落。

垂花门位于中轴线上，只有一间，四根柱子，体量很小巧。其最特别的地方是两侧柱子之上的梁向前挑出，梁头位置竖立一根悬空的短柱，短柱的下端雕刻成莲花花苞的形状。这种短柱就是垂莲柱，垂花门也因为这个垂在空中的莲花柱头而得名。垂花门的其他部位，比如檐枋、雀替、花板及抱鼓石等，同样都充满雕刻内容。在整个四合院中，垂花门是最精致的建筑之一。

垂花门的屋顶大多采用卷棚悬山的形式。更复杂的屋顶样式名叫一殿一卷，分成两个部分，前面是一个带正脊的悬山，后面是一个卷棚悬山，二者以搭接的方式组合在一起，看上去很别致。

垂花门的前檐柱安装门扇，也是双扇形式，比大门的门板要薄一些，可以开启关闭；后檐柱通常安装四扇屏门。所谓“屏门”，就是兼有屏风功能，主要起遮挡视线的作用，平时不开启，只有逢重要节庆活动或红白喜事的时候才把这扇门打开。另外需要注意的是，前檐柱上的门扇与其他门窗一样刷红色油漆，只有屏门刷绿色油漆。

正房

正房一般是面阔三间或五间，进深方向经常采用七檩构架，也就是安排七根檩条，前后共四排柱子，两面都设有外廊，显得宽敞明亮。一些小四合院的正房可以只设前廊或前后都不设廊子。由于正房是整个住宅中等级最高的建筑，其屋顶不但要高出厢房、耳房一大截，而且有时还带有屋脊，更显得比其他的卷棚屋顶高大许多。

正房中央的明间一般用作起居厅，次间或梢间用作主人的卧室。北京冬季寒冷，卧室中经常设有炕。这些炕都紧靠前槛墙或后檐墙，下面挖有坑洞与外面相连，冷天时可以在外面添柴烧火，把炕烧热。

王府中正房称作“正殿”，是整个王府中最宏伟、地位最高的建筑，俗称“银安殿”，只在举办重大典礼时使用，地位相当于紫禁城的太和殿。

厢房

厢房大多是三间，比正房要矮一些。多数厢房带有前廊而不设后廊，这样有可能出现前檐低而后檐高的现象，工匠把这种样式叫“撅尾巴房”。当然，只要对梁架略做调整，使得两面的屋檐高度一致，也可以避免“撅尾巴”。一些小四合院也可以不设廊子。王府大殿东西一般要设置东西配殿或东西翼楼，地位与厢房近似。

耳房

耳房一般位于正房两侧，紧贴着正房的山墙，大多只有一间，少数为两间，格局很小，通常用作辅助用房或储藏室，也可以用作卧室或书房。一些大四合院的厢房一侧也可能设置耳房，情形类似。另外，为了节约建造成本，耳房有时也会做成简单的平顶形式。

倒座房

倒座房位于整个四合院的前侧，前檐面朝院内，后檐墙临街，一般不开窗户或只能开设高窗。倒座房地位不高，开间和进深的尺寸小于正房、厢房，也比门房略小。有些大四合院临街建有一长排十几间倒座房，但很少被人注意。

后照房

后照房的地位与倒座房相似，也是前檐朝向院内，后檐墙临街，区别在于其位置在整个四合院的后侧，方向正好与倒座房相反。后照房属于后院，比倒座房所在的前院要私密得多，朝向也好，适合女眷居住，也经常用作用人房或其他辅助用房。

王府及少数大宅子将后照房建成两层楼的形式，又叫“后照楼”。

图 4–18 ~ 图 4–19 为华北民居平面图。

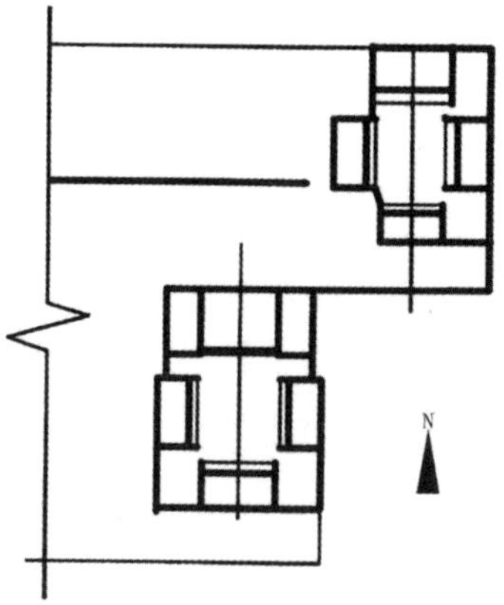

图 4–18　穆氏四合院现状平面图（重绘）

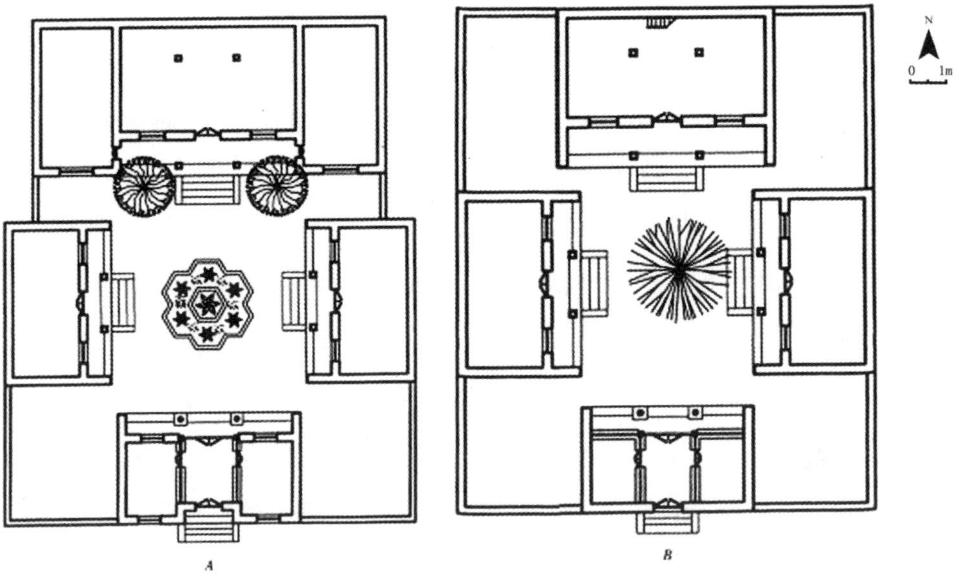

图 4–19 穆氏四合院现存院落平面图（重绘）

华东民居室内配置

江南民居

建筑布局：住宅的大门多开在中轴线上，迎面正房为大厅，后面院内常建二层楼房。由四合房围成的小院子通称天井，仅供采光和排水用。因为屋顶内侧坡的雨水从四面流入天井，俗称“四水归堂”。

檐廊：临水建筑在底层延伸出一排屋顶，下面设置栏杆，两者共同构成檐廊。不仅可以开设店铺，也是人们聊天的场所。

两层楼：江南民居多二层楼，底层是砖结构，上层是木结构，除起防潮作用外，也可在沿河的有限空间扩展居住面积。

粉墙黛瓦：美观，防水。

公共码头：方便不临河的人家到公共码头洗漱出行，有利于火灾时就近取水。

马头墙：能在相邻民居发生火灾时隔断火源，因形似马头而得名。

吊脚楼：向河面延伸空间过大时，就在底部设立支柱，形成吊脚楼的形式。

厅堂

以三合院、四合院为基本形制的住宅，正屋明间（当地称中间）的厅堂通常不做门窗。它的空间直接与天井相接，连成一体。它是家庭生活、接待宾客的重要地方。通常大厅后墙前贴四块樘门，也称太师壁，或者就称樘门。高度直通楼板梁的下皮。或者在上面还有几十厘米高的一段拼枋子而成的横板，叫樘皮。一般樘门高 2.7 米、宽 1.0 米左右，素木，不做任何装饰。太师壁上部悬挂着放先人神主的架子。太师壁正中挂中堂，两侧有对联。壁前放一张十分华丽的长条案（当地俗称“杠儿”，像二人抬杠），紧靠条案前放八仙桌，两侧置太师椅和茶几，给宾客坐。如果没有客人，妇女则在廊前做针线活儿，孩子在廊前读书。家人都在这里聚会，过家常日子。对合式的住宅，天井四周都是宽敞的开放空间，是全体家庭成员整天活动的场所。如再加上梁上燕子呢喃，则更有情趣。

堂屋又是礼仪中心，每逢年时节，先人生辰、忌日，都要在厅堂中设供祭拜神主。婚娶之时，厅堂就成了重要的礼仪场所。新郎、新娘往祠堂、祖坟礼拜认祖后，回到家中在堂屋拜见长辈、平辈。仪式结束后，婆家还要宴请各方宾客。重要的客人在厅堂中就餐，次要的在厢房或厨房内。

卧室

卧室通常位于住宅的次间（当地称“边间”）和厢房。对合式住宅，后进次间的卧室称“上房”，前进的称“下房”。在次间与厢房之间有一条窄而短的夹道，俗称“四尺弄”。这里光线微弱，次间的门开在次间宽于厢房的位置上，次间的窗对着弄子，由于弄子本身光线不足，加上卧室进深较大（通常为 4 ~ 6 米），室内昏暗，通风极差。所以除睡眠外，居民不进卧室。因而公共空间在整个住宅中有很重要的作用。而北方农村住宅，明间多为灶堂，两侧靠墙起灶，次间、梢间为起居室兼卧室。卧室内通常修一条通炕，炕靠窗而建，整个住宅居室中，炕所处的位置光线最充足，冬季这里也最暖和，透过窗上的小玻璃可直接看到户外。在炕上，妇女做针线活儿，孩子读书，来了客人撩开门帘就可上炕。卧室又兼公共活动场所。孵小鸡、发豆子，还有地瓜秧，这里又成了劳作场所。因此，多用的公共活动空间比起南方村宅来相应减少很多。

另外，在私有制农业经济条件下，家庭实际就是一个劳作场所和仓库，在这里要选种、要储藏、要剁猪草、要编箩筐，阴雨天，晾晒稻谷有时也只能在自家大厅之内，还要堆存农具，等等。人们担着大筐进出，回旋余地要大，因此整个住宅中，多用途的公共空间所占比例要更大，而卧室的比例相应更小。公共活动空间大，又全部向天井开放，十分宽敞通畅，居民的日常生活也比较舒适。

卧室常铺木地板，墙面有称为吸壁樘门的木护墙板，比较干燥干净。

天井

新叶村的三合院、四合院的天井十分狭窄，大的天井不过 4 米 ×2.5 米，小的天井只有 4 米 ×1.25 米，甚至 3.1 米 ×0.9 米。而四面的房屋很紧凑，有两层，连为一体，因此天井显得像一条缝。它只具有房间采光、通风，汇集雨水，排除烟尘等功能。

南方纬度低，夏季炎热、潮湿，阳光照射高角度大，时间长，缩小院落成为天井，有利于形成阴凉，冬季也不致因风雪而影响起居、家务。除此之外，天井还是整个住宅建筑空间的一部分，与室内空间相渗透、混合，比起北方的四合院，住宅的整体感更强。因此也不觉得天井过于狭隘。

由于天井本身很狭小，风沙尘埃对住宅中的干扰也较小，因此厅堂的前檐才有可能不设装修。这种外形封实而内部空间通畅的住宅模式，表现出强烈的向心性，反映并培养了宗法制度下人们强烈的家族观念。

白天，妇女和儿童在开敞的厅堂内、廊下和作为门厅的厢房内活动，与天井没有任何间隔。但一般不到天井活动。天井潮湿，地上长青苔，四周有深深的排水沟，还用石板搭起架子置兰、桂、珠兰等盆植和石水缸，没有立足之地。夏季用竹帘搭起天棚，以防阳光直射，既凉爽，又保护花卉。天棚把花香留住，全宅香气浓郁之至。天棚上的竹帘可以舒卷，用绳子操作，绳子下端系在石坠上，石坠雕刻得十分漂亮。天棚竹帘在晚间或阴雨天卷起。

厨房

厨房大多不建在住宅主体单元里，当一套三合院或四合院的单元建成后，厨房及其他辅助房屋就盖在主体建筑之外，紧贴主体住宅，单层一面坡，有门与主建筑相通。厨房所占之地，大多是房基地上除去主体单元后所剩的不规则地段，所以形状往往不规则。将厨房等辅助房屋建在住宅主体之外，是为了住宅本身保持一个完整的格局和整洁的环境。厨房关系一家人的吃喝，位置十分重要，常要请风水师看吉向后选定。

厨房里的设施因功能的多样而增多。除了餐桌、餐具柜等，还有水缸、粮缸、酒缸、年糕缸、咸菜缸，以及石磨和石臼。梁上吊着大小篮子放食物，目的是防鼠、蚁、蟑螂等。

灶在厨房的一边，多用柴火灶。灶台后面为烧火的灶口，旁边堆放着一捆捆的柴草。存放柴草有单独的柴房。灶的前面为灶台，灶台没有统一朝向，以使用方便为宜，也有看风水的。有安置两口锅的，也有安置三口锅的，大的一口煮猪食。灶的最外侧为烟囱，紧靠烟囱的为神龛，贴灶王像，两边贴上灶神的对联："上天言好事，下界保平安"，横批是"一家之主"或"东厨司命"，龛前为放香烛供品的小台子，如此层层递进，呈台阶形。

楼层

由于南方气候阴湿，人家多把楼上做储藏室用，如囤放粮食、农作物、种子、农具、木材等。楼板和梁架都很简陋。因为夏季极其闷热，早期一般不在楼上住人。楼层的层高很低，明清时代的，甚至不容人直立。后来，渐渐发觉楼上高爽，利于健康，就在楼上居住，楼层因而增高，贴墙也做了"樘板"（又称"吸壁樘门"），现今，楼板也有用两层木板的了。楼下仅供日间起居和会客之用，且外人不得上楼。

一般住宅内都有固定的木楼梯。在次间的外侧加 1 米多宽的一条楼梯弄设置楼梯。这种正屋称作“三间一弄”。楼梯都不做扶手。有些住宅，楼梯弄夹在堂屋的太师壁后，叫作堂后弄，由太师壁左侧开门。

即使在住人之后，楼上仍兼作储藏室，尤其是必有一个粮仓，或称粮柜。每年秋收之后，便将收获的粮食一担担用箩筐挑上楼。粮仓是一种拼合式的柜子，底部做成一个长方形的固定底座，四角的方柱有槽口。柜壁的活动木板按固定顺序水平地一块块将两端插入角柱上的槽口，随粮食堆积高度而加减木板，粮食存放得越多，粮柜自然也越高。也有些粮仓，三面为建筑的固定板壁，前面为活动木板。为求个吉祥，每年秋收储藏新粮时，都要在粮柜上贴上大红的“吉方”，如“年年有余”“五谷丰登”等，还要在大门或住宅门的墙上挂上一把稻穗。

厕所

房舍不论大小，居家不管贫富，住宅内部均不设厕所。在南方，农业以水田为主，常年需要大量稀释的水肥，所以重视积尿肥，农民的家中都用粪桶，不时担出倒入宅旁自家的茅房。在村子里，街头巷尾设置了许多各家私有的茅房。茅房下置大粪缸，上设木架厕位，外面稍加拦围。缸内积肥沤肥，当人们需要肥料时，便从这些缸中取用。缸大而气秽，不能放在宅内，所以茅房都在外面。

宋代陈旉《农书》卷上《粪田之宜篇》说：“凡农居之侧，必置粪屋，低为檐楹，以避风雨飘浸。且粪露星月，亦不肥矣。粪屋之中，凿为深池，甃以砖甓，勿使渗漏。凡扫除之土，烧燃之灰，簸扬之糠粃，断稿落叶，积而焚之，沃以粪汁，积之既久，不觉其多。”可见这类厕所早在宋代就已经如此了。

皖南民居

建筑布局：以毗连的、带楼层的正屋与两厢围成三合天井院的基本单元。以高深的天井为中心形成的内向合院，四周高墙围护，外面几乎看不到瓦，唯以狭长的天井采光、通风与外界沟通。

建筑结构：建筑采用穿斗式构架，周边设有高墙围护。

建筑立面：外观尺度近人，比例和谐，清新秀逸。粉墙黛瓦是徽派建筑给人的突出印象。皖南民居的特点之一是高墙深院：一方面是为了防御盗贼，另一方面是为了满足饱受颠沛流离之苦的迁移家族获得心理安全的需要。

文化特色：集中体现了明清时期达到鼎盛的徽州文化现象，如程朱理学的封建伦理文化、聚族而居的宗法文化、村落建设中的风水文化、贾而好儒的徽商文化，因此历史文化内涵深厚。同时村落选址和建筑形态，都以周易风水理论为指导。

福建客家土楼

土楼是以土做墙而建造起来的集体建筑，呈圆形、半圆形、方形、四角形、五角形、交椅形、畚箕形等，各具特色，其中圆形的最引人注目，被称为圆楼或圆寨。

中轴线鲜明，殿堂式围屋、五凤楼、府第式方楼、方形楼等尤为突出。厅堂、主楼、大门都建在中轴线上，横屋和附属建筑分布在左右两侧，整体两边对称极为严格。圆楼亦相同，大门、中心大厅、后厅都置于中轴线上；以厅堂为核心。楼楼有厅堂，且有主厅。以厅堂为中心组织院落，以院落为中心进行群体组合。即使是圆楼，主厅的位置亦十分突出；廊道贯通全楼，可谓四通八达。小单元式，各户自成一体、互不相通。

华中民居室内配置

湘西、鄂西民居建筑多依山就势而建，呈虎坐形，后来讲究朝向，或坐西朝东，或坐东朝西。吊脚楼是常见建筑，属于干栏式建筑。

单吊式：这是最普遍的形式，有人称之为“一头吊”或“钥匙头”。它只有正屋一边的厢房伸出悬空，下面用木柱相撑。

双吊式：又称“双头吊”或“撮箕口”，它是在单吊式的基础上发展而来的，即在正房的两头皆有吊出的厢房。

四合水式：该形式是在双吊式基础上发展起来的，其特点是将正屋两头厢房吊脚楼部分的上部连成一体，形成一个四合院。两厢房的楼下即为大门，这种四合院进大门后还必须上几步石阶，才能进到正屋。

天井院

天井院是湖北传统民居最基本的空间组织方式。一组天井院就是一个居住单元，通常包括门屋、天井、面向天井的厅堂、厅堂两边的房间（耳房）、天井两侧的厢房及联系这些房舍的廊道等要素。在厢房的另一侧常常还辟有小天井，用于解决厢房和正屋梢间的通风和采光问题。因此，一组居住单元通常由一个主天井及两个小天井组合而成。

天井本是人们在家中接天连日的地方，但有时雨雪过多，或在烈日当头的情况下，需要一定的避雨和遮阳功能，当地民居采取了两种比较巧妙的做法：一种是覆顶式天井，即在天井上搭建一个小屋顶，这样既保证了通风换气和采光，也可挡雨遮阳，称为“天斗”；另一种是帘幕式天井，在天井两侧的檐下安装两个可灵活转动的卷轴，将竹帘或布幔卷上或放下，能起到很好的遮阳作用，同时也能在一定程度上避免雨水溅落到两厢或柱子上，延长其使用寿命。

吊脚楼

欹子、吊脚檐柱、两重挑、板凳挑、耍起、吊起、耍头、吊头等为吊脚楼的重要特征。吊脚楼群之所以形体优美，是因为吊楼欹子顺山势一溜排开，高低错落，把建筑最美最具特色的部位展现出来。而且欹子顶部的歇山檐口，为配合建筑悬挑轻盈的感觉，四角均向上发戗，形成微微起翘，如展翼起飞的样式，大大生动、丰富了立面造型。除原汁原味的木构吊脚楼外，也包括一些砖石与木构混合建筑，以及由此形成的聚落，如湖北宣恩彭家寨吊脚楼群和湖北省巴东县楠木园乡王宗科老屋。

石板屋

石板屋主要分布在鄂西南地区，鄂西南由于石多土少，一些传统民居取材当地出产的黑灰板岩及页岩，先经简易加工成为规则片状的石板，然后堆砌成具有山地文化的石板屋。从外表看石板屋是一种以大小不统一又各具有一定方向的不规则石头，错落有致地垒砌而成的坚固房屋。一般人居住的石板屋，21 天左右即可完工，贵族居住的石板屋则比较讲究，建造周期较长。

石板屋分为上下两层，中间铺木板，下层关牲口，上层住人。房屋的外墙体用大小不等的石头来砌合，用石灰在墙面上勾缝成虎皮墙，砌石勾缝紧密，线条层次匀称。墙建成后，再用大小类似的不规则石板盖顶，屋顶吸收了歇山顶的基本样式结构，规整中又有变化。这种木石结构的房屋造价低，经久牢固，冬暖夏凉，实用而独具特色。例如，湖北五峰仁和坪、利川沐府大峡谷、利川鱼木寨等处的石板屋，整体布局依山势层层叠叠，沿着山坡自下而上，布局井然有序。有的组成院落，有的纵横交错。石砌围墙，石拱门进出，都非常具有山地民居特色。

华南民居室内配置

建筑布局：干栏式木楼多为 2 ~ 3 层，一般五柱排架，3 ~ 5 间开间，3 ~ 5 架进深，有前后廊、过廊及大出檐。多悬空出挑，带披厦，于二、三楼层之间开楼井，以满足采光及通风要求。底层一般不封闭或半封闭，用以堆放农具及饲养牲畜。二楼常设阁楼，以存放物品。随地势分布，沿等高线分层升高。

建筑结构：采用穿斗结构，用榫卯连接木料，转折屈伸、空间处理极为灵活，同时普遍运用出挑，因而立面极富变化，幢幢建筑很少相同。民居所有建筑木料都用本色不加修饰。

门楼

上了楼梯正对的空间称作“门楼”。门楼位于明间的前部，正对着堂屋，由“屏风门”（正门）与堂屋相隔。除了承担交通功能外，它还是进入室内前的缓冲地带。在传统的干栏式住宅中，门楼是不封闭的半室外空间，室内外空间在这里互相渗透融合。这里光线充足，空气流动好，靠墙摆放着壮族特有的“懒人凳”，壮族人可以在这里做活计、聊天，可以和经过的村民打招呼，还可以看到远处的流云、梯田。

不封闭的门楼一般不设门扇，有讲究的人家会造个小小腰门：高度约 80 厘米的格栅木板楼梯门，还可以防止一楼放养的鸡鸭窜到二楼室内。楼梯门和屏风门不在一条直线上而是成 90° 角，正对楼梯的墙上贴着张贴画、年历、小孩的奖状等，或挂几面镜屏，钉着“五好家庭”的小牌子，这是龙脊壮族人家对自己家庭的骄傲的展示，也是他们精神状态的体现，还可以起到类似于四合院中影壁“防散气、挡阴邪”的作用。近几年有人家将门楼装上玻璃窗，既不影响采光，也不怕风吹天冷；门楼口装上木板门，在心理上有了另一层防卫和礼仪的功能。原本的半室外环境变为室内空间，增加了室内使用面积，提高了室内环境的稳定性，但是与自然的和谐性也减少了。

堂屋

堂屋位于明间，位置居中。壮族住宅的所有居住部分都以堂屋为中心布置，堂屋为全宅重心所在。在传统农民世界中，家不单纯是提供食物、舒适、保护及老年照护等具有物质和精神意义的房舍，更重要的是，家具有社会、意识形态和仪式上的意义。透过家这个实体，农民才能求得时空的连续性。从这个层面上而言，家不仅为现存的成员而存在，在现实的观念中，家是已逝祖先和未出世的子孙会集的地方。对祖先，要妥为安葬并定时以牲礼祭拜；对子孙，要让他们有屋可住，娶妻生子。壮族住宅中，堂屋还具有礼仪上的功能，是家庭中最神圣的空间，也起到联系先人和后世子孙、凡人和神灵的作用。堂屋正中后壁约三层高度设一凹龛，曰“香火”。“香火”的边框都有装饰，或雕刻花样或做方格框：正中贴红纸，上书祖先、神灵的名讳。

堂屋正中靠后墙摆放神桌、八仙桌，神桌上摆放贡品、香炉。神桌是家具中最讲究、雕饰最华丽的，体现了堂屋的神圣意义。

堂屋是举行重要礼仪的场所。如葬礼，按照过去的陋习，家中有人去世后要在堂屋搭“灵屋”停尸，短则3天，多则2～3个月；出殡时各项仪式也在堂屋内举行。

堂屋还起到交通枢纽的作用，是通向室内外和内部上下左右的联系空间。在水平方向，由堂屋可以到达各个房间，也可借由门楼连通内外；在垂直方向上，自阁楼层多利用爬梯上下。

堂屋还是家庭对外社交的主要活动场所。逢年过节、嫁娶丧葬、喜迁新居时宴请宾客需要开间大、层间高的大空间。龙脊壮族住宅的堂屋、火塘间、厨灶之间没有分隔，连通成为大的公共空间，正好满足上述要求。

堂屋还是壮族人进行娱乐活动的场所。壮族人爱看彩调剧，逢年过节、各类喜事时会请本村或外村的彩调班子表演助兴。除了四月初八节在平段村口搭台子表演，其他的时间都在空间较大的堂屋搭临时舞台唱戏，将12张八仙桌并在一起就成了舞台，后面的卧室就是化妆间。经常演出彩调剧的人家，三层上设有跑马廊，观众也可以在三层看戏。午时炮一放，十三寨的老弱妇孺、青年小伙都跑来观看，大家围在周围，熙熙攘攘好不热闹。

火塘间

火塘间位于堂屋两侧对称的位置上，绝大多数在次间，有的开间较大的住宅，火塘间可能位于梢间。火塘间是指火塘所在的四柱之间的立体空间，自下而上由火塘、禾炕和阁楼层的“帮”组成。

在原始穴居建筑中，火塘已经出现。火塘的存在在一定程度上反映了较原始古老的生活习俗，它对居住建筑的产生和发展有着重大的影响。火塘在建筑中的发展，大致经历了这样几个阶段：原始社会集起居、睡、卧、取暖、炊事、社交于一体的以火塘为中心的主室；“床榻”的出现使卧室首先从主室中分离出来；为满足人们的社交生活和精神需要出现了堂屋并逐渐形成了“前堂后室”的布局；以“灶”为主要设置的厨房将炊事的功能从火塘间中分离出来，在这个阶段中，必然存在火塘与厨房并存、炊事与取暖混用的过渡阶段，龙脊十三寨壮族住宅就处在这一阶段。

从人的生理需求角度看，白天在18℃以下，日出在15℃以下的室温，人体便需要从外部供给热量，以保持最低的舒适度，在空气相对湿度较高的情况下更是如此。在龙脊十三寨，气候总特征是冬冷夏凉，多雨多雾。年平均气温为18℃，最冷月份（1月）平均气温为7.1℃，冬季需要用火塘或火炉采暖。但是，由于能源和火塘潜在的危险问题等，人们倾向于寻找更安全、更节约能源、更便携的取暖方式，火塘必然趋于消失。原始火塘的多种功能被一点点代替，居住建筑也一步步趋于完善。火塘在居住建筑中从出现到消失，从主室及火塘间渐次衍生出卧室、堂屋、厨房等功能明确的生活房间，是居住建筑发展的共同规律。

火塘的构造由下而上为曲梁、托底、泥土层、马海石和木边框。其中，曲梁、托底主要起承重作用，而泥土层、马海石起防火作用。对中国古代木结构建筑来说，火是最大的威胁，壮族的小孩从小就受到不能随便玩火的教育。火塘的泥土层起到隔绝火焰和热量的作用；将1斤盐拌入泥土中以减弱泥土的潮湿性；为了减轻防火层的重量，在泥土层中埋进几个空瓶。泥土层上方用4块8分厚（约2.5厘米）的马海石拼成“回”字形，也起到防止火势蔓延的作用。马海石表面细腻光滑，呈青黑色，是龙脊特产，因是马海寨出产而得名。据当地人介绍，刚开采的马海石石质较软，可以用斧子砍、用锯来加工；装在火塘四周加热则越来越硬，且不会因热胀冷缩而开裂。

火塘上方约1.4米高度处用铁钩吊挂一个直径约1.5米的圆形编筐，当地人称之为“禾炕”，里面主要盛着腊肉。“禾炕”上下都可以再搭木架搁置或悬挂用具、食物。火塘间上方的梁架上搁细竹竿，上铺竹席，当地人称之为“帮”，主要存放禾把，旨在将晾晒过的禾把再用烟熏干，避免受潮和生虫；另外，竹棍之间的缝隙便于火塘产生的烟雾和热空气上升，通过阁楼层至山墙面排走，形成循环通风排烟系统。

壮族人围绕火塘生活的习俗，也产生了与火塘的低生活平面相适应的用具和家具。火塘内放铁质圆形三脚架，当地人称之为“铁三角”，用于置锅烧煮。为了提高燃烧效率，有的人家在铁三角周围用铁皮围拢，当地人称之为“老虎灶”。但总的来讲，火塘所用的原始的能源利用方式效率很低，对环境资源的破坏性较大，现今已经出现了更多现代化的炉灶，有的新建住宅中已经没有火塘的踪影。

日常生活中壮族人一般不用桌子，碗杯直接放在马海石上；家里有客人时才使用一种内盛火盆的“火塘桌”。“火塘桌”高约 15 厘米，主要有两种形式：一种是方桌中为方或圆形孔，铁质可移动的火盆正好卡在其中；另一种是圆桌圆形孔，内有泥土可以直接放木炭。相应的坐具为低矮的小板凳或长条凳。对着火塘的板壁上设有凹龛式橱柜，是摆放餐具和供奉灶王用的。

除了这些生活实际的功用，火塘还是人类对火的原始自然崇拜的遗存，具有神灵化的多种象征意义。壮族人认为火塘中的神灵支配着这个家庭的生计；把火塘与人的繁衍生息联系起来，认为火塘是父母的化身，火塘之火常旺不灭，则象征着家庭“香火”不断。连带地，关于火塘有很多禁忌，三脚架和锅桩石也有特殊的含义。在火塘的不同的方位就座，标示着不同的身份。但随着社会生活的发展，壮族火塘的精神功能也逐渐淡化。

壮族人在堂屋两侧设置两个火塘，这种“双火塘”的形式也体现了壮族人的社会伦理观念。这两个火塘有主次之分，分家的兄弟两家各用一个火塘，或儿子用主火塘、父母用次火塘；若家庭结构简单，比如只有父母和小孩，则主火塘用来煮饭，次火塘闲置或用来煮猪食。瑶族的黄洛寨中，堂屋两侧也各有一个火塘，却不对称，区分为内、外火塘，即主人家内部使用的和待客用的火塘，并对老人、妇女的位置做出明确规定。相较之下，壮族的火塘仅有主客位置之分，并不严格。

卧室

龙脊壮族住宅中，除了堂屋、火塘间、楼梯间、门楼的其他位置都可以按需要用隔墙间隔成小房间，作为卧室、仓库等功能房间使用。

龙脊壮族住宅大体为“前堂后室”的布局，卧室多位于住宅后部，堂屋东西侧的房间是给父母居住的；壮族老年夫妇一般分房住，父亲住堂屋西侧、母亲住堂屋东侧。另外，也有卧室位于住宅前部的，称为“妹仔房”，是为未出嫁的女儿准备的，也可作为成家的儿子的房间。卧室面积不大，仅做夜间休息之用，内置床榻和少量家具。龙脊壮族住宅一般朝南或偏南，后部的卧室开窗小，有的甚至不开窗，采光通风很差；而前部的卧室开窗较大，采光通风都比较好。

晒谷、谷仓及碓房

农村民居家务管理内容头绪庞杂，在建筑处理上如何管理得井井有条，设置大量的各类储存、加工空间是关键。

龙脊十三寨主要作物为同禾稻，是一种高秆水稻。收获后将 20 ~ 30 根水稻捆扎起来，叫作禾把。未经脱粒、带壳的稻粒不易发霉、生虫，因此当地的稻谷主要以禾把的形式储存。

因为龙脊十三寨天气常起雾，日照不足，空气潮湿，收割的稻谷必须经过干燥后才能入仓。而且龙脊地处山区，平地很少，室外晾晒粮食的地方有限。龙脊人民充分发挥干栏式住宅搭建灵活的优势，紧贴建筑外墙用木头搭个与建筑二层地面等高的架子，将竹篾平铺固定在木架上，就搭好了一个晒排，专门用来晾晒禾把和辣椒等。竹篾铺得不密，晒禾把时铺一卷竹席，避免米粒漏下造成浪费。晒排上下空气流通，晒排高度和位置的灵活性也避免了被前后的房屋遮挡，晾晒的效果反而比在平地上好。只不过山区潮湿的天气使得晒排容易腐坏，两年就要更换一次。除了晾晒粮食，平时还可以在晒台上纳凉、放杂物、养花……对相对单调的住宅形象也是一种点缀了。

粮食的储存主要有三种方式：一是将禾把储存在三层阁楼上；二是将禾把储存在二层的仓房中；三是将禾把储存于专门的谷仓中。

为了表达对神灵和祖先的敬畏和崇拜，住宅堂屋后的房间通常不能住人，而是作为储存粮食、用具等的仓库使用。二层的其他房间，除了采光比较好的前排房间，都可依需要变成仓库。

谷仓在龙脊壮族住宅中并不多见，一般只存在于建造较早且较富裕的家庭中，这可能与龙脊十三寨稻作农业产量不高有关。谷仓也是用板壁间隔出来的房间，但是六面都采用 3.8 厘米厚的木板横向铺砌，比一般 2.5 厘米厚板壁整砌的防鼠防虫效果好。谷仓六面都用厚实的木板围得严严实实，只在一面墙上居中开个约 1 米见方的口子，平时用四块上下咬合的木板封住，装、取粮食时才开启。最上面一块略大，中间带把手，把手下方是不规则曲线的凹槽，背面装有一根比板略长的木条，可以用类似钥匙的长铁丝钩住拨开。每个谷仓的开启方式都不尽相同，外人一般不知道，可起到防盗的作用。

因为以前粮食都是以禾把的形式储存，食用前先要将其脱壳成米，壮族人一般会在住宅后侧设一间谷物加工间。因为主要使用碓子给谷物脱粒，所以又叫“碓房”。碓子石舂木杆，铁范碓嘴，与南方其他民族形制相近。龙脊十三寨在20世纪七八十年代还在使用碓子舂米，每到晚饭时间，寨子里就响起此起彼伏的舂米声。碓子还可用于制作当地的传统食物——糍粑。另外，还有一种侈口方形谷桶，正方形底板，围四块上宽下窄的梯形木板，打谷时，双手抓一把稻根，将谷穗倒甩在桶壁上，将稻粒摔脱在桶底。现在，多使用现代的电动机械脱粒，效率提高很多，但是过去的热闹景象也消失了。

西南民居室内配置

云南纳西族民居

结构特点：用原木作为墙体材料，横向水平放置，层层相叠，转角处相扣合，形成稳定和完整的井干式构架，以支撑屋顶。

布局特点：有一字形、曲尺形，三合院、四合院等。一般正房是三开间平房，明间是堂屋，作为厨房和待客用。右次间为主人卧室；左次间是杂用或畜厩。人口多而劳动力强的人家则组成三合院或四合院。

材料特点：就地取材。当地树木漫山遍野，任人锯取，是最易得到的建房材料，而砖、瓦、石等是山里奇缺之物，因山林交通险阻，难以运进山来，所以使用较少。

装饰特点：传统井干式建筑就像一块璞玉，未经雕琢，却散发着诱人之美。砍倒即用，不雕、不琢、不锯、不钉。

三坊一照壁

三坊一照壁是丽江纳西族民居中最基本、最常见的民居形式。

所谓“三坊一照壁”，即指正房较高，方向朝南，面对照壁，两侧配房略低，再加一照壁，看上去主次分明，布局协调。

为了增加房屋的美观，有的还加设栏杆，做成走廊形式。最后为了减弱“悬山封檐板”的突然转换和山墙柱板外露的单调气氛，巧妙应用了“垂鱼”板的手法，既对横梁起到了保护作用，又增强了整个建筑的艺术效果。

通过对主辅房屋、照壁、墙身、墙檐和“垂鱼”装饰的布局处理，使整个建筑高低参差，纵横呼应，构成了一幅既均衡对称又富于变化的外景图，彰显了纳西族高超的建筑水平。

四合院

房屋一般为四合院，分正房、经堂或厢房、宿舍楼。正房供家庭集体活动使用，是议事和炊事及祭祀的场所。厢房或称经堂的楼，楼上为喇嘛住房或供佛像，楼下住单身男子或为客人住房。宿舍楼或花楼，主要供女子居住。门楼上放草，楼下大门两边是畜厩。正屋结构复杂，屋后设夹壁，储存食物，并作为老人居室，正屋右侧为家庭主妇的起居室。正屋内，一角设灶台，灶台顶角有一神龛，上面放置神像、供品和花瓶。高灶台下方设火塘，火塘右边是主位，左边是客位，不能混乱。房中有两根大柱子，分左柱、右柱。左柱为男柱，右柱为女柱。

云南一颗印民居

正房、耳房毗连，正房多为三开间，两边的耳房，有左右各一间的，称“三间两耳”；有左右各两间的，称“三间四耳”。

正房、耳房均高两层，占地很小，很适应当地人口稠密、用地紧张的需要。正房底层明间为堂屋、餐室，楼层明间为粮仓，上下层次间为居室；耳房底层为厨房、柴草房或畜厩，楼层为居室。正房与两侧耳房连接处各设一单跑楼梯，无平台，直接由楼梯依次登耳房、正房楼层，布置十分紧凑。

大门居中，门内设倒座或门廊，倒座深八尺。“三间四耳倒八尺”是“一颗印”最典型的格局。

天井狭小，正房、耳房面向天井均挑出腰檐，正房腰檐称“大厦”，耳房腰檐和门廊腰檐称“小厦”。大小厦连通，便于雨天穿行。房屋高，天井小，加上大小厦深挑，可挡住太阳大高度角的强光直射，十分适合低纬度、高海拔的高原型气候特点。

正房较高，用双坡屋顶，耳房与倒座均为内长外短的双坡顶。长坡向内、短坡向外，可提升外墙高度，有利于防风、防火、防盗，外观上寨墙高耸，宛如城堡。

建筑为穿斗式构架，外包土墙或土坯墙。正房、耳房、门廊的屋檐和大小厦在标高上相互错开，互不交接，避免在屋面做斜沟，减少了漏雨的薄弱环节。

整座“一颗印”，独门独户，高墙小窗，空间紧凑，体量不大，小巧灵便，无固定朝向，可随山坡走向形成无规则的散点布置。

四川民居

布局较北方民居自由，平原地带多用三、四合院布局手法，有“曲尺”形、“一”字形平面；在盆地周围山区或沿江一带，多用分层筑台、放坡、吊脚等方法；在少数民族聚居区，民居多建在高山台地之上，形成山寨，结构以南方穿斗结构为主。在少数民族地区，民居外墙多用乱石或土石结合砌筑，内为小柱网木结构承重；以当地木材、土石作为建筑常采用的材料，色彩以材料原色为主，材料色彩结合建筑形态，体现出自然协调、朴素淡雅、轻巧飘逸的气质；装饰重点多在屋顶和木作部位，主要有砖雕、石雕、木雕、泥塑和民族彩绘等。

门

四川人把大门叫龙门，只有川南一带，人们将大门叫作朝门。门是居住和室内与外界的出入口，有房屋建筑就有门。它是居住建筑中不可或缺的组成部分。所以门从功能上可以分两种，一种是划分区域的门，另一种是建筑物组成部分的门。第一种门作为出入的门户，又被称为“门面”“门脸”。

屋面

川西民居广泛采用民间手工制作小青瓦，用料轻薄。屋顶出檐深远，形成了有趣味的建筑“灰空间”，如亭子、骑楼、檐廊等。在民居中一般开窗面积较小，为了弥补室内的采光和通风的不足，川西还别出心裁地设计出很有地方特色的建筑构件，如亮瓦、猫儿钻、老虎窗等。

阳台这样的现代词汇在传统建筑形式的表达上多为檐廊。因为传统川西建筑多为木结构，不能直接长时间地暴露在多雨的川西大地上，所以传统建筑上的阳台多为屋檐遮盖，使木材可以保持在干燥的条件下，利于长时间使用。檐廊多作为休憩空间，是室内和室外的过渡空间，也是人们在完成一天的劳作后喜欢停留的空间。川西传统建筑檐廊空间中最为灵活，这种灵活性由檐廊的宽度和高度决定。

室内陈设

中国传统民居和具有民族特色的传统室内陈设是中国传统文化的瑰宝。中国传统民居的布局、结构、构造为中国传统室内陈设创造了基础和依据，提供了风格特征。中国传统室内陈设不但要依据传统建筑的功能与风格，而且还受到中国传统文化、气候条件和复杂的民俗风尚影响。

东北民居室内陈设

灯台子

灯台子（图 5–1），就是放置灯的地方。之所以称为“台子”，是因为这个部位从前灯的摆放往往是一灯两用，即一盏灯，里屋外屋都借亮。有的是在灶的上方留下一扇窗子，既通里屋炕，又能瞧见外屋的灶，所以油灯放在这个窗台上便可以了。但从前却不是。那时，往往是在里屋和灶相隔的墙上抠出一个“泥眼”，称为“灯台子”，将一盏小灯放在上面。

锅台、锅盖、锅插

小时候，东北孩子最亲近的地方就是锅台（图5–2）。因为，那里有妈妈、奶奶、姐姐，她们总是围着锅台忙碌着，孩子们想靠前，希望得到妈妈和奶奶的关爱。毛豆烀熟了，会先给孩子抓一把；灶坑里苞米烤香了，也会先给孩子啃一口。

那里是孩子们在梦中都思念的地方。那里有一种浓浓的亲情。而且锅台一带是非常好玩的地方，有好多生活的知识和情趣。

首先是锅和锅盖，很好玩。锅盖从前是木制的。比如二百印的大锅，那木锅盖又大又沉，一般女人做饭都掀不动，所以往往制成两半。这种古老的锅盖是从前大户人家炕灶的珍贵见证之物。后来，人们发明了金属锅盖，既轻便又美观。还可以利用锅盖的热度来烤“黄花菜”（东北山里的一种野

图5–1　灯台子

图5–2　锅台

菜)(图 5-3),这真是一举两得。

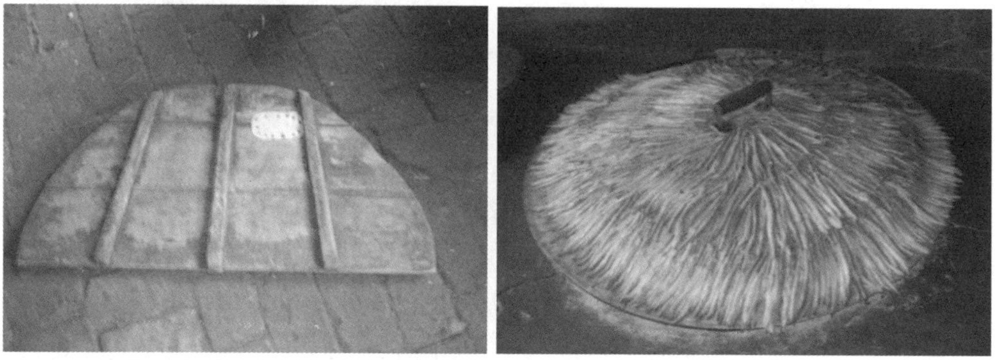

图 5-3 锅盖

锅插(图 5-4),又叫锅丫或饭丫关,是人们在灶上的锅里蒸饭、热馍馍用的一种器具。它往往是从天然的树上取来。树的枝丫处如果形成了一种“丫”形时,用的人便从这种枝丫的连接处齐刷刷地锯下来,去掉另一头,截取正好可以放在锅里的长短时,便可以用了。

也有的直接在锅里放上两根木条,当锅插使用。锅插是孩子们非常愿意摆弄的乡下“玩具”。乡下孩子没什么玩的,锅插好玩又好看,同时上面总有一股饭菜的香味,以及妈妈的亲情味。

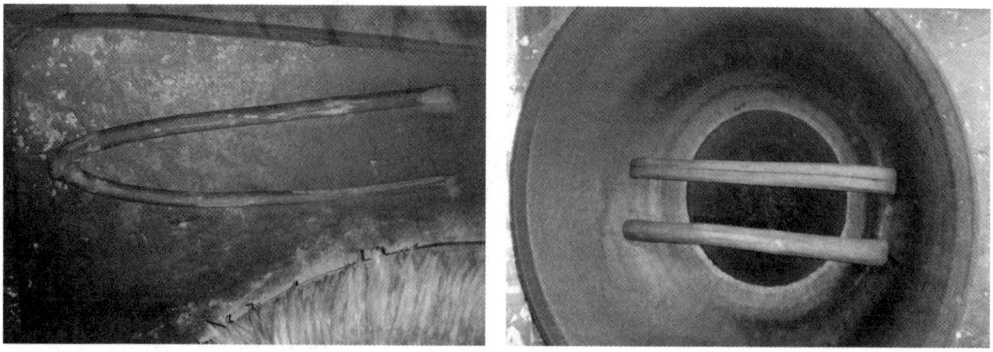

图 5-4 锅插

连子

连子也是一种文化。连子，是锅台上的必备品，它的作用往往同锅插差不多，也是熬菜蒸饭（图 5–5）。

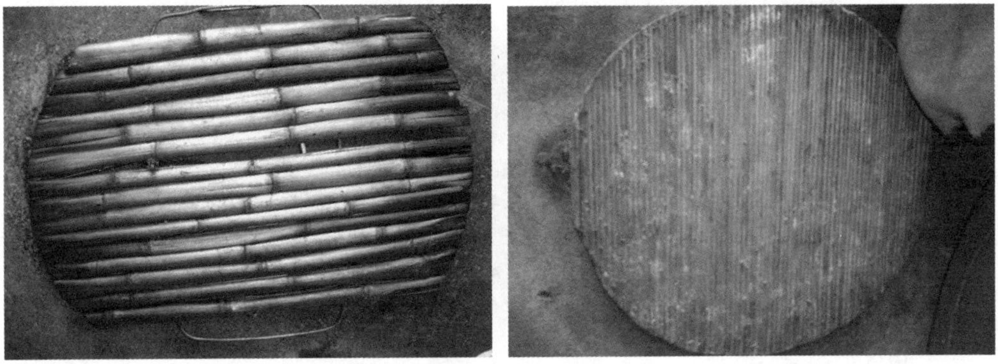

图 5–5　连子

烧火炕的北方人家往往注意节省柴火和一火多用，所以他们在连子上边蒸馍和米饭，下边炖菜、熬菜（汤），使得一锅饭菜一块出，也叫“一锅出”。这全是连子的功劳。一锅出，是指饭菜一块熟。连子上边蒸馍馍、饭；下边炖茄子、土豆，烀苞米和倭瓜，真是一种充满智慧的发明。

连子在使用火炕的北方民族中真是太熟悉不过的炊事工具了。除了上锅蒸东西，连子还可以端东西，如端馒头、豆包。连子分好几种，除了蒸东西的“锅连”，还有一种大连子，是专门在冬季把蒸熟后的豆包送到户外冻时用的。

这种连子又大又长。用完后挂在小仓房的墙壁上，留着第二年的冬天淘米、蒸饽饽时再用。这种连子有一种沧桑的岁月感，无数美好的记忆保留在上面了。

木勺子

勺子是舀水或盛饭所用，从前多为木制的（图 5–6）。往往是一块整木，留出“把”，把一头的木块用刀掏成凹状，这便是勺子。勺子有大有小。小的勺子在饭桌上使用，而大的勺子就是锅台上的主要工具了。木制的勺子用途非常广泛。从前北方人家过年祭祖包带馅的饽饽，就用它来炬豆馅、插豆馅（插，东北土语，碾的意思）。据说用木勺插的豆馅，豆馅面又起沙。这也是人们对自己喜爱的工具的一种夸赞，其间还带着一种亲情味。当然，勺用来盛饭，但舀水还要用瓢，又叫“水瓢”“水舀子”。

图 5–6　木勺子

瓢，也是锅台上常见的工具之一（图 5–7）。瓢是一种植物葫芦的果实，长老了之后，割成一半，便为瓢；葫芦是北方民间人家喜欢种植的一种植物。夏天，它枝叶繁茂，开花结出葫芦。葫芦是中华民族喜爱的果实之一。古代人常以葫芦为祈求生殖和吉祥的对象，认为它“多籽”，寓意家族人丁兴旺，所以爱种它。而另一个意义，就是实用。瓢，指葫芦的一半，是盛水、舀水的工具。北方的人家多使用它来盛水、舀水，成为锅台上的必备品之一。

图 5–7　葫芦、瓢

笊篱

笊篱（图 5–8）是一种发源于中国的传统的烹饪器具，用竹篾、柳条、铅丝等编成。像漏勺一样，有眼儿，烹饪时，用来捞取食物，使被捞的食物与汤、油分离。

笊篱主要用于捞饺子、捞面等。由于笊网形状酷似蜘蛛网，故英文译作Spider。闽南语俗称面摵仔，摵仔面（俗写作切仔面）一名即源于此。材质有竹编的、金属的（旧时有用黄铜、铝等金属打造，当前多用铁和不锈钢制成）。福建农村用的笊篱都用毛竹编成，用于打捞番薯米和未完全煮熟的大米饭，然后装到饭甑中蒸煮。笊篱把手也用毛竹片制成，长约 3 尺。锅台上不但有物件，还充满了故事。传说笊篱与一位受气而又心地善良的女子有关。她结婚后来到婆家，敬爱公婆，却被人看不起，于是死后变成了“笊篱”，把“干”的捞给别人。

图 5–8　笊篱

多么有趣的一段故事，讲的却是笊篱这种炊事工具的功能。可能做饭之事多是女子所为，而且，人们往往同情那些终日“围着锅台转”的女人，于是把这种凄苦的故事附加在笊篱上，表达了人们对善良和劳累的人的一种赞美和怜爱。

涮笤

涮笤是由高粱秆上的头部所制。在高粱割下后，人们把高粱头上的“米”打下，只剩下穗的棵秆，这就可以用来制涮笤（图 5–9）。

制，称为“扎”。扎时，有一种“手艺”。要会“摞”和“系”。用绳子将植物捆扎紧后，用镰刀割齐底秆，然后挂在仓房的墙上，用时一把把取来。这种带着大地田野芳香的涮箸，主要是用来刷锅的。

图 5–9　涮箸

炕鼓

炕鼓，就是利用火炕的热度，把潮湿的鼓烘干，使鼓的音质更加好听、透亮。

在北方，鼓是人们生活中不可或缺的物件。特别是满族人家。满族是东北的主要原始民族，或可说是这里的土著民族，为了记述自己的生存历程，各个家庭和部落都有自己的祭祀活动。这种活动十分隆重，又有家祭和野祭之说。家祭即祖先祭，野祭即自然祭。

但无论是家祭还是野祭，都需要“鼓”。这种从事祭祀活动的鼓，人们称之为“单鼓”。单鼓是用牛皮、羊皮、熊皮、虎皮、鹿皮等动物的皮张所鞔制而成。由于是在不同的气温下使用，往往使鼓皮经空气发软，声音便变得粗厚、不透亮。于是就得“炕”。炕，就是烘干的意思。

这种炕，在北方最理想的设备就是火炕。放在炕上烘热，叫“炕鼓”（图 5–10）。炕的时候很方便。把鼓摆放在炕上，让鼓面冲着炕，就是炕鼓了。

图 5–10　炕鼓

皮鼓经过火炕的炕，水汽会蒸发掉，皮质会抽紧，同时发出“当当”的脆音，变得“透亮”。鼓声响亮，说明祖先高兴。所以，火炕是鼓最好的伙伴之一，这也是火炕的功能之一。

独特的劳作场地

冬季，火炕成为人们继续劳作的“院子”。东北的冬季十分漫长，往往从九月开始，大雪就覆盖了原野，接着寒风呼啸，严冬到来了。

在东北，冬天来得很迅速。往往是一些秋季作物刚刚采摘下来，人们还没来得及收捡，冬季就来到了人们的生活之中。这时人们会被冻得拿不出手，可一些活计没有干完呢。于是采摘下来的植物的继续处理，一些零碎的备冬农活等，都在火炕上进行。像蛟河一带的烟农卷把烟，就都是初冬深秋在各家的火炕上完成的。烟的生长期要长，往往是下露下霜后才割。因此，烟一割下，严寒的冬季也开始了。可是烟的后期处理工作，如去梗、扎把、捆叶等，都是在火炕上完成的（图 5-11）。这时节，北方烟农家的火炕上，到处堆着金黄的烟叶，空气中飘荡着烟的浓香。火炕敞开它宽阔的胸怀接纳着生活在这里的人们。

图 5-11 冬季在火炕上处理烟叶（夹皮沟）

蒙古包帐篷顶

为了移动方便，帐篷结构有向轻型发展的趋势。所有帐篷中最精致轻便的便是蒙古包，每个包容纳一个家庭。由于当地材料只有毛皮和少量木材，蒙古包在结构上力求最经济地使用木材，并尽量轻便。制作方法是用细木编成一人高的网板，连成一个圈，上面盖顶，在木架上绑上毛皮。绑绳子的手法世代相传，有经验的牧民半个钟头就能搭好一个包。夏天只要包一层毛皮、一层帆布即可。冬天有时包到八层之多，即使在零下 40℃的气温和呼啸的风暴里，包中仍然温暖如春。

现在的蒙古族民居都受到了蒙古包的影响，为了防风，房屋的外形做成漫圆平顶，四边土坯墙围绕，平面近似方形，顶部也可用圆形，极像蒙古包。

此外还有圆形、长方形以及圆形与长方形相结合等形式，也有在固定房屋之外再用毡包的。

西北民居室内陈设

家具陈设中具代表性和地方特色的卧具便是“炕”，一般为土坯或砖或两者混合制成。所谓“土炕”便是土坯砌筑而成。炕边一般都会安置小柜，用来放一些首饰和针线等，是与当地人的生活相关的习俗。而一些富裕人家会在卧室安设罩床，也称架子床。床架通常以具有吉祥平安的意义为题材加以装饰（表 5–1）。

表 5–1　室内陈设常见放置方式

陈设	放置方式
炕桌	摆放在炕上，条案放在中开间，与门相对并靠墙，用于摆放掸瓶或梅瓶
椅和凳	椅和凳等座具布置在卧室和厅堂
箱柜	卧室中为了放置日常用品而配置，是“嫁妆”的一种，通常成双成对
匾额	挂在厅堂室内，置于太师壁的顶端，通常写有辞赋诗文
剪纸	在室内装饰中主要用在门、窗、箱柜和房间的顶面等处
泥塑	置于室内装饰的泥偶彩陶，多以人物造像、民间传说和动物等为造型

其他陈设：除去日常生活中的家具陈设和具有民间文化的装饰陈设，室内空间中还有一些形式多样的装饰品，衬托室内空间的环境，比如木雕、刺绣、玉器等。

木家具

陕西民居室内家具是我国民居家具的重要组成部分，在陕南、陕北、关中地区尚保存有大量的农村生活家具与收藏家具，这些家具因地区风俗不同，造型及风格也不尽相同。陕西乡村家具有一个共同的特点就是厚重、粗犷、有力而不过多追求装饰的细节处理。但是，在陕西部分地区，也有很多渗透着对传统文化灼热追求的优秀家具。这类家具有两种内容，其中一种是乡村生活家具（图 5–12）。

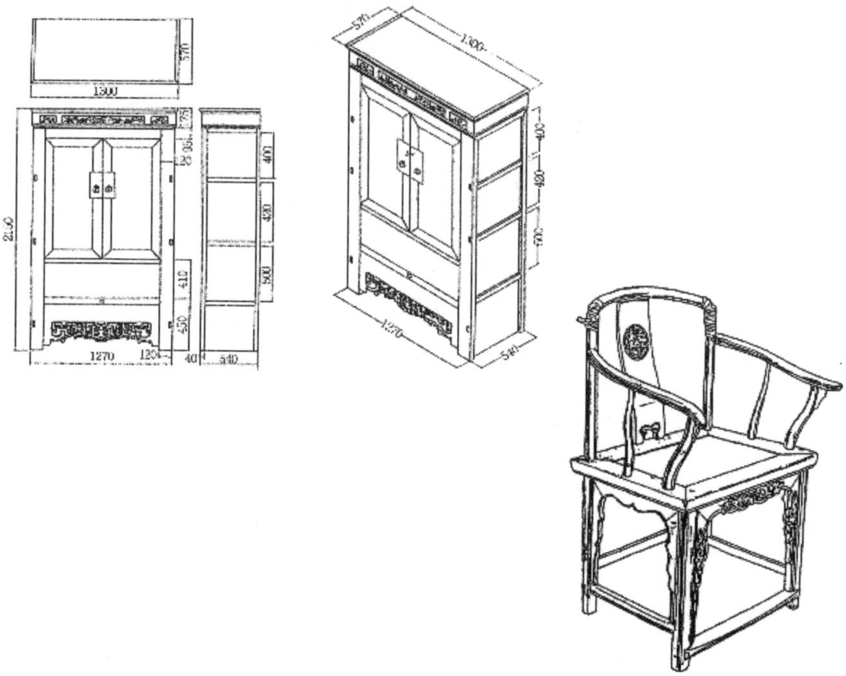

图 5–12　木制家具

资料来源：《陕西民居》编写组，张璧田，刘振亚．陕西民居 [M]．北京：中国建筑工业出版社，2018.

卧柜

卧柜是这里生活家具中较多见的一种，装饰多用于立面的两腿之间或两腿的内外部分，装饰手法非常多变。

八仙桌、太师椅

八仙桌、太师椅在风格及形式上有明代家具的风采，造型简洁、装饰手法善于画龙点睛（图 5–13 ~ 图 5–15）[1]。

1　《陕西民居》编写组，张璧田，刘振亚．陕西民居 [M]．北京：中国建筑工业出版社，2018.

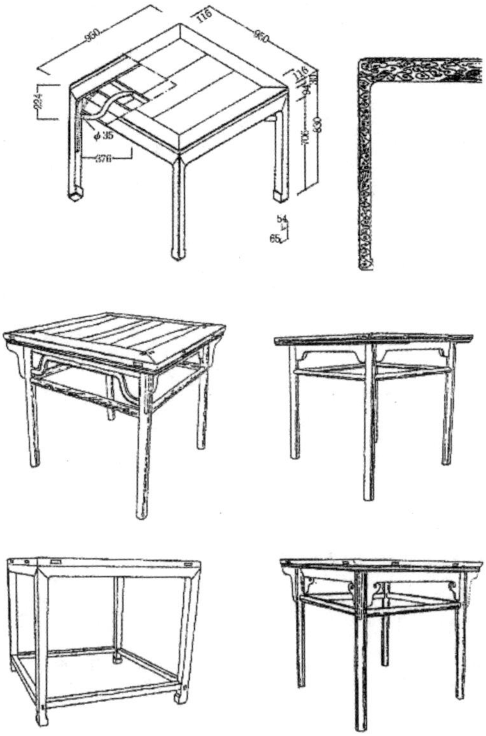

图 5-13　八仙桌

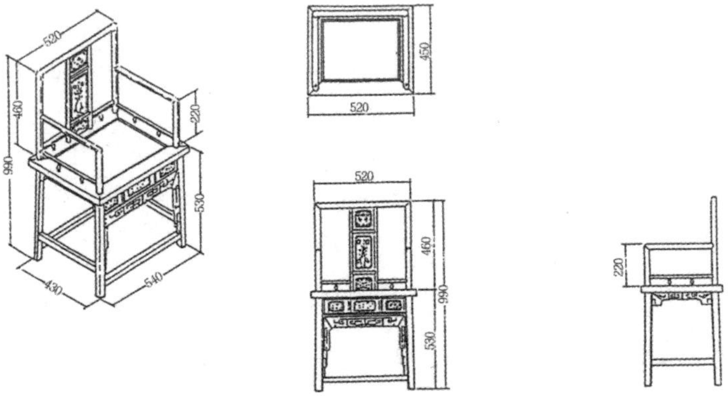

图 5-14　太师椅之一

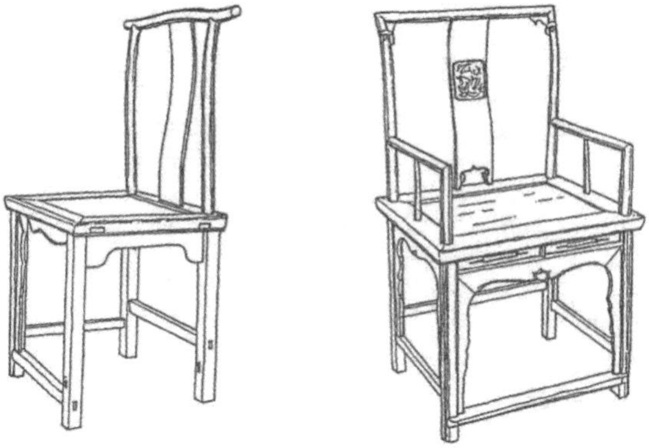

图 5-15 太师椅之二

陕西民居室内家具在我国乡村家具中很特殊，在陕西乡村民居中还保留了不少明清两代的精品家具，甚至有很多家具未能流传于世为我们所见。

窑洞内的家具按其使用空间和主要功能分为四大类：炕用类、储藏类、桌椅类、其他类。

炕用类家具包括土炕、炕桌、炕柜、被格和灶几（表 5-2）。一般来说，窑洞内无床、无沙发，但有炕，炕满足了坐卧的需求。

表 5-2 炕用类家具放置方式

家具	放置方式
炕桌	窑洞内使用最为灵活的一件家具：睡觉时放炕头、吃饭时搬到炕中央，夏季有时会搬到院子里作饭桌用
炕柜和被格	都顶炕头挨着窑脸放置，炕柜比被格矮
灶几	放置在灶边的一个储物小柜，放一些生活中的杂物、厨房用具

储藏类家具包括柜和箱，这是窑洞中数量最多的家具。具体来说有平面柜、夹柜、储物柜、储物箱、储物盒、脸盆架。窑内最里的立面一般用两个大平面斗柜、一个夹柜、若干储物柜和储物盒摞成一个“山”字形的立式储物墙，承载了整个居室 60% 以上的物品收纳。此外，窑洞内会整齐地放置一些储物箱当作座椅使用。

桌、椅两类家具在窑洞内使用的数量不多，某些贫困人家甚至没有。比较常见的有方桌、靠背椅、凳。

其他类是指极具当地特色的一些小品家具。比如绘有人物故事、动植物纹样的化妆盒，有西洋风味的座钟，螺铂贝壳彩绘装饰的小型靠墙衣帽架和尖顶风格造型帽盒等。[1]

华北民居室内陈设

厨窑

民间遵道士的说法，把灶王爷称为东厨司命，因此厨房多位于东厢偏窑内。家中人口少时，作为居住用的窑洞少，为缩短日常操作距离，把厨房布置在主窑的左侧窑中；儿子分家立户，虽住在一个窑院中，但分灶吃饭，厨房的安排便随意性较大，以方便为主。

厨房的窑洞十分简单，比正常居住的窑洞略浅，通常不超过 5 米进深。灶台靠窗下砌，高约 60 厘米，长约 150 厘米，宽约 70 厘米，并列安置两口大铁锅。有风箱。这里的锅都特别深，可烧水、炒菜，蒸馍时最多可以摞放四层笼屉。由于柴草有限，每次蒸馍都要蒸出够吃好几天的馍来，凉凉了，存放在缸里，随吃随拿。蒸馍时，在锅盖下再垫一层草盖。草盖是用麦秸先编成辫子，再一圈圈地盘成的，十分漂亮。每次蒸完馍，就把盖子一个个地挂在窑脸上晾干。窑脸上还常挂许多待晾干的红辣椒，一串串连在一起与墙上金黄的圆盖组成一幅乡土气息浓烈的画面。

厨窑的窑垴，靠墙架着一张两米来长、一米多宽的大案板，墙上挂着几根一米七八长的擀面杖。这里的人爱吃面食，蒸馍一次就用五六斤面粉，还喜欢擀面条，只有大案板才好操作。

厨房的另一边整齐地放着一溜坛子、瓦罐和大小不一的缸。从前给女娃找婆家，娘家人到男方“看家”时，头一条就是要看男方家的厨房，看看咸菜缸满不

1　戴雅文，张亚池，柯清．山西静升村窑洞室内布局研究 [J]．家具与室内装饰，2017（7）：126-128.

满，看看粮缸多不多，坛子、罐子上是不是有尘土。菜多粮足说明家里日子好过、有积蓄，厨房干净说明这家人勤劳能干。这些坛子、罐子和缸，年头都比较长，出自土窑，有双耳罐、三耳罐等，简洁古朴，体形饱满，釉厚而色泽浓重，有墨黑的，也有金星窑变的，十分漂亮。碗碟多是土窑青花瓷，手绘的花饰，线条如云如丝，飘洒流动，颜色深深浅浅，笔触粗粗细细，显现出匠人绘制时用力的轻重疾徐和劳作时的欢愉。

一些穷困的家庭，也有不单独设厨房的，就在火炕里端安置锅灶，冬季利用烧饭的余热取暖，十分经济。但窑内空气污浊，卫生条件较差。夏季则在院子里设灶做饭。

水井和渗井

窑院中，水井的位置多在东厢一个小窑里，或在窑腿的一个浅龛里，靠近厨房。井窑小而浅，通常宽 3 米、进深 2.5 米左右。长武干旱，水位低，水井要挖 25 米左右，直径大约 1 米。用砖衬砌井筒。为防止小孩跌入井中，使用青石板做井盖，在石板中间凿出一个仅能放入一只水桶的圆口。井筒上部的砖一层层地叠涩砌筑，缩小直径，支撑井口石板。井底铺大石块，上面再铺一层细碎的卵石，避免打水时搅起泥沙。井口一般都略高于地面，防止雨水及浮土进入。井口之上用木架装辘轳。为了方便晚间打水，许多人家在井窑墙上掏出小龛以备放上灯盏照明。

由于地处旱原，每年冬季到春季有些水井干枯，有时枯水达一个月之久，给人们的生产生活带来了极大的困难，人们慢慢地对能够出水的井产生了一种特殊崇拜之情。每年春节期间，在祭完祖先之后，要上井祭拜，人称“拜井神、敬龙王爷”，在井台或井窑内贴上吉祥红符，如“玉液龙德”“水旺财来”等。有的在井窑内贴上红对联“里仁泉自美；地旺水长流”，以表祝福。20 世纪七八十年代，由于人民公社企图改旱地为水地，打了不少深水机井浇地，致使地下水位下降，绝大多数窑院的水井变成了枯井，但人们依旧保留着每年祭拜的习俗，这足以说明井在人们心中的地位。

为了解决窑院尤其是地坑院的排水问题，窑院内都挖有渗井或渗池。当地雨水少，黄土层的垂直节理又利于渗水，院内不会有大量雨水积存，一个浅浅的渗池就可以了。但渗池不卫生，又使院内地面不平，所以较多的人家更倾向于挖一个渗井。渗井很像水井，在院坑中间最低的位置，直径 1 米左右，深三四米，四周用砖垒砌，到坑口砖叠涩向内收，使坑口缩至直径约 50 厘米的小口，然后在上面盖一块大石板，中间凿出约 10 厘米直径的圆孔，石板四周用砖和土砌好。每隔若干年，要将石板翻开清淤，使渗井永保最佳渗水状态。

那种入口在塬面上，而且要穿过一孔作为隧道的窑洞出入的地坑院，或者在入口上搭小屋挡雨，或者在坡道边上挖雨水沟汇集雨水，在进入隧道之前还有一道横沟截拦雨水，再引水到边沟内，然后在隧道内一侧挖个小龛，龛内挖小渗井，这些雨水就流不进坑院了。

那种在胡同里通过一孔窑洞水平地进出的地坑院和三合院，也有不挖渗井，把院里的雨水用小小的水沟引出去流到胡同里的。

杂窑

两厢偏窑常用来放杂物或做粮仓。人口少时，杂物粮仓混用一窑；人口多、粮食多时，粮仓单独占用一个窑。为防老鼠，粮食全部放入粮囤内。粮囤大多为方形和圆形，少数为长方形或扁圆形，都用柳条笆和木枋搭成。首先用柳条编出囤的外壳，然后用木枋做一个衬架，将柳条笆紧紧地固定在衬架上，通常下面用木腿架空，以防粮食受潮。在囤底侧面做一个活动的漏斗，可随时取粮。然后在柳条笆内侧及底部抹一层灰泥，里面再衬一层竹席或苇席，就可以装谷子或玉米了。粮食装好，上面盖席，再加一层木盖。也有的人家用灰泥封顶，长期储存。

饲养的大牲口，如牛、羊圈在倒座窑里，窑口上设木栅。有的人家为避牲畜造成的气味，把牲畜迁到窑院外另挖小窑。那些家禽，如鸡、兔等，在院内的窑腿崖壁上掏几个小窑洞，就成了栖舍。当地流传俗语云："鸡兔住窑窝，寿长毛密蛋又多。"窑洞养畜禽十分有利，在窑内铺上干净的黄土，十数天后清出土肥，再挖窑取土垫圈。这样既垫了圈，积了肥，又挖了窑洞。

门楼

近年来，三合式窑院大多建有门楼，它既是窑洞人家的门面，又是重要的安全设施。门楼是20世纪90年代才普遍兴起的，以前大多只在夯土墙上挖一个洞而已。普通窑院的门楼大致可分为三类：

第一类，由土坯砌的单坡顶门楼。这类门楼建造时间略早几年，用土坯砌墙垛。门楼一间，高约3.5米、深约1.4米，单坡顶，外高内低。门洞宽1.4～1.6米、高约2.7米，双扇门，门扇高1.85米左右，中槛上面有斗格直抵门洞上限。斗格分成几块，题写着家训格言和祝愿。门枕石上有石槽，嵌入门槛，白天将门槛拆下，担水、挑肥、走排子车等都很方便。门扇安在门枕石和连楹上。门扇外面整齐光洁，有铁门环，内侧有横向的穿带，中间有门闩。整个大门漆以黑色。门框和斗格板边缘的线脚漆红色。斗格板白色底子，上面写着“吉祥如意”“丰衣足食”一类喜庆话，“和为贵”“谦受益”一类的为人之道，“勤俭持家”“以德为邻”一类的生活教训等。

第二类，砖与土坯混建的门楼。在做法上，砖土混建的门楼与纯土坯门楼大致相同。为了结实，砌筑时采用了包镶式做法。即墙垛用砖砌边及转角，内填土坯。此种门楼多做成两坡顶。砌砖可以叠涩，门楼屋面前后檐进深加大到1.5米左右。由于是两坡顶覆瓦，有了正脊并出现了细部装饰。正脊通常用砖砌出十字空花，在两头翘起，或装砖刻的花盆、瑞兽。

第三类，全砖砌门楼。这种门楼是20世纪80年代以后才兴起的。做法与砖土混建的大致相同，只是更加精细、华丽、排场了。原来简陋的门枕石，现在门外装上了雕刻的石狮子，墀头处用砖砌一个小龛，嵌喜字灯笼，正脊上用水泥预制的狮子、鸽子、花卉等装饰。大门包铁皮，并一改往日的黑色，采用官式的红漆、金钉并铺首。斗格被取消了，整个大门看起来高大、华丽，神气得很。有专门的市场出售造门楼的各种构件。

地坑式窑院，由于从院外到院内有标高的差异，门楼的做法也与普通窑院不同。地坑院入口普遍采用敞开的坡道形，即一条斜沟从塬面上呈曲尺状或一直下到院坑。沟宽一般1.5米左右，中间为台阶。也有一半是台阶供人行走，另一半为斜坡供毛驴或独轮车出入的，沿沟壁有浅沟为集水之用。门楼一般建在坡底院坑的入口处，另一种建在坡道的上口，进入门楼后才为下坡道。门楼可采用单坡顶，内高外低，其规格与一般窑院门楼相同。隧道型的坡道门楼可建在坡道入口处，进门后才进入坡道，然后进隧道（筒）。门楼也可以建在隧道的入口处，先下一段坡道，再进门楼，便进隧道。

盘炕

在窑洞中，火炕是最重要的一部分，当地的民谣常唱："贵客来在我家中，休笑土窑寒气生；虽然不是神仙洞，冬暖夏凉乐盈盈。"其实，没有火炕，什么样的窑洞也不可能在冬季严寒中保持温暖。

建火炕俗称"盘炕"，是个技术性的活计。炕的尺寸大约是2.4米长、1.7米宽。盘炕前先在测量好的地面上铺三皮砖，做火炕的底座。然后在底座上砌土坯柱墩两个，所在位置正好把炕面划分为相同的六块。柱墩截面为24厘米 ×24厘米的正方形，墩高约50厘米。柱墩砌好后，沿底座外边砌土坯，形成一圈与柱墩同高的炕壁。靠窑土间子及窑壁一面为两层立砌土坯，厚为15厘米。靠外的则是内侧砌土坯，外侧砌砖，都为立砌。最外侧贴砖。一是为保护内层土坯，二是可以切磨拼砌组成图案，作为炕的装饰。在炕壁的长边中间留出宽36.5厘米、高26厘米的洞口，作为烧炕的火口。为了安全，不使明火掉到炕洞外，洞口用木板做一块活动挡板，接着在底座上填6厘米厚的夯实灰土，与洞口下沿齐平。然后在砖墩和炕壁上平铺事先制好的大约85厘米见方、6厘米厚的六块大土坯，外圈用木框嵌住。最后在窑洞外靠窑腿和窑土间子的角落处用土坯砌出一个高约2.2米的烟囱，炕的主体就完工了。炕上铺好席子垫起褥子就可以使用了。这种盘炕做法称为"支好炕"。另外一种盘炕法称"打泥炕"。当砖墩及火炕壁砌好后，在里面填入黄土并夯实，待填满之后，用混有石灰浆和滑秸的黄土抹满炕面，厚度为8厘米左右，抹好后，要每天用抹子搟一次泥炕面，使它光洁平整不裂缝。直到炕面干透，再从炕洞口将干土一点一点掏出来，掏空后土炕就造成了。这个炕面就代替了大块的土坯。听说这种炕结实耐用，但目前很少有人采用了。

卫生厕所和其他

由于气候干旱缺水，住户都用旱厕。20 世纪 90 年代之后，经政府提倡，和其他各村一样，十里铺家家窑院厕所都建在大门之外，距大门数米。1500 多米的长街，厕所一个挨着一个，成了特殊街景。一般都用土坯搭建，单坡顶，平面为长方形，长 1.2 米左右、宽 1.5 米左右，里面仅能容一个人，偶尔也有设两个蹲位的。厕所的一角堆着干净的黄土，放一把铁锨。每当方便之后，铲一锨黄土铺盖在上面，既积了土肥又卫生干净，由此得名“卫生厕”。

窑院里，窑腿窑脸上，处处都可以敲上颗钉子挂东西，也可以挖个小土龛，用来放蜂箱、鸽笼、工具、油灯等。在大门洞里，有个小土龛放土地菩萨。土地菩萨没有塑像，只贴一张红纸条，写上神名便是了。

华东民居室内陈设

内、外宇坪

大门内外面积较大的场地被称“宇坪”。

大门前的场地叫外宇坪，不论大宅小宅都很重视。外宇坪地面十分讲究，用鹅卵石铺砌，大多还在大门前铺成招财的古老钱纹样，也有铺砌象征吉祥的“双凤朝阳”的图案，如大屋；也有铺砌成“梅花鹿”的，即谐音“禄”的图案。

大门内的场地叫内宇坪。内宇坪与天井不同，天井主要满足住宅的通风、采光需求，而宽大的内宇坪要解决大住宅内的公共活动、农业生产、日常生活的需求。

古时宅主出门，马匹就备在外宇坪，轿子则备在内宇坪。客人来了，在外宇坪下马，女客在内宇坪下轿。

中厅

一般小住宅如锁头屋和四点金，没有中厅，只有前后三进以上的宅子才有中厅，位于第二进的中堂的明间。由于中厅通常建造等级较高，雕梁画栋，次间，即“大屋间”，前檐大多做成与之相称的四扇雕花窗，有的还沥粉贴金。为避免破坏花饰的完整性，不少大屋间特地从侧面开门，使大屋间的花窗形成完整的装饰面衬托出中厅的华贵和气派。

上厅

住宅的中堂之后就是上堂。上堂有两种格局。一为单层的，当心间称“上厅”。一为上下两层的后楼，则底层当心间称“上厅”或“后楼厅”，祭奉先祖。底层两次间为大屋间。上层作为藏书阁或储藏室之用。

凡有中堂的住宅，上堂左右厢房多为两开间。上厅前檐开敞不设门窗。上厅内后檐墙正中设神橱。神橱分上下两部分，上供祖先神主牌，下供土地神，有的还在神橱的右侧供杨公仙师的神牌。神橱前是香案桌，靠上厅两侧壁各放一张长凳。后堂的上厅一般只供高、曾、祖、祢四氏，因此神橱都不很大，却雕饰得十分细巧，色彩也十分华丽，在色彩单一朴素的上厅中格外抢眼，也更神圣和肃穆。在只有上下两堂的小住宅，如四点金、两进式住宅，厢房多数敞开，上厅既祭祖又兼日常待客及活动场所。住宅的上厅在经过几代之后，有的改为先祖的专祠，有的改为房祠。

华中民居室内陈设

住宅门饰

住宅的大门，只要有条件的，都用红石做门框，红石呈土红色，与灰砖既成对比又不显得唐突，在门框的边缘上还有线脚和雕花的装饰。在不大的边角地带，雕以植物枝叶、花卉、花篮、金钱纹及各种几何形体，显得十分精致。有的住宅在门的上方还加做门头，这是在门上方的墙上做挑出的屋顶，可以遮挡雨水，便于出入大门，但后来这种屋顶出檐越来越短，逐渐失去它原有功能，成为一种门上的装饰了。住宅门上的门头，有的只用砖自墙面挑出几层，在上面铺瓦；有的用红石做成牛腿自墙面挑出，牛腿上架枋、设椽做成屋顶，在牛腿、檐板（当地称花板）上均有石雕、木雕做装饰，细看也很华丽。有的住宅大门外加设一道半截的槅扇门，这几扇槅扇门上多有不同程度的装饰，简单的只有线角和边框的加工，复杂的布满木雕，成为大门的重点装饰。

除门本身的各种加工装饰处理外，住宅门上还有一些附加的装饰。一般住宅的大门顶上都挂有一面照妖镜和八卦图，它们都起着镇魔辟妖的作用。传说妖怪都长得面目可憎，当它们从镜子中见到自己的丑恶面貌也会逃之夭夭。两扇大门门板上贴着一对门神，它们都是古代的武将，也起着防止妖魔鬼怪进宅害人的作用。门的上方贴着“五福临门”和五张福纸。门的两侧贴对联：“富贵吉祥年年发；如意财源日日来”“春满玉堂添富贵；花开金屋旺丁财”或“出外求财皆顺景；归家福寿永康宁”，这是古今通用的内容。直头间、金字间类型的住宅多为大门正对着厅堂之门，大门上贴着门神和“五福临门”的横幅，左右有对联，“春风得意全家欢乐迎新岁；万事顺心内外平安好运来”。大门一打开，堂屋门显出来，门上的门神换了大吉的红帖，“五福临门”换成“幸福家庭”，左右对联是“长行好运丁财旺；富贵平安福满堂”。大门上是红纸金字，堂屋门上是红纸墨字。每年春节来临，家家户户总把新桃换旧符，这些闪着金光的红门神、红对联、红横幅一时间把村里打扮得红红火火，呈现出一派欢乐吉祥的景象。

家祀

长期生活在农业经济社会中的村民，祭祀祖先与神明成为他们精神生活中的重要内容。从全村来说，祭拜祖先有祠堂，祀奉神明有寺庙，但是村民对此还不满足，他们还要在自己的家里进行这些祭祀活动。于是，家家户户的堂屋除了供一家人聚会活动以外，还成了家庭祭祖的场所。在堂屋里出现了悬在后墙上的搁板，板上供奉着祖先的牌位，可以在祖先的生亡日期举行家祭。

同样，在家家户户的大门一侧的墙上都钉着一块木牌，上面刻着护宅门官、土地神位，门官与门神的作用一样，都是保护住宅的。土地为农业之根本，人民生活之所依，所以自古以来土地即被神化而受到祭祀，古代的“社祭”就是祭拜土地。而且这种祭祀自封建朝廷一直深入寻常百姓家庭，如今又将它放在住宅大门口，与门官一起做起护宅神了。在神位上贴几张福纸，下设香插，使神位前经常香烟缭绕，以示主人的虔诚之心。但土地神毕竟属于重要神明之一，所以除了请来护宅，还要在每家堂屋的后墙中央祭祖的条案上专门设立土地神位。

华南民居室内陈设

大门

大门是建筑外观的中心，大门的大小、门槛的高低反映了户主身份、地位。华南地区的大门按其位置分为围墙大门和住宅大门两种类型（表 5–3）。

表 5–3 华南地区民居大门类型及特点

类型		特点
围墙大门	线形式	一般带有假檐，线形有平直形，也有突出线的折线形
	门楼式	围墙大门上部升高加屋顶和屋脊装饰，与围墙合为一体形成整体门楼
	牌坊式	大门为三间形式，一主两次，正中为正门
住宅大门	围墙大门式	将大门围墙升高，做重点处理
	门斗式	门框采用石条，造型简洁，门廊深可防雨防晒

屋脊与山墙

民居中的屋脊与山墙墙头都是比较讲究的部位，也是重点装饰的部位。据《广东民居》记载：民居屋脊部位的装饰有平脊、龙舟脊、龙凤脊、燕尾脊、卷草脊、漏花脊、博古脊等，按用材来分有瓦砌、灰塑、陶塑、嵌瓷等，潮汕民居还喜欢在屋脊上装饰各种神仙瑞兽和戏曲人物。

内山墙、外山墙与排山墙（也叫排山）。内山墙是指每个房间与房间之间的墙，它一般与前后墙呈丁字形；外山墙是指在外面能看到的墙，但前后墙不算，如一房屋是门朝南，则东西两面墙就叫外山墙；排山墙常见于老式房子，是用木头或水泥柱立起来，再用砖进行砌筑而成的。山墙之间距离较短，比纵墙适合作为承重墙。

有些地区依照山墙顶端的形状，将山墙分为五行山墙。“金”的山墙则有一个大弧，“木”的山墙特征是弧线窄而高，“水”的山墙顶端则由三到五个弧线组成，“火”的山墙形状带有锐角，“土”的山墙则有平整的顶端。

照壁

民居中，照壁一般置于进入大门后迎面而见的墙面部位，相传有辟邪作用，实际上起遮挡视线作用，在人们进宅后到里院前起缓冲作用。也有在较大型和较完整的建筑大门前的对面设有照壁，也称影壁。广东民居照壁用砖砌筑，外框为矩形，中央为壁心，下用壁座承托。

照壁具有挡风、遮蔽视线的作用，墙面若有装饰则造成对景效果。

照壁可位于大门内，也可位于大门外，前者称内照壁，后者称外照壁。形状有“一”字形、“八”字形等，通常是由砖砌成，由座、身、顶三部分组成。座有须弥座，也有简单的没有座的。墙身的中心区域称为照壁心，通常由45°角斜放的方砖贴砌而成，简单一点的照壁可能没有什么装饰，但也必须磨砖对缝非常整齐，豪华的照壁通常装饰有很多吉祥图样的砖雕。照壁墙上的砖雕主要有中心区域的中央和四角，在与屋顶相交的地方也有混枭和连珠。中心方砖上面一边雕刻有中心花、岔角花，在照壁墙的中央还镶嵌有福寿字的砖匾或带有吉祥意味的砖雕。

梁枋

梁枋装饰，主要指厅堂和檐廊梁架、柱、枋等主要木质构件上的雕饰。广东祠堂、民居中的厅堂梁架，则在构件上进行雕饰，如月梁、驼峰、瓜柱等。有的甚至在全部梁架上进行雕饰，这些雕饰题材多用动、植物等图案。梁枋是指两柱之间起联系作用的方柱形木材、木料、柱子，也就是房子的木结构。其中，梁指木结构屋架中顺着前后方向架在柱子上的长木，枋指两柱之间起联系作用的方柱形木材，为支撑房屋顶部主要构件的统称。梁又称“棺”，是屋顶木构架中横负重的构件，设在前后檐柱或前后金柱上。

柱础

民居中的立柱，一般都是木柱础石，也有无柱础者，则柱直插入地。它是承受屋柱压力的奠基石，凡是木架结构的房屋，可谓柱柱皆有、缺一不可。古代中国人民为使落地屋柱不潮湿腐烂，会在柱脚上添上一块石墩，使柱脚与地坪隔离，能起到绝对的防潮作用；同时，又加强柱基的承压力。因此，对础石的使用十分重视。

栏杆

栏杆分为室内与室外两种，厅堂、楼阁、廊檐、廊桥都设置了栏杆。室内用于阁楼夹层、楼井；室外用于廊前亭榭、小桥、水池边。栏杆中国古称阑干，也称勾栏，是桥梁和建筑上的安全设施。栏杆在使用中起分隔、导向的作用，使被分割区域边界明确清晰，设计好的栏杆，具有装饰意义。周代礼器座上有类似栏杆的构件。汉代卧棂式栏杆最多。六朝盛行钩片勾栏。栏杆转角立望柱或寻杖绞角造者，均可见于云冈石窟、敦煌壁画。元明清的木栏杆比较纤细，而石栏杆逐渐脱离木栏杆的形制，趋向厚重。清末以后，西方古典比例、尺度和装饰的栏杆形式进入中国。现代栏杆的材料和造型更为多样。

漏窗花墙

漏窗花墙有遮阳和阻挡视线的作用，又能增加艺术气息，因此在民居中常采用。漏窗，俗称花墙头、花墙洞、漏花窗、花窗，是中国传统园林建筑中一种满格的装饰性透空窗，外观为不封闭的空窗，窗洞内装饰着各种镂空图案，透过漏窗可隐约看到窗外景物。为了便于观看窗外景色，漏窗高度多与人的眼视线相平，下框离地面一般在 1.3 米左右。也有专门用于采光、通风和装饰的漏窗，离地面较高。漏窗是中国园林建筑中独特的建筑形式，也是构成园林景观的一种建筑艺术处理工艺，通常作为园墙上的装饰小品，多在走廊上成排出现，江南宅院中应用很多，如苏州园林园壁上的漏窗就具有十分浓厚的文化色彩。

西南民居室内陈设

装饰

我国最古老的民族之一是古羌人。很多学者经长期考证后得出：纳西族出自汉时的牦牛羌，共根亦属古羌人。古“羌”字从羊，从人，“主牧羊”，“因此为号”。除了说明古羌人为原始牧羊人，还据说它与崇羊有关。汉时古羌曾分支繁衍出黄牛、牦牛、白马、黄羊诸羌，这些族属命名除说明古羌人后裔各支皆以畜牧为主外，还可能是图腾崇拜的表现。此外，古羌人有关部落曾以老虎为图腾。刘尧汉先生根据有关史料做考证后指出：虎是远古羌人的图腾崇拜之一，源出羌人的伏羲便是虎，亦是古羌人虎氏部落的图腾名号。纳西族也崇拜老虎，并以老虎为图腾。东巴经中形成过以虎死尸解而产生天地万物的世界血肉整体联系说，即老虎崇拜型的原始宇宙观。

既然纳西族人崇羊和虎，那么这方面宗教习俗的图腾遗迹在建筑装饰上有无表现呢？

在考察丽江纳西族民居的过程中，一般民宅中的装饰大多与白族相同。有关东巴文化题材的内容几乎看不到。但在明万历二十九年（1601 年）建的宗教建筑五凤楼的檐廊梁枋上，有“虎”和“羊”的彩画装饰。这可以说是东巴文化在建筑中的反映。

纳西族东巴象形文字。东巴象形文字是一种比较古老的文字符号，先以原始图画的方法书写，最后发展到比较完整的一种表意文字符号系统。这种文字产生以后，被巫师东巴们所占有，用来写他们的经书，不为一般群众所知。用东巴象形文字作为建筑彩画装饰也是丽江地区较为特殊的现象，不过这种做法并不普遍。

床龛

中国传统的床龛好像布置在卧室中的小房间一样，这种床龛在农村中尤其受到欢迎。

最理想的床龛应该是夫妇一手精心制作的结婚纪念物，也是家庭中的珍品和留传给后代的纪念。

床边的装饰环境逐年增加更换，床龛上有精美的木雕、彩画、帷帐与刺绣。

一个封闭的床龛就像小房间一样有低低的布篷，幕帐就像窗帘，床上四根立柱带有延年的硬木花雕，是生活中很有趣味的艺术装饰品。

家居信仰、禁忌

民俗篇

民俗又称民间文化，是指一个民族或一个社会群体在长期的生产实践和社会生活中逐渐形成并世代相传、较为稳定的文化事象，可以简单概括为民间流行的风尚、习俗。不同民族的居住习俗、禁忌，既是对生存环境不断认知的经验总结，又受民间信仰的影响。它真实地存在于人们的生活之中，约束着人们的行为。

东北地区民俗

建房民俗

吉林省的汉族先人多数是从山东、河北、河南、山西等省闯关东过来的，居住习俗虽然受其他民族的影响，但依然承袭着诸多祖先的传统。

人们视安居为人生大事，谓“安居乐业”。建房以北为贵，坐北朝南是不二定律。盖房是居家大事，说道不少。上梁之前，要请人画“八卦图”，并配短联“太公在此，诸神让位”，贴在脊檩上。将一枚乾隆通宝铜钱顺檩木纹钉进“八卦图”中心，然后将一根红线绳穿过“钱眼”系上，另一端系一块红布，红线中间系一双筷子以示吉祥。在架梁檩、立门框时要燃放鞭炮，有的人家还贴对联，如“上梁适逢黄道日，安门恰遇紫微星”，以示喜庆。卜吉架梁，亲戚朋友多以果品、红绸往贺。亲朋至则以红绸搭梁上，取满堂红之意，主人酬谢留饮，俗称上梁酒。

烟囱砌法、位置因习惯不同也有所区别。汉族的烟囱，多数是山墙内侧砌洞、连接火炕的烟道，外部在房顶上砌起 2 ~ 3 尺高的方形或圆形烟囱。汉族民间有句谜语就是反映这一习俗的：“老大房上坐，老二拉水磨，老三穿纸袍，老四一身毛。”（打四个物品，谜底分别是烟囱、刷锅用的刷带、灯笼和鸡毛掸子）

迁居也是生活中的一件大事，称乔迁之喜，亲朋要祝贺，新家安置好之后要宴请亲朋，俗谓燎锅底。汉族人舍得在建房上花钱，尽可能建得宽敞些，即使穷人家盖不起大房也要在屋内设简易隔壁，因为女孩子到十二三岁、男孩子到十四五岁就要与父母分室而居。

婚俗

东北的汉族婚俗（图 6–1）结婚的当天被称作“正日子”。除了“正日子”还有另外一个非正日子的日子。这“正日子”通常都是由男方家定下的，那个非正式日子则是由女方家定的，名为“待客日”，待客日的时间总是要比正日子早三到四天。

待到新娘家的门前时，新娘已经在家打扮好了，正坐在自家床上。床上要铺着崭新的被，新娘坐在上面称为“坐福”，寓意新娘无论是结婚前还是结婚后都是稳坐在福堆里的。新娘家的亲属们在门的里面要紧紧地把门拽住，不让新郎进来，只有给了红包，还要把新郎戏闹够了，才肯放他进来。

扭秧歌

东北秧歌又称秧歌舞、扭秧歌，有着悠久的历史，是北方劳动人民长期创造积

图 6–1 东北农村婚礼

姜喜宝摄影

累的艺术财富。它起源于插秧耕田的劳动生活，又和古代祭祀农神祈求丰收、祈福禳灾时所唱的颂歌、禳歌有关，并在发展过程中不断吸收农歌、菱歌、民间武术、杂技及戏曲等技艺与形式，是我国最具代表性的一种民间舞蹈形式，具有自己的风格特色。除此之外，还有独特的雪地秧歌。

满族秧歌又叫“秧歌舞”，是东北长白山一带的满族人非常喜爱的一种文艺表演形式，又称“浪秧歌”，特别是春节冬季称为上元节赛秧歌，十分火爆。《柳边纪略》载：“秧歌舞者以童子扮三四妇女，又三四扮参军，各持尺许两圆木，戛击相对舞，而扮一持伞灯卖膏药者前导，傍以锣鼓和之，舞毕乃歌，歌毕更舞，达旦乃已。”这里说的是清代的一种秧歌。

实际上，这种满族秧歌也与中原闯关东来东北的许多汉族的小戏、拉场戏、弦子、演唱等融为一体，形成了独具特色的东北秧歌戏。其内容非常丰富，场面非常壮观，队形也复杂多变，民间称“走图形”。什么“走八字”“二龙吐须”“野马分鬃”“龙押尾”“卷菜心”“小蝴蝶”等；更有一些“阵式”，什么“八卦阵”“莲花阵”“葫芦套”等，这其实都是一些军事名称，是演从前八旗兵丁在作战时使用的阵式和套路。后来，这类秧歌已和满族的秧歌融为一体，也有汉族古书和民间传说中的人物，像老太太叼烟袋和傻柱子什么的。

满族秧歌独具特色，除了也用喇叭锣鼓来伴奏，他们还有鞑子秧歌、莽式秧歌、鹰步秧歌和“鱼灯”秧歌，从而表现自己从前的游猎生活。

在冬季白雪的土地上，听着远方传来的锣鼓和音乐，观看那独具特色的满族秧歌，别有一番的感受（图 6–2）。

图 6–2　满族雪地秧歌

在吉林的乌拉街，九台、双阳、长春、农安等冬季街头和长白山区冬夏秋季的傍晚，人们经常可以看到有特色的民族秧歌，在民族节日中，这种活动就更加火爆了。

二人转

东北的二人转（图 6–3）在历史上曾形成东、西、南、北四个流派。东路以吉林市为重点，舞彩棒，有武打成分。西路以辽宁黑山县为重点，受河北莲花落影响较多，讲究板头。南路以辽宁营口市为重点，受大秧歌影响较大，歌舞并重。北路以黑龙江为重点，受当地民歌影响，唱腔优美，素有“南靠浪，北靠唱，西讲板头，东要棒”之称。后来各流派取长补短，互相融合，就形成了今天的二人转。

图 6–3 东北二人转

火炕与生命

火炕（图 6–4），北方民族生命的历程，人的生命一诞生，就是在这样的地方开始了生命的延伸。小的时候，北方的孩子一生下来就落在火炕上，小孩嗷嗷待哺，母亲就把孩子放在火炕中的悠车子（摇篮）里，一点点地养大，这就是北方民族常说的“养个孩子吊起来”（图 6–5）。

妇女从快生育时起，炕的一角就要用幔帐遮挡起来，要生孩子的女人躺在里边。这时，来客就不能再往挂起幔帐的炕上坐了。而且，一旦火炕上的幔帐角上拴上了红布条，这就说明这家的女人已经生育了。这时，一般更不能靠近火炕。因东

图 6–4　火炕与生命

图 6–5　火炕与摇篮

北有个习俗，生下的第一个孩子见到谁，今后这个孩子的脾气、性格就像谁，这叫“踩生”。所以，一般人不要靠近，以免今后落埋怨。

火炕与起卧

火炕是生活在这里的人们睡觉休息的地方，是他们度过黑夜、安歇和减少疲劳、恢复体力的重要设备和场所。休息睡觉时，头朝里、朝外都可以，但不能“横躺竖卧”。“横躺”，是指在炕上顺着炕沿的方向躺着，这说明这个人不懂规矩，因为“横”是指人已经故去，要穿装老衣裳时的“姿势”。而“竖卧”，也指不正规地趴在炕上的意思，整铺大炕都被你占了，说明你这人出现了意外，也有“横事”之意。所以一般人不这样做。

东北还有一句“土话”，叫“下晚睡觉头朝外”（图 6–6），是说东北人在火炕上睡觉时，头要朝“外”。这个“外”，是指窗子方位。本来人夜里睡觉，头是要朝着炕沿（白天无所谓）。这样起床和来来往往都方便。可是头朝里，是指从前，人往往在山林和野外的窝棚或地窨子里住，这种房子没有窗户，只有门口，人头朝“里”，可以眼盯着“门口”。一旦有生人或野兽进来，人可以一下子起来逃走或反抗。这是一种为了生存而留下的“火炕”生活习俗。如今一般都是头朝着炕沿的一边了。

图 6–6　下晚睡觉头朝外

北方民族生命的整个完整过程，都是在火炕上完成的，记载了火炕，就是记载了人类生命的诞生和演进。而且，生命的各个阶段，都在这里放射出奇异的光彩。

打围

辽沈的满族人以农业为主，而吉林、黑龙江以采集和狩猎为主，所以东北的满族有着农业与采集、狩猎相结合的生活方式。在满族人的生活中狩猎占有重要的地位，满族人“四季常出猎打围。有朝出暮归者，有两三日而归者，谓之打小围。秋间打野鸡围，仲冬打大围”。

所以，在满族饮食中肉类占有较大的比重，满族人尤其喜爱猪肉。满族人的衣着与气候和狩猎有关：衣服紧身，既暖和，又行动方便；特别喜欢穿袍，皮制服装占有很大的比例。

悬弓、抓周

在东北，孩子出生时叫“落草”。因为过去满族妇女生小孩时，要将炕席卷起，铺上谷草或蒿草，使孩子生在草上，故有此称。生的如果是男孩，家人就在房门左侧悬挂一套用杏树枝做成的弓箭（树条做成弓形，中间插一羽毛做箭），向人告知家里有一位勇士出生，满族人称之为“公子箭”。如果是女孩，则悬挂一条红布于房门的右侧，以此祝福孩子将来心灵手巧、幸福安康。

孩子至一周岁时，要举行较为隆重的仪式，有“抓周”之礼，以测试孩子将来的志向。为孩子举行“抓周”仪式时，一般准备刀剪、弓箭、鞭子、算盘、彩线、纸笔、钱币、陀螺、串铃、食盒、书简和酒令筒等物，将这些物件放在一起，让孩子随意从中抓取，以孩子抓取的物品预测他（她）的未来。

满族民居风俗

东北民居遗产鲜明而珍贵。民居不仅彰显着不同地域的民间建筑艺术，也是不同时代不同民族生存状态和生活习俗的写照。

房盖呈稍有弓形坡度的平顶。房框（未加房盖的四面房墙的俗称）干透后，在上面架上枋、檩、椽（也有不用的），上铺笆（用芦苇编成的人字形苇帘子）或秸帘子，再铺一层土，用石头磙子轧实或用脚踩实，抹上大穗草泥，干后再抹一至二遍碱土草泥。没有碱土就在泥中放盐，所以民间有句歇后语：“平房不漏——有言（盐）在先。”土平房的脊檩（最中间的檩子）高于檐檩，使房盖中间高，两檐低，形成“滚水”不存雨水，避免漏雨。门窗，正房开在南墙，厢房开在西墙或东墙。土平房有两间、三间、五间一栋的不同形式，房门的开法不尽相同。两间的房门多数开在东间，三间的、五间的多数开在中间，也有开在东次间的。三间、五间门开在东间或东次间的称作“口袋房”，开房门的一间也是烧火做饭的厨房，俗称外屋。睡觉休息的房间，两间的叫里屋，三间以上的叫东屋、西屋。房门，汉族为独扇门，满族多数外面有道独扇门，里面又有道对开门，里层门有木制的门闩。

窗户多数是上下两扇。古时没有玻璃，用坚韧如革的“毛头纸”（手抄纸）糊窗，后期也有很多人家用“高丽纸”的。窗纸糊在窗户的外边，一方面可以避免窗根中积沙，另一方面可避免窗纸因冷热不均和大风吹刮而脱落。窗纸糊上后，还要淋上油，这样，既可增加室内的亮度，又可以使窗纸经久耐用。所以，“窗户纸糊在外”就成为吉林民居的一大特点。

满族民居的烟囱是“立在地面上”的。烟囱修在房屋的一侧，为下大上小的台柱形高出房顶，有孔道与火炕相通。烟囱立在地面上，既安全又提高了取暖的效率。满族室内的火炕多数是南北西三面都有，呈“二”字形，亦称“万字炕”“蔓枝炕”“转圈炕”“围炕”，这就是俗语说的“口袋房，万字炕，烟囱立在地面上”。过去住五间土平房的多数是较富裕的大户人家，有的还盖有东西厢房，供长工和下人居住。东厢房的南端为马厩牛棚，西厢南端为粮仓和工具棚。

四合院，是清中叶以后的满族住宅的主要类型。所谓四合院，就是由正房、东西厢房、门楼和连接房子的院墙或“障子”（木栅）组成的正方形或长方形的院落。院中坐北向南的住宅为正房，通常为三间或五间，每间宽 4 米左右，中间开门。进门为堂屋，两侧称为东屋西屋。满族以西为贵，西屋一般由家中长辈居住，东屋为晚辈居住。院子的左右建有东西厢房，西厢房多为碾磨房和放杂物的仓库，东厢房一般存粮，有时也住人。

大户人家多用砖垒砌院墙，院门在南，砌成门楼，用厚厚的木板做成结实的大门。普通人家多用木杆围成院落，俗称“障子”。大门也十分简单，立两根粗木柱，顶部加两道横梁，用木板条或圆木杆捆扎成两扇大门，防止牲畜随意进出。

满族住宅的布局与室内设施传承久远，宋人徐梦莘所撰《三朝北盟会编》中即有：“女真……其俗依山谷而居，联木为栅。屋高数尺，无瓦，覆以木板，或以桦皮，或以草绸缪之。墙垣篱壁，率皆以木，门皆东向。环屋为土床，炽火其下，相与寝食起居其上，谓之炕，以取其暖。”

吉林的满族四合院住宅具有地域特点，即万字炕，地烟囱，有影壁，立神杆。万字炕就是卧室内除屋门一侧其他三面都是火炕。南、北炕为大炕，一头连山墙，一头连外屋的灶台，西炕为窄炕，是烟道。西炕上一般不摆放杂物，因为西炕炕墙上端供着神圣的“窝撒库”（祖宗板），是一块不到 1 米长的木板，上放神匣，神匣内装祭神的神器或神本。祖宗板上常贴挂笺（一种表示吉祥和家世的剪纸）。挂笺上刻有满文，满文读“佛尔郭出课”，有“奇”“瑞”之意，用以歌颂祖宗的功德。北墙上放装宗谱的谱匣。烟囱，满语称“呼兰”，烟囱不在房上，而是建在屋侧。

早期多用空心整木制作，后来用木板围成，也有用砖瓦或土坯砌成的。影壁是一进满族人家大门迎面的一段短墙，或砖砌，或坯垒，或由木板制成。富贵人家，在影壁上绘有日出云海、龙凤呈祥等图案。影壁的作用主要是遮挡外面的视线，不至于对院内的活动一览无余，是自我保护心理的体现。神杆是满族人家影壁后竖的一根长约9尺、碗口粗细的木杆子。杆上端挂一锡斗，或木斗，或草把，此杆称为索罗杆。杆上的斗或草把，放进五谷杂粮或猪杂碎，以奉给乌鸦、喜鹊，因为乌鸦、喜鹊在满族民间信仰中，是吉祥神鸟。实际上，满族的索罗杆，是满族祭天、祭神树古老习俗的一种演化形式。

满族盖新房从立房架之日起，房主的亲戚朋友都要前来祝贺，并赠予红绸、红布，或红色绸缎被面，将其披挂在房梁上。“上梁”要择吉日，将檩木一根根架在墙框上。两间房留下东间的脊檩最后上，三间房或五间房要留下中间一间房上的脊檩最后上。当脊凛架在枋与山墙上时，主人要放鞭炮，表示吉庆。同时，主人要向梁上浇酒，祭天祭神。旧时，主人还要念或唱《上梁歌》：

浇梁头、浇梁头，祖祖辈辈出王侯。

浇梁腰、浇梁腰，祖祖辈辈吃犒劳。

上梁仪式结束后，主人要宴请亲朋好友“喝上梁酒”，满族建房奉行“以西为贵”。相传，满族的早期神话中，天穹主神是阿布卡赫赫，她身边有四位方向女神，看到人类辨不清方向，生活艰难，便下来给人类指方向。因西方女神洼勒格走路一蹦三跳，先到人间，指明了哪是西方，第二个到人间的是东方女神德勒格，所以满族有先敬西后敬东的习俗。因此，满族建房有“以西为贵”之说。落成的正房，西屋为大，称“上屋”。盖厢房时，须先盖西厢房，再盖东厢房。

满族居室内陈设比较简单，室内一般没有桌椅，只有炕桌。有的人家有八仙桌，就放在西炕前，上面摆放着茶具。炕上有用来装衣物的大板柜，被褥叠放在上面。来了客人，便请客人到炕上坐。全家人平时吃饭、读书、做针线活儿也在炕上进行。若同室而居，南炕温暖向阳，长辈居住。为了避免不便，有的用软间壁隔开，有的从炕面到房梁用木板糊纸辟成两个空间，有的晚间睡觉时放下幔帐，在南北炕之间起到遮挡作用。西炕一般不住人，也不堆放杂物，上面有一个搁板，是满族人供奉祖宗的地方。客人及未满一年的产妇不能坐西炕。

旧时农村旅店极少，过路人只好找民宅投宿，主家会热情招待。由于满族居室一屋三炕，常是同居一室，男女不相回避，但客人入睡时须背对女主人和衣而卧，方为有礼。次日客人上路，不需留报酬，只需向男主人行“擦肩大礼”，表示谢意即可。如路人入室而主人不在家，可自己动手做饭吃，饭后收拾干净，物放原位，临行时拿把草放在门前，草梢朝所去方向，主人回来后会感到很荣幸。

朝鲜族民居风俗

朝鲜族的房屋建筑与汉族多有相似之处，但由于地理环境、民族生活习俗不同，朝鲜族民居有着独特的风格。清代末年的民居基本是“架木结茅，就地为炕。墙壁皆木，门户不分。户外无院落，屋内无桌凳。牛马同居”。朝鲜族住房的平面多数为矩形，也有“L”形的。先是用石块砌起1尺左右高的长方形围框，用土填满围框夯实，这就是房屋的地基。外墙是在房基上立起承重房柱及中空的房墙木框架，在框架两面编织草绳或柳条，中间充填沙土，也有不填沙土，做成空心墙的，在草绳和柳条外抹泥浆。内隔墙多用双面抹灰的板条。

屋顶多做成四面坡式，类似汉族建筑的宫殿式屋顶。比较普遍的做法是，在椽子上铺稻草帘或柳树枝条，上面抹泥，再覆盖1尺至1.5尺厚的稻草，或用草帘逐层相搭接，将屋顶盖满，最后用草绳编成网格，将整个屋顶包住，以防大风将草顶吹落。烟囱安在山墙外边，往往用木板做成长方筒烟囱，每边约8寸，在房屋的左侧或右侧，直立于地面，烟脖（烟道）卧于地下。在城镇中，住宅多用青灰色陶瓦屋顶，瓦顶坡面略有曲线，檐头四角和屋脊两端向上翘起，瓦当和脊头加简单花饰，形成活泼明快的风格。房檐左、右、前多数伸出2尺左右，前端竖立数根立柱，形成房廊。廊道高出地面半尺左右，用木板铺上廊道板，入室前将鞋及杂物放在廊板上。进入室内就是大炕。门窗为推拉式，尺寸相同，往往是门窗不分，都可随意进出。窗根竖向排列密集，横向排列稀疏。门窗都是狭长形，这样使得低矮的房身给人以挺拔秀丽之感。朝鲜族古称“素衣民族”，他们崇尚白色，所以房屋的墙壁、木门窗等都涂成白色。除城镇住宅有简单的院墙外，农村通常不建院墙，也不设厢房，为单幢独立式房，只是和左邻右舍之间保持一定的距离。

朝鲜族的生活方式，不以院子为活动中心，而是以房屋内部为中心。一般是进入室内有很大一个炕，是朝鲜族人在室内的主要活动空间。亲友们畅饮、歌舞，妇女做衣缝补等手工活计，孩子们游戏娱乐都在这铺大炕上。室内的灶坑更是别具一格。它修在地下，底部低于炕面，平时上部盖上盖板，盖板和锅台、炕面形成同一平面。这种灶坑既好烧又卫生。锅台后面整齐地摆放着各种炊具和坛坛罐罐。除大炕外就是面积较大的寝室，室内设推拉式的轻体间隔，需要大房间时，就打开间隔，需要小房间时可以分隔出几间，十分灵活。家人彼此沟通极为方便。

朝鲜族的室内设计另一特点是草房、牛棚和居室紧紧连在一起。草房与厨房相连接，尺寸和房屋单间大小相近，用来存放柴火、牛草和杂物，类似仓房。牛棚多数设在草房的前端，牛槽设置在草房和牛舍之间，形成拐角形的房屋。牛棚之所以和居室相连，是因为饲养方便，又使牛有良好的栖息之所。牛是早年朝鲜族农业生产的主要畜力，在人们生活中起着至关重要的作用，因而近乎与人类享受着同等待遇。这充分体现了生产力低下时期，人与畜相互依存的关系。

朝鲜族在建房选址时，房屋正面要开阔，忌讳与山峰恰好相对。搬家时，要选择吉日和普通日，避开凶日。朝鲜族讲卫生，好洁净，要在炕面上糊纸，然后刷上桐油，稍有灰尘就能看见，每天都要揩擦。盆盆罐罐也都揩得锃亮，摆放在设在墙壁的架子上。孝敬老人是朝鲜族居住习俗中的重要内容。每日三餐一般给老人单独放一张小桌，若同在一张桌进餐，更要先给老人盛饭盛汤。长辈未动勺、筷之前，小辈不得先动。

朝鲜族普遍都热情好客。来客不论是亲戚、朋友还是素不相识之人，都会热情地予以接待。不论生活富裕与否，供给客人的饭食都要好于平常。晚间睡觉时，客人单独安排在一个屋，提供最干净的被褥。进屋时须把鞋脱在门外或外屋地上。男人到别人家做客时，要盘腿而坐。女人到别人家做客时，不能盘腿坐而是屈膝“跪坐”，其姿势“似跪而坐，似坐而跪”。不论男女，在炕上不能对着人伸腿，更不能岔着腿。

朝鲜族丧葬习俗

朝鲜族的丧葬习俗是很重要的一种民间礼俗，这是村落的主要习俗之一。下泉坪村的墓地在离村子不远的村对面的山坡上，从前，这儿的人的墓不立碑，这几年受汉族人的影响，有的也立上碑了。在久远的岁月中，各民族都形成了自己的丧葬习俗，这儿的村落的丧葬习俗也是一种重要的文化类别。

朝鲜族人的墓地，故去的人的头朝山上而卧，脚冲着山下。这种习惯也在下泉坪延续着。人故去，要由诸多亲友来抬棺。棺在中间，外面包上红布，布上要搭“棺棚”，以罩住棺木。亲人要不停地迎棺扣头，以表示对故去的人的思念和送别（图 6–7）。

图 6–7 送故人

下棺时覆盖铭旌。铭旌上面盖一层松树枝或稻草，而后填土，把土填到与地面平时举行山神祭。由死者的女婿找一块板石（谓之床石）放在祭祀山神的位置上（距遗体左肩两米远处）。上面铺一张纸，陈放豆腐串和大米面煎饼。由女婿跪在前面斟酒一杯，磕头。致祭时首先宣读山神祝文。

祭罢山神，在墓前举行平土祭祀，在墓前祭坛上陈设饭、切饼、油饼、整鸡、烤鱼、水果、饼干、糖块等祭品。丧主斟一杯酒往茅沙里倒入少许，接着再斟一杯酒。丧制们共同跪在祭坛前。丧主在最右侧，其余的丧制和服人依次往左排列。由执事宣读平土祝文。读罢，丧制和服人共同磕头，而后号哭。次子斟酒一杯，儿子们共同磕头一次；长女斟酒一杯，女儿们共同磕头一次，人们也如此祭拜。[1] 坟地往往被人踩出了一条小路，这是人们通往坟地的必由之路（图 6–8）。

图 6–8　古村小路

1　政协延边朝鲜族自治州委员会文史资料与学习宣传委员会，千寿山. 延边文史资料第十四辑：中国朝鲜族风俗百年 [M]. 沈阳：辽宁民族出版社，2008.

朝鲜族传统婚俗

在东北朝鲜族村落，婚俗是一种丰富而重要的活动。朝鲜族人询问一个小伙子是否结婚时，不说“您娶媳妇没有？”而是说：“您入丈家（岳父家）没有？”多么有趣的事情啊！

其实，这恰恰是朝鲜族民俗固有的特点。古时的朝鲜族曾经实行“男归女家”的婚俗。也就是说，在结婚时，新郎先嫁到新娘家，在新娘家住上一段时间，再带着妻子返回新郎家中居住。后来，朝鲜族极力主张效仿汉族文化，在结婚当天就把新娘接回新郎家，于是就有了今天的“亲迎”方式。但又因一些原因的阻碍，往往难以推行，于是就采取了折中办法，制定出了“半亲迎”方式（图6–9～图6–10）。[1]

图 6–9　娶婚路上

1　政协延边朝鲜族自治州委员会文史资料与学习宣传委员会，千寿山．延边文史资料第十四辑：中国朝鲜族风俗百年 [M]．沈阳：辽宁民族出版社，2008.

朝鲜族传统的婚娶方式可分为议婚、醮礼、后礼三个阶段。

议婚主要靠媒妁之言。男女两家若有意结亲，首先要对照小伙子和姑娘的生辰八字，借以卜吉凶祸福。若无凶兆，由男方书写婚书，作为订婚凭证。在结婚半个月前（或在结婚日），男方向女方赠送礼状函（彩礼箱）。

图 6-10　老两口小两口

醮礼相当于结婚典礼。结婚这天，新郎身着大礼服，手执大锦扇（或遮扇，用以遮脸），骑马前往新娘家。结婚典礼在新娘家院子里布置的醮礼厅举行。首先向新娘家递送礼状函和木雁。新娘的亲人把木雁放在一张短腿小桌上，新郎跪在桌前双手横握锦扇轻推木雁三次，此谓“奠雁礼”，象征永恒的爱情。大礼包括夫妻交拜礼和合卺礼两项。举行交拜礼时，新郎站在交拜桌的东侧，新娘站在西侧。新娘先向新郎跪拜两次，新郎答拜一次，如此反复一次，此谓侠拜，象征夫妻相敬相爱。合卺礼是新郎新娘共同饮酒。卺是把一个小葫芦剖成两半做成的酒杯，新郎新娘各执一个互相敬酒，象征两人从此同心同德。礼毕，新郎进屋接受大桌。新郎进入外屋后，先向炕面推掷木雁，如果木雁卧着，预兆头胎将会生儿子；如果木雁侧卧，预兆头胎将会是女儿。接着，新郎上炕接受大桌。大桌是专为新郎和新娘而设的筵席。古时候的结婚筵席其大小程度“几至方丈”，故称大桌。大桌上摆放丰盛的食品，其中最显眼而且有特色的是嘴里叼着红色尖椒的一只昂首而卧的整鸡（蒸熟的公鸡）。传说在朝鲜半岛建立新罗国的第一代国君朴赫居世诞生时，由一匹白天马保护，王后阏英夫人由鸡龙所生。所以朝鲜族人结婚时新郎骑着白马，把鸡当作吉祥物。新郎吃饭时，饭碗里埋入三个剥了皮的熟鸡蛋，新郎只吃两个，留下一个给新娘吃，新娘在新郎家接受大桌时也是如此。鸡蛋象征多子多福。

后礼包括于归、妇见舅姑礼、再行等礼仪。举行婚礼的第三天，新娘跟随新郎前往新郎家，此谓于归。此时新郎骑马，新娘坐轿。新娘一行到达大门口时，花轿要越过稻草火堆进院，借以象征驱鬼辟邪。新娘进屋后接受大桌。第二天上午进行新娘拜见公婆和见舅姑礼，新娘向公婆和其他长辈近亲敬酒磕头并赠送衣料等礼物。第三天，新娘与新郎携带一些食品前往新娘家拜谢新娘的父母，谓之“再行”（归宁）。在新娘家住一两天后返回新郎家。

现今实行的新式婚礼大体包括议婚、结婚典礼、后礼三个阶段。男女订婚主要靠自由恋爱。城市的婚礼均在婚礼厅举行。婚礼仪式主要包括新郎新娘交拜、饮交杯酒、互换礼物、新郎新娘向双方父母致敬、接受大桌等礼仪。后礼阶段的礼仪跟传统方式大体相同。

蒙古族民俗风俗

蒙古族是一个“逐水草而居”的游牧民族，因此，春夏秋冬四季随时搬迁。为适应这种游牧生活，蒙古族有一种轻便、保暖、随时都可拆搭的住宅，俗称“蒙古包”。古代史料中称蒙古包为“穹庐”“毡帐”或“毡包”等。辽国人赵良嗣诗曰：“朔风吹雪下鸡山，烛暗穹庐夜色寒”，所咏的就是蒙古包。“蒙古包”是满族人对蒙古族牧民住房的称呼，始于清代。“包”，在满语中为“家”“屋”的意思。关于蒙古包，草原上流传的一首民歌描绘得十分形象：

因为仿造蓝天的样子，

才是圆圆的包顶；

因为仿造白云的颜色，
才用羊毛毡制成。
这就是穹庐——我们蒙古人的家庭。
因为模拟苍天的形体，
天窗才是太阳的象征；
因为模拟天体的星座，
吊灯才是月亮的圆形。

蒙古包主要由木制框架、苫毡、绳带三大部分组成。木制框架包括编壁、椽子、天窗、门。编壁，蒙语称“哈那”，是蒙古包的墙壁骨架，制作方法：把长短粗细相同的柳棍，以等距离互相交叉排列起来，形成许多平行四边形的小网格，在交叉点用皮钉（以驼皮最好）钉住。一个蒙古包墙壁由多斤编壁组成。椽子，蒙语称“乌尼”，是蒙古包顶棚骨架，牧民称其为肩，多数是细长的松、柳木棍，椭圆或圆形。上端要插入或联接天窗骨架，下端有绳扣，与编壁头套在一起。天窗，蒙语称“套脑”，一般设在毡包顶部，多数为圆形。蒙古包的门不是很高，人得弯着腰进，在弯腰的同时，也表达了对蒙古包内主人的尊敬，相当于给主人鞠躬。

蒙古包的骨架搭好以后，就开始铺苫毡了。由顶毡、围毡、罩毡、毡门、毡门头、毡墙根、毡幕等组成。顶毡是蒙古包天窗的盖毡，正方形，四角都有缀带子，便于拉动和固定，它有调节空气清浊、内部冷暖、光线强弱的作用。顶毡的大小各有不同。罩毡是顶棚上披苫的装饰品，也是等级的象征。以前一般的人家都有，后来为贵族喇嘛专用。毡门用三四层毡子纳成，长宽用门框来计量。四边纳双边，绣有各种花纹，多白色、蓝边，也有红边。

绳带有围绳、压绳、捆绳、坠绳四种。其中坠绳是系在套脑最高处，下垂到包内地面的绳子。蒙古族人对这根绳子分外看重，用公驼和公马的膝毛或鬃尾搓成。大风起时把坠绳拉紧，可以防止大风灌进来。蒙古包规格的大小，是由每顶包所用编壁的数量来决定的，如 4 扇、6 扇、8 扇、10 扇、12 扇、18 扇、24 扇等。普通牧民多住 6 至 8 扇编壁的。蒙古包的架设很简单，一般是先选好地形，铺好地盘，然后竖立包门、支架编壁、系内围带、支撑木圆顶、安插椽子、铺盖内层毡、围编壁毡、蒙古包顶衬毡、覆盖包顶套毡、系外围腰带、挂天窗帘、围编壁底部围毡，最后用毛绳勒紧系牢即可。

蒙古族搭建蒙古包有看盘的规俗。看盘，叫看“努图克”，意思为选包址。牧民过去有四个包址，即春夏秋冬四季有四个建包的地方。看盘主要从气候、水草、疫病、狼害、骚乱等方面考虑，既与生产环境、生活习俗有关，也与祭忌习惯有关。蒙古包内空间分三圈、八位。三圈，北、东、西。八位，北、西北、西、西南、东北、东、东南、正中。南方是门，为空。中位置灶火，围灶火铺垫子。蒙古包的垫子有“毡包八垫”的说法，由四大方垫、四个三角垫子组成。包内的空间是圆形的，四大主垫铺下以后，就会出现三角形的空白，用三角形的垫子补齐。八个绣垫铺下以后，上面还可以放长方形垫子，作为装饰，西面、北面铺一对。靠墙分八个位置摆放物品：从正北开始，北面放佛桌，也叫神位，上放佛像和佛龛，西北、西、西南方放男人用的东西；东北、东、东南放女人用的东西。客人进蒙古包时，要注意整装，切勿挽着袖子，把衣襟掖在腰带上；不可提着马鞭子，要把鞭子放在蒙古包门的左方，并且要立着放，否则便被认为是对主人的侮辱；绝不许踩蹬门槛；不得将帽子朝着门口放。进入蒙古包后，忌坐佛龛前面；当主人用盛在银碗里的马奶来招待客人时，客人必须一饮而尽，忌讳一口一口地细细品尝；禁忌在火炉上烤脚，更不许在火炉旁烤湿靴子和鞋子；不得跨越炉灶，或脚蹬炉灶，不得在炉灶上磕烟袋、摔东西、扔脏物；不能用刀子挑火，不能将刀子插入火中或用刀子从锅中取肉。妇女生孩子，不让外人进产房，一般会在屋檐下挂一明显的标志提醒：生男孩挂弓箭，生女孩则挂红布条。牧民家有重病人时，一般在蒙古包西侧挂一根绳子，并将绳子的一端埋在东侧，说明家里有病重患者，不待客。

冰雪文化艺术

在漫长的冬季，东北民居中有一种特殊的物件立在院落中或大门外，那就是晶莹剔透的冰灯，以及造型可爱的冰雕、雪雕。

冰灯、冰雕和雪雕，其实都是东北民族在长期的生活中保留下来的重要的自然遗产、历史遗产和文化遗产，也是一种生活方式；最初是天地融合的结果，表现在生活当中，便是人类使用冰雪的生存过程。比如在远古时期，因为冰雪遍地，成为人们生活的伙伴，北方民族就使用冰和雪来装饰自己的生活；外出行走，荒山野岭，江河岸旁的房屋、窝棚和院墙、临时的建筑，都使用这种材料，这便自然形成了冰灯、冰雕和雪雕。

传统冰灯制作发源于吉林省长白山地区，是一种最古老最原始、土著的民间手工技艺，它对东北民族民间文化艺术、民俗形态、民众生产生活产生了决定性影响。最早沿江而居的满族及其先祖古肃慎、女真人，无论男女老少都是捕鱼技术高手，以渔业为主。他们有智慧，最初用木桶造冰灯，冬季在忽汗河（牡丹江）流域捕鱼照明，后期古萨满文化等民俗事象的出现，人们又制作敬乌冰灯在宅门前高杆悬挂。清中后期冰灯制作盛行，不但与春节、元宵灯会、渔灯节结下渊源，而且商家、民居、江河渔屋门前还要点亮几盏巧制的龙、鱼、八仙、花鸟、观音、三国水浒三官人物等题材的冰灯。冰灯制作技艺显著提高，其艺传世而不绝，一直沿袭至今，逐渐形成独特的冰灯文化。根据《额穆县志》记载：“十五日为元宵，亦为冰灯节，自十四日起即设三官冰灯（天地水）神位并天地神祇，及每日秧歌龙灯旱船高跷相继而出，满街塞巷至轰，至元宵前后而始结束。”历史记录的满族冰灯民俗文化事象比较丰富典型，系统地反映出满族人民在当时的社会环境和生产力水平下适应自然、利用自然、改造自然的聪明才智。千百年来，冰灯制作技艺传承人仍然坚持古法模具冻制，包括一整套复杂的冷热加工、图案浇筑、燃具及色彩添加技术过程，创作出的冰灯作品达 100 多个种类，整体造型艺术古拙逼真、隐秘、雅致、色彩晶莹、冷暖对比强烈，决不雕琢，应是一大发现，堪称民间奇葩，在当今社会产生广泛的影响和关注，具有重要的历史、传承、农耕、节日、艺术、技艺、冰雪民俗文化价值和人类文学价值。

冰灯，是北方人最熟悉、最亲切、最具北国风采的景观（图 6–11）。其实，从诸多北方民族口碑文学作品中可知，冰灯是古人的杰作，历史悠久。盖源于古人驱魔逐邪、希冀光明的原始信仰观念，是古代冰雪生活的形象反映。当然，也是古代广泛用于惊兽、联络、徽号、照明等多功能的简便工具。在漫长冬夜，以兽油为烛，就地取材，成本低廉，易为百姓所用。早期冰灯，邑镇农村多习惯用铁桶冻水，火烤外部，

图 6–11　立在院门前的冰灯

便可取得空心冰罩，内置烛，冰灯即成。有史可考，自清代以来，从京师到黑龙江、吉林等处，元宵节有燃冰灯之举，已有数百年历史了。民国年间出版之《北平风俗类征》载《燕都游览志》云：早年北平“自正月初八日起，至十八日始罢，鬻灯在市西南，有冰灯，细剪百彩，浇水成之”。《京都风俗志》云：北平正月“而最奇巧者为冰灯，以冰琢成，人物花鸟虫鱼等像，冰以药固之，日久不消，雕刻玲珑，观者嘉赏”。黑龙江、吉林往日冰灯景象亦有史载。据史志载：清嘉庆年间，今黑龙江齐齐哈尔地方有“镂五六尺冰为寿星灯者，中燃双炬，望之如水晶人”。又载宁古塔与许多地方，“士大夫家，于冬日喜作冰灯，以矾水凝雪成冰，镂成仙人、观音等像”。沈兆禔《吉林纪事诗》，是专写吉林元宵节燃冰灯的诗集：“鱼龙曼衍夜张灯，雪月交辉淑景增。联袂踏歌归兴好，脱除晦气应休徵”。该诗注释称：“元宵，燃冰灯，放花炮，陈鱼龙曼衍，男女联袂踏歌，谓之除晦气。”除晦气，为满族旧俗，称“滚冰”。《柳边纪略》称：满洲妇女，正月十六日“联袂打滚，曰脱晦气，入夜尤多”。满族旧俗认为，白雪可除寒逐秽，妇女滚冰雪，能滚走疾病和晦气，迎来一年的好运气。

满族是我国东北地区历史悠久的民族，自古以来繁衍生息在吉林长白山区域，以“渔猎部落，初造冰灯”为世所知，《敦化文史资料》记载：“古肃慎渔者在忽汗河流域有用水桶冻空心冰笼为灯者”。“嘉庆年间五六尺冰为寿星、渔灯、龙灯者，中燃双炬，望之如水晶人，此俗在民间流传日久。节时士大夫家，冬喜作冰灯，以矾水凝雪成冰，镂成八仙、观音像等”。可见其冰灯传统制作观念和艺术水平臻于成熟，荟萃了多种民俗文化艺术延续传承下来，传承的重要源泉是清光绪五年（1879）从山西洪洞县举家迁入额穆又到塔拉站驿站驻防定居的冯兴旺，此人通晓满族民俗文化，心灵手巧，将冰的艺术生命激情深深地融入古法冰灯制作中，并以家族清晰的脉络方式传给后代。在吉林敦化，从冬月、腊月到正月制作冰灯经久不衰，从春节挂到元宵节，再挂到二月二龙抬头，雪化冰消，始才撤灯，民俗文化深入人心，根深蒂固无中断。精湛的成型技法，精彩的冰图案浇筑技法，古朴自然的冰洁技艺法，至臻至美的工匠精神，目前吉林省敦化市传统冰灯制作技艺，由雁鸣湖镇冯恒坤老匠人将其传承沿袭至今，非常罕见。

几十年来居住在村屯的老艺人们，始终遵循非物质文化遗产历史文化属性，不背离祖传技艺传承的延续与发展，保存着最完整规范、最具代表性、有影响力的传统的满族古法冰灯制作技艺。每逢春节、元宵节冰灯都是敦化不可少的一道亮丽景观，是植根于满族民间之中鲜活的原生态文化样本，反映了中国传统文化和信仰千百年来在这块土地上遗存和繁衍的轨迹，对今天构建和谐社会发展冰雪文化、节日文化具有积极的现实意义，对推动社会经济发展，弘扬中华优秀传统文化，保护非物质文化遗产传承体系做出了贡献。

在东北，一到冬季，很多人家会自发制作冰灯和雪灯，点缀茫茫的东北大地。

在东北山区，由于山高谷深，冬季雪大冰厚，村民外出十分不便，每到年节，村民便就地取材，利用冰雪制作冰灯、雪灯这已成为一项传统生活习俗。

长白山松岭屯的老百姓在这种艰苦的自然环境下，为了使生活过得有声有色，开始制作爬犁、雪橇、冰灯、雪灯等，最受孩子们喜欢的是冰灯、雪灯，由当时的木脸盆、木桶作为模具制作成的。

在制作时，先把木桶（脸盆）从中间锯开，然后用树皮绳捆上，浇入水，中间放入苞米瓢子，冻实后把苞米瓢子弄碎后解开树皮绳，便可成型。然后贴上剪纸，放入豆油灯或点上蜡烛，挂在门斗下两侧、板杖子、苞米楼子、窗台之上，形成了山里村屯独特的过年习俗。

每个村屯都有许多制作冰灯、雪灯的能手，每当过年，家家户户都会悬挂上冰灯、雪灯，使得这项手艺成为长白山区重要的传统村落文化遗产。

冰灯和雪灯的制作讲究材料的质地和手艺（图 6–12）。

在东北的冬天，不是所有的冰雪都能用来制作雪灯的。冬天的雪，如果下的是沙粒子雪，不行——这种雪，发散，不易黏结，不适合做雪灯。必须是天上飘下的那种棉套子雪最好。而且，大年之尾，开春前的雪，已经发硬，也不适合做雪灯。做雪灯的步骤如下：

首先将雪撮进一个铁桶或其他器皿里（要什么样的灯，就选什么样的器具，如盆呀、匣呀、箱呀，都可以）。

其次开踩，即施压。给雪以压力，俗称“给力”。给力可以使雪更加结实、坚硬。雪质之间密度加强，变得轻便，显得更硬更白。

图 6–12　准备制作雪灯

最后脱壳，是雪灯制作的关键手艺。这时，要将装雪又踩实的器皿搬到火炉上烤。烤时注意，要慢慢转动器皿，使器皿周边普遍着热，这才能整体脱壳。一盏雪灯便成功了。

冰灯的制作，相比雪灯，又有新的难度。它主要是器皿挂冰的手艺非常讲究。制作冰灯的步骤如下：

首先要在器具里冻出一个冰壳来。往往是在铁桶里装上水，在严寒的户外，让冰迅速挂在里面，要时时观察冰挂得是否均匀。如厚薄不均，必须随时调整。调整就是加水或掸冰，让冰挂平了。

其次是脱壳阶段。冰灯的脱壳，关键在于器皿的“坐烤”。坐烤，就是把挂上了冰的桶，直接放在火或炉子上加热，使其迅速脱壳。然后立刻修壳，不能等待。

最后是修壳，讲究手功、腕功。冰匠要手执冰铲、刻刀，在冰壳里面修冰碴子，使之平光，厚薄相间。这样，一盏冰灯就基本做成了。

冰灯、雪灯做好后，还要进行关键的装饰过程，主要是在上面张贴剪纸、刻花等。比如村里的剪纸艺人剪了一只大公鸡，一只奇怪的大公鸡，那是一只人们从来未见过的神奇的公鸡。只见它好像张开翅膀似飞似走，扬头抖尾，而且脖子下作为雄性特征的葫芦有趣地挂着，还在悠悠荡荡，贴在冰灯上活态无比！

只要你来到大东北，仔细地放眼望去，在大街小巷、山林旷野，到处是闪闪发亮、晶莹剔透的洁白的冰灯，天上人间，难以分辨。这是北方奇特的景观。冰灯艺术是关东人留给民间的一大艺术创造，冰雪也成了北方的艺术家们大显身手之地。而且这种技艺多在冬天展现，长久传承。

到了近代，由于有了电动割冰机，在江河上取冰就更容易了。那是一种用手推车改制的割冰机，前面装上两条长长的杠，杠中间是割冰机的电锯。通上电后，后边由两三个人推压着，在冰冻的江河上任意地割冰取冰，方便又快捷，提高了取冰效率。随着经济文化的发展进步，各种现代冰灯雕刻大量出现，如冰塔、冰楼阁、冰园林、大型雪雕、冰上娱乐场等，供人们参观和游玩。

经过长时间人与自然的融合，东北人民把冰和雪的雕刻艺术融入生活和生产当中。生活和生产当中所产生的冰雕和雪雕，自然也是人文智慧的创造结果，这就是东北的冰雪文化。人们所创造的冰雪文化、冰雕文化和雪雕文化，融合了大量人类生存的智慧积累、历史传承、独立思考、亲情传递、美好回忆等，这种创造，表现了人们对东北大自然、悠久的历史、丰富文化类型的热爱和亲近，是自然、历史、人文的代表性遗产，也是自然生态和人文生态保留和传承下来的珍贵杰作。

西北地区民俗

西北地区不同地域的信仰和习俗大同小异。以陕西省渭南市韩城市西庄镇党家村为例来说明（表 6–1）。

表 6–1 节日习俗信仰

节日	习俗
小年	除尘：家中里里外外打扫干净。 送灶神：祈求灶王爷“上天言好事，下地降吉祥”
除夕	贴春联：春联为大红春联，假如这一年中家里有人去世，则贴黄色的，第二年贴绿色的，第三年贴粉色的。 贴门神：门神有“郁垒”“钟馗”与“秦琼”“尉迟敬德”
春节	祭祖：全家男女老少都要在家中长者的带领下，净面、焚香、敬酒、烧纸，对先辈行三拜九叩之礼。 祭仙：祭祀天地神、土地神、灶神等，在厅房前、大门照壁等处献上“枣麻糊馍”“银罐儿馍”。经商的人家还要祭献财神、马王神等
元宵节	请神：敬神祭祖，要把大年初一中午送走的各路神仙再次“请”回来。 吃节令食品：十四吃粽糕，十五吃元宵，十六吃凉皮、凉面等。 挂灯：家家都要在大门口悬挂大红灯笼，在天地爷前的灯架上摆放“灯山”
龙头节	吃枣糕：枣糕是蒸成许多层，每层都垫有红枣的馍
清明节	上坟：要拿“独食子”花馍，用全猪全羊祭祀，在坟上插挂有纸钱的柳枝。在坟前焚香、烧纸钱、奠酒
端午节	吃甑糕（粽子）：街坊邻里常以粽子互赠。 插艾条：以防蚊虫和辟邪。 抹雄黄酒：以免爬虫误入。 缝香包：给小孩子缝制装有香料的“香香包”，用彩线系在手腕和脚腕上。 送节、送端午：母亲看望新出嫁女儿，送“串串”和粽子、床上铺的凉席、门上挂的竹门帘等
乞巧节	供织女：天黑后，妇女们领孩子来到巧娘娘前，献上蒸制的文房四宝和针线筐，跪拜、许愿，祈求巧娘娘赐给孩子一双灵巧的双手。巧娘娘前面放着一碗清水，边上放着“巧芽子”（豆芽）。孩子们乞巧完后会折一节豆芽投进清水中，请主持仪式的妇女根据形状来判断前程
中秋节	吃月饼：吃羊肉水饺、月饼、瓜果
腊八节	喝腊八粥：吃饭前祭神祭祖，再喝粥

党家村居民有着多种多样的习俗，不同类型的习俗，内容也是各有千秋（表6–2）。

表6–2 习俗内容概括

习俗	内容
祭祀崇礼	每年的正月初一、正月十五、清明、十月初一与除夕，都要举行祭祖仪式。祭祖时，在神主位前供奉时令水果等。此外，农历十月初一要给过世的祖先送寒衣，夏至时要送“伞”，冬至时送寒被
结婚习俗	订婚“看屋里”：订婚时，女方要看男方住的地方，了解家风和经济状况。 结婚“择日头”：男方家要送给女方一定数量的彩礼。 一起“取料子”：男女双方一起去买衣服，“取料子”现已经被“三金”与车、房等代替。 婚前祭祖：结婚的前一天，双方都要“祀先”，祭奠祖坟。祀先时，男方给女方家送肉，协商迎亲时的具体事宜。 “轎秀子”（娶亲）：娶亲这天吃馄饨，新郎官要戴“披红”。出发前，新郎要祭酒，由祖母或母亲清扫车轿，父亲“燎轿”。迎亲队伍走后，帮忙的人会“要公婆”，让亲族在村口扭秧歌。新娘娶回来时还要燎轿、撒五谷、鸣炮，给新娘“下轿钱”，给陪送新娘的孩子“押轿钱”，给护送嫁妆的孩子“押嫁妆钱”。当晚，新娘要到五服以内本家中去认门“端茶”，村里的年轻人会前来闹洞房。 婚后第二天：娘家兄弟要到男方给新娘送“壶瓶（化妆品）”。 婚后第三天：新娘要“回门”
丧葬习俗	报丧：家人对逝者焚香沐浴，换穿特制的葬衣。穿戴好后即通知亲属、五服以内的本家、村邻街坊等。 打墓：叫“造房”“修房子”。入殓用的棺木不出檐，墓道一般直立向下，再从一侧以直角方向朝内打“墓窑”。 入殓：入殓用的棺木不出檐，称为“四头齐”“京匣子”，名出状元王杰。棺材用木楔钉，不用铁钉。木楔是由两个梯形组成的束形样木块，一边三个，人称“阴阳锁”“三簧锁”。 暖墓窑：暖窑在送葬的前一天傍晚进行。众孝子在乐人和村中帮忙人陪同下，前往墓地，为逝者清扫墓穴。 送葬：最隆重的礼仪。主家要“接灵”，亲近晚辈要送“铭旌”，还要“迎饭”。出殡前，要在灵车前焚香、奠酒，行三跪九拜大礼，要行“点主礼”，停丧“唱戏”。送葬时，走在队列最前面的是拿着各种各样纸扎的孩童，其次为扛幡的，然后是“香器”，再后为铭旌。乐队紧随其后，边走边吹打。披麻戴孝的孝子走在最后。下葬后，从当天晚上开始，儿孙还要给逝者连续三晚“打怕怕”。 期斋：期斋从逝者去世之日算起，每七天为一祭，共有七期，三、五、七为大期，要到墓地祭奠
敬老习俗	“破老”是元朝的叫法，年满60岁为破老，破老的人会受到尊重，才有资格担任和推荐“族长”“门长”
祝寿习俗	自60岁开始，每10年为一个大寿。给寿星送寿盘馍、寿糕、寿桃馍，邻里乡亲赠送鸡蛋、寿桃。儿女子孙依次礼拜、祝寿
党家村行鼓	俗称“挎鼓子”，是韩城社火锣鼓的一种，多在逢年过节和举办庆典时表演
党家村秧歌	是一种融民歌、说唱、舞蹈为一体，并向戏曲衍化，具有戏曲性雏形的说唱形式。俗称“对对戏”
党家村秋千	距今已有700多年历史，是清明时节进行的一种娱乐活动，主要目的是将收割季节所用的大绳绷紧，同时还可以强身健体
党家村印花袱子	用土布印染加工而成，曾为陪嫁被褥、衣服的必备用品

华北地区民俗

乐亭大鼓

乐亭大鼓是我国北方民间鼓曲艺术的一大曲种，源于唐山市的滦县、乐亭、滦南等地的乡间，至今有200年的历史。

乐亭大鼓是在老木板大鼓的基础上，吸收了冀东地区的民间小曲清平歌和悠悠调及戏曲艺术声腔，同时将说唱鼓书的音乐和表演加以规范，以铁板代替木板击节伴奏，用冀东一带的乡音演唱，创造的具有冀东特色的鼓书艺术。

京剧

京剧主要的特色常被称为“综合戏剧”，因为京剧的创作完全地糅合了舞蹈、歌曲、话剧、默剧、武术及诗词的艺术精品。京剧是地地道道的中国国粹（图6–13），因形成于北京而得此名，已有近200年的历史。它有优美、独特的唱腔和舞蹈，并融入了中国武术的技艺。但它的源头还要追溯到几种古老的地方戏剧。它的前身为徽调，通称皮簧戏。

图 6–13　京剧

资料来源：新华网。

京剧用京胡、二胡、月琴、三弦、笛、唢呐及鼓、锣、铙钹等乐器伴奏。演唱讲究，行腔吐字、念白具有音乐性。角色根据男、女、老、少、俊、丑、正、邪，分为生、旦、净、丑四大行当。特别是象征性格和命运的脸谱，是京剧的一大特色。红脸含有褒义，代表忠勇；黑脸为中性，代表猛智；蓝脸和绿脸也为中性，代表草莽英雄；黄脸和白脸含贬义，代表凶诈；金脸和银脸是神秘，代表神妖。神奇的脸谱、艳丽辉煌的服装、头饰，本身也是珍贵的艺术品。

评剧

评剧原名蹦蹦儿戏、落子，又名平腔梆子戏，简称平戏，1935 年正式使用评剧的名称。它流行于北京、天津、河北及东北等地，有着广泛的群众基础。1910 年前后，以成兆才为首的蹦蹦儿戏艺人以河北省东部滦州一带的对口“莲花落”为基础，吸收东北二人转的音乐和剧目，后来又吸收京剧、皮影、大鼓等的音乐和表演艺术，并在演出中采用全套河北梆子乐器伴奏，形成评剧的基本样式，这一新兴的戏曲声腔剧种后来又在实践中得到了进一步的发展和完善。

早期评剧只有男、女角色之分，在发展过程中逐渐有了生、旦、丑三个行当，后来又受京剧和梆子的影响，形成青衣、花旦、老旦、小生、老生、小丑等行当。其表演吸收梆子和京剧的身段动作及唱腔，但仍保持着自由活泼的民间小戏特征，富于生活气息。

华东地区民俗

生育

从妇女怀孕之日起，就得到家人照顾。若生男孩称“伏喜”，生女孩称“匀喜”。生男孩就在放着面条的篮子里放一本书，生女孩放一朵花，由初生儿的父亲或小叔送到小孩的姥姥家和其他亲戚家，俗称“服喜”或“挂喜面”。亲戚家要回些红糖、鸡蛋表示祝贺，并在篮内放些谷子，祝小孩子扎根成人。

小孩的诞生礼俗还有“撇满月”“牡百日”“牡周岁”等。过周岁礼仪最有趣的是“抓周”，以预测孩子将来的志向。中原民间一般是在桌子上放笔、纸、书、算盘、食物、玩具等，随小儿抓取。无论抓到什么，客人们都要随题发挥，祝贺一番。以后每年都要为小孩过生日，三周岁生日也较隆重，其余自家过，亲友则不再祝贺。

婚嫁

中原婚嫁礼俗最早出现在古代对偶婚末期和个体婚初期，至西周时期趋于完善，逐步形成纳采、问名、纳吉、纳征、请期、亲迎六礼。在此基础上又演化为提亲、定礼、迎娶等婚俗，延续至今，成为中国主要的婚俗内容。

婚姻程序大致有送八字（双方交换出生年月日及时辰）、传小帖（订婚）、看好儿（定结婚日子）、迎娶。送八字也叫“换帖”“转帖”。媒人提亲后，双方父母根据媒妁之言，由媒人将男女名字、生辰年月日具帖告诉对方，请算命先生合相，属相不合，即便门户相当，亦不得成婚；如无冲无克，便择吉日定亲，双方互换红帖亦叫“传小帖”。看好儿就是订婚，由男女生辰八字择定吉日，备好礼物请柬由媒人通知女方。迎亲时，男方备彩轿两顶，喜酒两坛，喜盒两架，彩旗 10 面（多少不等），路分两道，前有礼炮、大锣开道，后有笙箫唢呐伴奏（图 6–14）。新郎新娘在香案前行祭拜天地之礼，夜间新郎新娘同饮“交心酒”（图 6–15）。

祝寿

人到花甲（60 岁）方能称寿，60 岁为小庆，70 岁为大庆。寿辰（生日）前，亲族邻友送寿礼，有寿面、寿酒等，也有送寿幛、寿联的。寿堂正厅后墙挂上寿星图，图前摆上老人放大照片，八仙桌上放寿糕果品，条几上展出珍玩礼品，四方墙上挂上亲朋挚友送来的寿幛，中堂条幅。祝寿仪式上，老人穿着整齐，端坐正位，宾客儿女分坐两旁。儿女致辞感谢老人养育恩德，表达孝敬之意和祝愿老人长命百岁的愿望。宾客则极力颂扬老人施仁、施义于社会的高风亮节和人们无限敬佩之意及良好的祝愿。也有请戏班唱大戏助兴的。而贫苦人家衣不蔽体，食不果腹，即使祝寿，只要有祝寿的意思就行了。

图 6–14　中原地区婚嫁习俗之一

资料来源：新华网。

图 6–15　中原地区婚嫁习俗之二

资料来源：新华网。

丧葬

中原地区早在两万年前就有了葬仪，至周代形成一套比较完整的丧葬礼仪，并成为中国重要的礼俗。中原一带传统习俗为木棺土葬。老人死后，俗称“咽气”，即日行灵举哀。亡人寿衣，富者以绫绸之衣十余件，贫者以布衣五七件不等。在官者则用礼服。入殓后盖棺留口。棺前置供桌，竖灵牌，点长明灯。亡者之下，五辈之内均行孝仪，焚箔烧纸，陪灵哭，一日三次。亡后二三日晚，家人着孝衣哭祭土地庙前，焚烧纸扎车马及金箔元宝。

盖棺钉也叫“大殓”。三堂亲族到齐后，先由长媳或主丧人为亡者净面，众环棺一周与之告别，公允后方可钉口。灵柩停放一般有三、五、七天，死者如上有父母活着则不能长期停放，一般当天死当天埋葬。柩至街中，覆以棺罩，长子持瓦盆摔碎也称“摔老盆”。祭祀分四拜、五拜、八拜、九拜、十二拜、二十四拜等礼仪。墓穴呈西北、东南方向，头北脚南，棺放穴后，长媳抓土回家，寓意“抓财弦”。

龙华庙会

上海龙华庙会（图 6–16）是华东地区著名的传统庙会之一，是独特的海派庙会。华庙会的发生期可以追溯到唐代。从明代开始，庙会由礼佛的单一庙会发展为集礼佛、商贸、娱乐于一体的综合性庙会，这是庙会的发展期。清代，庙会正日的时间由三月初三向后推至三月十五，与赏桃花的习俗结合起来，扩大了庙会的规模和影响，也丰富了庙会的娱乐内容，庙会进入全盛期。20 世纪 20 年代以后，庙会发生了第二次转型，由乡村庙会向都市庙会转化，即转型期。中华人民共和国成立以后，政府参与组织龙华庙会，庙会结束自发状态，进入新兴阶段。

龙华寺相传为弥勒菩萨的道场，因此，每逢弥勒菩萨的化身——布袋和尚的涅槃日，龙华寺都会举行隆重的纪念法会，做众姓水陆道场。纪念法会期间，佛教徒云集，庙会遂兴。庙会期间，有独特的烧头香、放生、上贡等习俗。

龙华庙会一般在清明节前后举行，此时正是春播时间，需要农具、种子等物品，因此庙会就成了这些农用物品最好的交易场所。饮食是庙会商贸习俗的一个重

图 6-16　龙华庙会

资料来源：新华网。

要方面，龙华羊肉、龙华五香豆、龙华豆腐干、龙华素斋等都是龙华庙会上常见的特色食品，与当地食俗和生活方式有着密切的关系。娱乐活动同样是龙华庙会的重要内容，庙会期间，人们愉快地踏青赏桃花，观赏皮影戏、花鼓戏、舞龙舞狮和荡湖船等表演，使龙华庙会成为上海新春时节最受欢迎的节日之一。在龙华庙会的发展过程中产生了众多的传说故事、诗词、谚语，这些作品的产生既说明了庙会在民众生活中的重要作用，又体现了庙会的巨大影响力和强大辐射功能。

祭祀篇

祭祀，是一种信仰活动，源于天地和谐共生的信仰理念。现代人类学、考古学的研究成果表明，人类最原始的两种信仰：一是天地信仰，二是祖先信仰。天地信仰和祖先信仰产生于人类初期对自然界及祖先的崇拜，由此产生了各种崇拜祭祀活动。

东北地区祭祀

祭祀是满族出于对自然和祖先的崇拜而举行的活动，是体现其民族特点的重要习俗。满族的祭祀有“星祭”和“家祭”之分。

“星祭”是满族自然崇拜观念的反映之一，它如实地记录了满族劳动群众对“北斗”或“北极星”的崇拜与他们同自然的依赖关系。“星祭”在秋季九月以后的午夜里天上的星星出全了的时候举行，一般是在居室西窗以外的烟囱后面摆起祭桌，陈放七个香碟、七盅米酒、七盏油灯碗儿（这个数字各氏族之间也有区别）。举行“星祭”时，全宗族的人按照辈分面向北斗排列。

满族由于长期在山林中居住和从事狩猎活动，对山川树木的崇拜在满族早期社会中就已形成。他们认为林中山上皆有神祇司之（如旧满洲祭长白山神），所以在经常经过的山林路口的树上挂一些彩色布条或纸条，以奉“山神”，每次进山和出山时都要虔诚地祭祀，以示崇敬。

“家祭”是指满族内各姓氏以血缘族姓为单位举行的祭祀祖先的一种活动。在时间上有朝祭和夕祭之分，“满洲祭神之礼，有朝祭、夕祭。凡朝夕祭，皆有歌祝之辞”。由此可见当时满族人祭祀的隆重程度。

西北地区祭祀

“社火”的起源就是祭祀，是社祭的演变形式，有祭祀、祝福之意，是我国西北地区古老的民间艺术形式，指在节日里的各种杂戏、杂耍表演。我国古代劳动人民对土地和火的崇拜造就了社火。“社”为土地之神，“火”即火祖，是传说中的火神。土地是万物之母，烟火则开启了华夏文明。人们崇拜社神、敬畏火神，遂以歌舞祭祀，以示尊崇。西北的人们通过耍社火、看社火诉说一年的丰收喜悦，祈求年年风调雨顺、岁岁五谷丰登。

每年正月，西北民间自发组织社火活动（图 6–17），经过之处，爆竹声声，锣鼓喧天，飘扬的旗帜，抓杂耍的队伍，五彩斑斓的服饰，打扮得花枝招展的妇女，共同装点了一份正月里的红红火火。

图 6–17　西北社火

资料来源：新华网。

造型社火和表演社火是社火的两种表演形式。造型社火主要展示人物造型和工艺；表演社火主要在场院进行打斗表演。社火除了形式上的区别，在种类上也细分了好几种，主要有布社火、背社火、马社火、车社火、芯子社火、山社火、面具社火、地台社火、高跷社火、血社火、黑社火等。

随着时光的推移，社火在这片黄土地上流转传承，它积淀成一种习惯，汇聚成一份守望，散发着黄土地质朴的气息，也蕴藏着蓬勃生机，犹如一把火，释放着人们对美好生活的向往和追求。

华北地区祭祀

祭祀是向神灵祈福消灾的传统礼俗仪式，被称为吉礼。“祭祀”也意为敬神、求神和祭拜祖先。

户内祭祀

根据中国传统村落数字博物馆的资料，户内祭祀活动一般在堂屋（正屋）进行。正中间的为堂屋，北墙上挂着“祖宗昭穆神位”字样的中堂画，中堂画下一律摆放着一张供桌，柜式的或台式的。房屋主人一般在每年的小年（腊月廿三）、大年（除夕）、元宵节（正月十五）进行先祖祭祀仪式，向先祖祭拜、祈福，表达对先祖神灵的敬畏和对美好生活的向往。祭祀正日，要沐浴换上祭服后才能去祭祀。否则，便是对祖先神灵的亵渎和不敬。祭祀所用的牺牲和礼器物品等，必须仔细挑选。

户外祭祀

清明立碑，并不是非清明那一天不行，只要是清明之前办了，就可称为“清明立碑”。立碑前，先是由子女选料刻碑，定好日期。碑刻好后，要将碑用红布裹起来。立碑时，碑的方向各地有各地的讲究，一般阳面朝向东南。碑立好后，家人也要在碑前磕头、烧纸、燃放鞭炮，以表敬意。按传统习俗献上花圈、鲜花，供上饭菜、水果、点心，点上香，送上纸钱。

正月十五这天，远在外地的游子都要回到家乡，中午吃团圆饭，晚上送灯。如果哪家祖坟没有人送灯，就说明这家人绝户了。这是每户人家都忌讳的。

每年正月十五要烧纸拜祖先后才开始吃团圆饭。饭后，就由家里的小孩或年轻人削竹签、粘灯罩。如果祖坟比较远的话，就得提前早早准备了。当竹签、灯罩准备好后，就由大人领着小孩成群结队到祖坟上去送灯了。到祖坟后，首先要在坟头上压坟头纸，一般压三叠，正中一叠，两边分别一叠。意思是，儿孙来看望祖先了，也表明这座坟有后人，也就是后继有人。来往的人看到坟头纸后，就知道这坟还有后人。其次，将坟前杂草拔掉或砍净，插上一排竹签，三至四支竹签一组，围成灯罩大小，在中间栽上一圈蜡烛，罩上灯罩。待天快黑时，点着蜡烛。这个过程叫“发亮”。接着烧纸，放鞭炮和礼花。最后，大人小孩们磕头，说些祖先我们来看你了或祈求保佑的话，仪式算是完成。

华南地区祭祀

华南地区农村进入农历腊月中旬就开始做准备，如春年糕粉、做新衣裳、买新鞋新帽、理发等。腊月二十三日至腊月二十五日叫“入年卦”，为送灶君上天庭之日，家家户户在灶君神位前烧香点烛，有的还备糖饼、茶果恭送，委托灶君向玉皇大帝报告一年来善恶行为，并代为本宅祈求赐福。人们开始忙着摘茶果（糕点）叶、洗家具等。从这一天起，有许多禁忌，如不准说粗话、撒谎等。

年三十（除夕）下午开始过年，贴门神、春联，接灶君入宅，宰鸡杀鸭，用三牲（鸡、鱼、猪肉）、白米饭几碗（配以筷子）、茶、酒等，插上香烛，拜祭天地、祖先。晚上一家吃团圆饭，外出家人无要紧事都要回来团聚吃饭。外人则不会接受请吃。当晚，全家洗澡要洗“大吉水”（用橘皮、柚叶等），边洗边说几句大吉大利的话，洗完后，长辈要给晚辈压岁钱。入夜家家户户开始点年光灯，日夜不熄，直至年初三。

年初一（正月初一）午夜零时，各家要到祠堂烧头香，放鞭炮，迎接新年的到来。上午饭吃素，以粉丝、红枣、腐竹等为菜肴，生菜肯定是要吃的，过去有钱人家还吃发菜，取谐音发财之意。这一天严禁杀生，不拜神，还忌送钱物给别人。年初二，称“开年”，开戒宰杀三鸟。同宗族的亲友、邻居等互相串门贺新年，给小辈们派“利是”。舞狮队、麒麟队也开始出动，到各村参拜，进行武术表演。年初四，是探亲日，出嫁妇女纷纷回娘家探亲。年初五，“出年卦”，虽然还弥漫着新年气氛，但高潮已过，人们开始新的一年的工作或农事。

年一直过到元宵。元宵节俗称灯节，农历正月十五这天，有做汤圆（糖丸）吃的习惯。在农村，各家各户入夜在大门上挂灯，孩子提着各式各样的彩灯穿街走巷玩耍。上一年生了男孩的人家还将特地举行添灯仪式，在祠堂挂彩灯至正月尽，叫“点灯”。

西南地区祭祀

苗族对天神祭祀是以 1 头水牛、19 杯酒、19 份祭肉，外加 1 只鸡、1 只鸭、3 份牛肉和 3 杯酒为礼。祭祀时，如果是对专事护佑的神，祭供时，就要在门前立一棵3丈长并带枝叶的小树或一把竹子，剪些白纸人和纸飘带挂在上面，树下摆一小长方桌，桌上放5杯酒和1升米，并插上1炷香。左手拿只白公鸡，右手抓米向前抛撒，嘴里不停地呼唤神的名字，要他们来受祭和给予保佑。念毕，杀白公鸡洒血于小树示祭。

布依族祖师崇拜由木匠、石匠、医生，甚至布摩等进行祭祀，其方法是以一块或大或小的木板，于室内靠墙立于小桌上，沾满鸡血与公鸡绒毛，逢场（赶集，7日一轮）买公鸡祭之，以求办事顺畅。

侗族除了寨神是在寨门设祭祭祀以外，对婚育神和历史人物神均建有庙宇。每年的农历三月初三，寨中的妇女即带上锅瓢碗盏及煮油茶所需的物品，到婚育神庙前就地生火煮油茶，祭祀婚育神（郎家神或外家神），祈祷村寨平安、阖家清洁、人丁兴旺。敬祭后，大家在一起欢欢喜喜吃油茶，尽情欢笑，叙述家常。侗族祭祀历史人物神，主要是祭飞山公，时间在大年三十，祭祀情况与祭其他神略同。

水族对保家神是在中堂设席供奉，杀牲敬献，供物为猪、牛、鸡等。祭祀主持正义之神时，选7人，两人抬一架子猪，其他带自备的酒饭。抬架子猪的，不论其路途多远，只能一肩到达，中途不能换肩。在祭祀地，他们把猪杀死，煮熟敬供。然后把肉分开，各吃各的，谁也不能说话。吃不完的肉，按在场的人数，每人分一份，自带回家。

仡佬族崇拜阳沟神，是因祭祀地点在住户堂屋的后檐沟而得名，祭祀时间在每年的腊月三十晚上。方法是：用泡木4根（三四尺长）做柱，搭成一个单面草房，前高后低。在4根柱子的半腰横以数根木条，上铺泡木片和少许茅草。一切准备就绪，即杀公鸡一只，加上酒饭、刀头肉和豆腐。杀鸡时，鸡血要滴在茅草上，同时还以鸡毛蘸血贴于泡木架上。然后拔净鸡毛，以整鸡先祭一次。之后将鸡心、肝取出烫熟，再祭。待连敬三次之后，仪式方告结束。第三天，将茅草撤下烧掉，泡木架则收起来，捆成一捆挂在堂屋后檐下，来年再祭时，才取下烧掉，重新再搭。

禁忌篇

禁忌是人类普遍具有的文化现象。禁忌，既指“神圣的”，或“不洁的”“危险的”一类事物；又指言行上被“禁止”或心理上被“抑制”的一类行为控制模式。禁忌属于风俗习惯中的一类观念，建立在共同信仰基础上。民间禁忌，主要是指一社群内共同的文化现象。

东北地区禁忌

新媳妇的“炕”不能坐

火炕上哪儿能坐、哪儿不能坐，外来人一定要分清。比如东北火炕上有“新媳妇炕”，来人不能随便坐。新媳妇炕，是指火炕的炕梢。

到东北人家串门，要注意炕上的火盆和烟笸箩。如果火盆和烟笸箩摆在炕中间，这就是“炕界”的意思。说明一头是老人，一头是儿子和媳妇。如果火盆和烟笸箩在炕头一带，那就是老人自己占着这铺炕，来人坐什么位置上都可以。

新媳妇的炕，是新人起卧的地方，外人生人不可去坐，这是对人家的尊重，也是来人的品质彰显。另外，很重要的一点是新媳妇要生育，忌讳什么人都坐。在东北有一句话，叫“不能随便上人家炕”。上炕，或上人家炕，是指一个人不正经、作风不正的意思，特别是新人住的地方。

不能随便上窗台

东北的火炕是一处神圣的处所，上下坐卧都有许多讲究，比如炕上的窗台，就不能随便坐或蹬上蹬下，这主要是东北乡下有一句话：小伙小伙你不是人，光走窗户不走门。到人家，上人家窗台，人家最烦。因为，是人才走门；而不走门的，就不是人，不是人是什么？不是鬼就是贼。生活中人们最忌讳的就是有鬼有贼。而人们生活就需要平安、吉祥，所以任何一种不吉祥、不吉利、不平安的举动和行为都不要表现出来。

平时盖房子时，为了干活方便，搭房子的人可以在窗框子一带进进出出，一旦炕搭好了，就再也不许从窗子进入和上窗台、坐窗台、蹬窗台了，特别是站在火炕上上窗台，这说明家里要遭贼。

不能把凳子放炕上

在东北，最忌讳的是把凳子放在炕上。凳子本来是放在地上的东西，是人们坐下休息和来人时坐的工具，平时它的高度已经和炕一般高了。而火炕具备了自己本身的高度，是属于人们居住的地方主体。在主体上，不能有东西“罗”或“叠”在上面，特别是凳子，不能上炕。

传说从前有一户人家，老两口小两口在一块过日子，媳妇是个勤快人，就是个子矮，干活在炕上爬来爬去，经常受公公和婆婆的气。有一天，因为叠被，她又挨了婆婆的一顿骂。她心里憋气，见丈夫从地里回来换锄头，就对丈夫说：“我说你呀，把凳子递给我！”丈夫说：“你要干啥？”“我要干活，你就别问了！”丈夫以为妻子要擦玻璃，想也没想，就把地上的凳子搬到炕上给了她，自己下田干活去了。谁知晌午回来才发现，屋里的（妻子）蹬着凳子在炕上的房梁上拴个绳上吊了。

从此东北农村就有了这个习俗，凳子不能上炕，“凳子上炕出横事”就是这么来的。

踩被不踩枕头

在东北的火炕上有一个最忌讳的习俗，就是踩被不踩枕头。这是因为枕头是“头”，头，指人的脑；头代表人最重要的部位。去踩这个“头”，人就“不幸”“不发”。人，没有了运气，不发或不幸，就会有灾有难的。

另外，在东北，人死后要“烧包袱”，就是把人生前睡觉时枕的枕头里的荞麦皮子、谷壳子、皮糠什么的倒在家门口的十字路口上烧了。坐也不能坐在枕头上。特别是到了谁家，人家往往客气，火炕烧得太热了，便把被垛上的被子拉下来叠上让客人坐，有些不懂规矩的客人嫌被不隔热，非得要拿一个枕头坐上，这是不懂民俗风情的表现。

华东、华北地区禁忌

中原地区

在古时候人们建造房子是一件非常重要的事情。对于房屋的好坏，人们有一套评价标准。其中禁忌就是其中很重要的评价标准，如果犯了大忌，就不是好的房屋。从计划建造房屋开始，与之相关的禁忌就与建造活动密切相关。从房屋的选址、设计、动工时间、动工仪式、营造工序、营造活动、建筑用材到搬迁仪式、门户礼仪等各个方面都有讲究和禁忌。其中对生活环境起着决定性作用的是选址、设计这两个步骤。选址决定整个建筑甚至整个氏族几代人的生活环境，而房屋设计决定着使用者的居住环境。建房居住禁忌习俗如表 6–3 所示，家居禁忌及后果如表 6–4 所示。

表 6–3　建房居住禁忌习俗

建房步骤	地区	居住禁忌习俗
择基	山东省荣成	格局方正，主居住者待人处世合乎法度，中规中矩，贤良方正，受人尊敬。 前窄后宽，俗称“喇叭房”，主建房者大吉大利，财气内敛。 东北凹西南凸，宅基大吉，主居住者身强体健。 左长右短，宅基上吉，主居住者诸事皆顺。 前低后高，宅基大吉，主居住者平步青云。 如果左有流水环抱，右有街衢内弯环绕，则被视为“金不换”宝地。 西北方若有微微隆起的阜，是为上吉。 东低西高，上吉，东低则青龙欲起，西高则白虎高踞，主居住者出富贵英豪，尤其对长子有利
	山东枣庄地区	打地基留堂屋门时不能正冲着正南方，一定要偏左或偏右一些。民间解释：只有皇帝的金銮殿才可以正对着南方，一般平头百姓压不住这么大的福气。 偏东一些叫“向阳”，偏西一些的叫“向阴”
乔迁	山西省吕梁地区	搬入新窑洞时，除了三、六、九日的讲究以外，还要结合新宅子的坐向来考虑。如果坐东，不用“巳酉丑”三合日；坐西，则不用“亥卯未”三合日；坐南，不用“申子辰”三合日；坐北，不用“寅午戌”三合日。除了择定吉日以外，有的地区还要特别祭祀神明，或者老家的神明，或者新家的神明。 搬迁之后会祭拜门神，北方用炭，祭完门神，关门上闩，再于门上贴两张“封门大吉”的红纸条子，然后，用事先准备好的两只红皮甘蔗“封门”。甘蔗用红绿纸包裹，插上柏枝，倚靠在门上，这叫作“盈门甘蔗”，来年生活如甘蔗一般甜蜜。除夕守门的甘蔗被称为“甘蔗宰相”

续表

建房步骤	地区	居住禁忌习俗
房屋修葺	河南方城县	旧时盖房子兴使“魇爻”，匠人会使，不使对自己不利，使了对主家不利
打扫庭院	河南一带	河南一带的汉族不在下午打扫庭院，否则，容易发生口角。 忌讳从里往门外方向扫地，一般要从外往里扫可以聚财，否则会把家财从庭院里扫出去。 河北南部的漳河、滏阳河两岸，在正月十五过元宵节时，有一种“过七河”的习俗，目的是祈求一年的丰收
大门的方位	山东部分地区，如日照	大门的方位要看地势和水流的方向，如果地势西高东低，河水从西向东流淌，那么，大门一般要设在西南角，而不是东南角上，人们的解释是“人往高处走”，不能往低处走。 大门不能设在院墙的正中位置上，民间称这种正中的大门为“正阳门”，只有皇帝、官府和寺庙能开“正阳门”，百姓不能开，因为“福分”不够大，“压不住”
	河南一带	河南东部一带，灶门忌讳朝南、北和西三个方向，一定要朝北方才行。民间认为，灶门朝东、西方向，谓之“烧东西”，有败家的意味。而灶门朝南，则俗称“向南烧，燎太阳”，也是不吉利的。只有灶火门朝北才是最好的，俗说：“向北烧，无祸殃”，而“扭南烧北，金银大堆”。 在河南南部的光山县，认为灶火门不能朝南，当地人认为，“向南”与“向难”同音，越烧越难。在光山县可以向东或向西，象征着每天都有“东西”煮的愿望
做灶	河南一带	河南西部的民谣：做灶问师应仔细，面东贫穷北不利。向南烧火无祸殃，安灶面西子孙长。 南阳内乡也有类似的安灶歌：锅灶面南子孙长，面西烧火无祸殃。面东贫穷北不利，安灶问师要细详

表 0-4　家居禁忌及后果

家居禁忌	产生后果
别人家的房屋，院墙高于自己家	被别人家压了“运气”，不吉利
前面人家的后房檐做成“狗牙砖”	被认为是咬到后边人家了，后面的人家会不满意
别人家的山墙直冲着自己家的院子	《阳宅三十则》中记载“有邻家屋脊冲射者，主服盐卤死，兽头更甚”
别人家房屋的阴沟通过自家宅院	别人家把财冲走
自家大门与别人家大门相对	二门相对，双方不利，门小则更遭其害
忌讳对方大门比自家大	俗称“大口吃小口”“门对门，尽死人”
自家大门正对着人家的窗和山墙	“窗户对着门，官司不打就死人”
自家积水由前向后流出	向“前”流，意味着“钱”流出

资料来源：笔者根据《中国民间禁忌》《阴宅百问》《中华民俗》《民居习俗》等著作整理而得。

平原地区

生土民居

生土民居是河南民居建筑的特色，其中地坑窑院又称“下沉式窑院”“天井窑院”。在地坑院里种植花草树木，是院里主人装饰地坑院必不可少的工序。春暖花开，人们犹如生活在花丛中，置身其中有一种娴静的农家情调，心情格外爽朗。院子里再种上几棵果树，夏天既可以乘凉，挂果季节又有新鲜可口的水果吃。地坑院种树特别有讲究，要“前不栽桑，后不栽柳，当院不栽鬼拍手（杨树）”。因“桑”与“丧”同音，柳为丧仗用木，杨树树叶被风吹出的声音恐怖，均视为不吉。“前梨树，后榆树，当院栽棵石榴树。”因“梨”与“利”同音，榆树称为金钱树，石榴多籽（子），均取吉祥之意。门洞旁栽一棵大槐树，谓之“千年松柏，万年古槐”，寓意幸福长久安康。

窑洞窗户上贴窗花（也叫剪纸）是传统民俗。由于旧时妇女生活圈子局限于室内的家务琐事，其剪纸内容多为“喜鹊登梅”“龙戏珠”“孔雀开屏”“天女散花”以及各种花、卉、虫、鱼、鸟、禽兽一类的图案，反映人的也多是以胖娃娃为主的图案。

村落

河南平原地区的村落通常会采取引水、植树、兴建魁星楼等措施来弥补村落的先天不足。

视水为财运：“引水聚财”，将水引入村落的内部，除此之外，也会在村前或祠堂前开挖池塘。

以树仿山，以树提气：多以树木的种植和组织来弥补平原风水格局的缺陷，会在村落的北面植树作为靠山，使得村落形态上显得完整；也会在水口等关键点上种上大树。

利用建筑“压邪兴运”：一方面在村落整体空间中重要的关键点上布局建筑，另一方面在村落中会有土地庙、观音庙、关帝庙、龙王庙等多种类型，还有些村落兴建魁星楼兴文运，对村落格局进行补充。

华南地区禁忌（以潮汕为例）

正月是一年之始，潮汕人往往将它看作新的一年运气好坏的兆示期，因此过年的时候“禁忌”特别多。言语方面，凡是“破”“坏”“没”“死”“光”“鬼”“杀”“病”“痛”“输”“穷”等不吉利的字眼，都禁忌说出口。也忌婴儿啼哭，因为啼哭是“没头彩”，兆示疾病、凶祸。故这一天即使小孩惹了祸，也不能打他或呵斥他，以免他啼哭不休。禁扫地这一习俗正在慢慢被淘汰，因为春节期间燃放鞭炮，人来客往，地上纸屑、垃圾特别多，不打扫一下的确有碍大雅。

这一天债主不许上门讨债，因为人们认为这一天讨债对借贷双方均不吉利。也忌从别人口袋里掏东西，人们认为，正月初一的口袋让人掏了，可能导致一年都有被“掏空”的危险。

这一天忌死人，也忌办丧事，因为这将给家里带来不祥。同时，忌该天理发，因为人们在这一天总喜欢把理发同办丧事联系起来。这一天甚至忌杀生，杀生被认为会导致刀灾、兵灾、血灾等灾祸的发生，但是，现在人们生活水平提高了，吃东西图个新鲜，为了口腹之欲，也就没什么顾忌了。

饮食方面，这一天严禁吃药。否则，被认为会导致一年从头到尾疾病缠身，吃药不断。初一早饭忌吃荤，有几种说法：一种是这一顿吃斋，其功用等于一年；另一种是暗喻勤俭治家、不可铺张浪费。

独特的房匠

人们居住在舒适的住所中，离不开建造房屋的工匠，俗称房匠。这些工匠具有独特的传统规俗、习俗、故事以及行话隐语。

房子，是人们遮风挡雨、吃饭睡觉的场所；房子，是人们嫁娶生子、生老病死的地方；房子，是人生中衣食住行至关重要的一项。

没有房子，不算有家。有房才是有家。哪怕房子不大，那也是自己的家。

每代人都为房子奋斗着。

房匠盖房习俗

盖房子，是人生中的一件大喜事。盖房子，必然有许多的民间风俗。盖房子从选房址开始，民间风俗随之也开始了。盖房子，民间有“十不盖”之俗：

一是无水、水远之地不盖房。

无水之地，地下打不出井的地方，离江河、水井远的地方不盖房。不仅仅是解决吃水难的问题，民间认为水为财，无水即为无财，水远就是离财远。

二是不在反弓水处盖房。

反弓水，虽然有水，不聚财，从自家门前反弓而过流给了别人。

三是不在水口处盖房。

水口处盖房，俗语认为，财太旺了，担不起，实际上是避免涨水时房屋被水冲毁。

四是不在高岗上盖房。

高岗上风大寒冷，多为无水之地。

五是不在坟旁盖房。

民间认为，坟地闹“鬼”，在坟旁盖房，阴气重，“鬼”来闹宅，灾难不断。

六是不在剪子股地盖房。

道路交会外，盖房后孩子易发生车马事故，不是被车轧就是被牲口踩伤。

七是不盖在庙边上。

有“妖”建塔，有“邪”盖庙。房子不能盖在“妖邪”之地。

八是不盖柳松林。

柳树不成材，柳林地盖房后人没出息。松树是做棺材的料子，松林地盖房不长寿。

九是不盖洼地。

涝洼地盖房，房子容易下沉、倒塌。

十是不盖死人地。

有淹死、上吊、砸死、打死、压死、冻死人的地方，不能盖房。屈死、横死的地方，民间认为“阴魂不散，不抓个活人不能脱生”。

十不盖的俗信，各地不尽相同，但大体一致。

十不盖的俗信中涉及迷信内容，不可取也不可信，但剔除迷信的思想，十不盖房中的好多条，也是我们今天选房址的准则。

盖房捞忙之俗

东北地区民间帮忙，叫捞忙。盖房子砍木头、砌墙、拉排（拉房架子）、苫房，亲友邻居都会去捞忙。

别人捞忙，房主不付工钱，只中午和晚上供两顿饭，一般一饭一菜就行，但到了拉房架子上梁那天，要摆酒席犒劳捞忙的人。

捞忙是个很好的民俗，有事大家帮，帮的是人情。这次盖房大家帮我，下次人家结婚我去帮他。互帮互助，关系才会相处得融洽、和睦。

捞忙，可以减轻盖房主人的经济负担。要是盖房全靠雇人干，那可是一笔不小的工钱。没有捞忙民俗，许多人家盖不上房子，更有许多人家盖房得晚上好几年。欠的不是金钱债，人情债好还，谁家有事就去谁家捞忙。

拉房架子上梁之俗

拉房架子上梁，要举行上梁仪式，杀鸡、蒸馒头、上香，还要奠酒、摆供、放鞭炮、磕头。

各地上梁风俗不完全相同。

有的钉八卦图，有的钉辟邪红布，有的挂灯笼。有的用鸡血浇房梁，有的洒酒浇房梁。

有的端锡头跑房梁，有的往房梁上撒五谷粮，有的在房梁上吊五谷。

木匠唱喜歌，做什么唱什么。

木匠在上梁时，把一头多余的一截锯下，称为梁鼻子，供在供桌上，然后木匠劈开梁鼻子，唱《上梁歌》：

大梁好似一条龙，
弯弯曲曲往上行。
行到高空等一等，
等等亲朋来挂红。

木匠在大梁上钉八卦图，房东领众人向大梁叩头。这时，木匠唱《祭梁歌》：

黄道吉日来上梁，
紫微星君下天堂。
新梁新柱盖新房，
九宫八卦安中央。
前有朱雀朝北斗，
后有玄武向太阳。
左有青龙来戏水，
右有白虎卧山岗。
此处正是兴隆地，
富贵荣华大吉祥。

木匠在大梁上挂红布，唱《挂红布歌》：

手拿红布万丈长，
今日把它挂梁上。
八梁四柱屋屋发，
儿孙富贵福满堂。

木匠如果在大梁上包红布，唱《包红布歌》：

鲁班弟子来缠梁，
左边缠出龙现爪，
右边缠出凤朝阳。
梁头缠出小丞相，
梁尾缠出状元郎。
架造龙楼并凤阁，
儿孙富贵多吉祥。

木匠洒酒浇大梁，唱《浇梁歌》：

手提银壶亮堂堂，
银壶里面是酒浆。

银壶不是凡人造，
杜康造酒来浇梁。
（白）浇梁喽！
好酒浇梁头，
祖祖辈辈生王侯；
好酒浇梁腰，
代代儿孙穿龙袍；
好酒浇梁尾，
儿孙做官清如水。
（白）浇梁啦！
浇来浇去，
万事如意。
浇去又浇来，
添喜又发财。
东家盖房，
吉祥吉祥！

木匠在大梁上撒五谷，唱《撒五谷歌》：

一撒东方甲乙木，
又有金银又有库；
二撒南方丙丁火，
金银财宝往里搁；
三撒西方庚辛金，
金银财宝往里进；
四撒北方壬癸水，
金银财宝往里堆；
五撒中央戊己土，
金银财宝到你府。

一撒金来二撒银，
三撒骡马成了群。
四撒五福落了地，
五撒怀抱聚宝盆。

抬头扬，往前观，
空中来了天上仙。
和合二仙前引路，
后跟刘海撒金钱。
金钱撒到新房里，
富贵吉祥万万年。

尊卑大小之俗

四合院和二合院房，正房为尊，主人居住；厢房为卑，东厢房伙计居住。
东西屋房，东屋为尊，老人居住；西屋为卑，小辈人居住。
弯了炕、对面炕屋，西北墙为尊、为贵，是放祖宗匣的地方。
对面炕房，南面为尊，一般是老辈人居住；北为小，一般为晚辈人居住。
一铺炕房，炕头为大，一般是男主人居住；女主人居二位；孩子居炕梢。

布局之俗

四合院布局为：正贵、厢大、南小。正房为贵，一般是主人居住。厢房为大，东厢房住伙计，西厢房为粮仓。南为小。门洞东为牲口棚，门洞西为白虎地，设碾房、磨房。

三合院房为正贵，东大、西小。正房为贵，主人居住。东厢为大，伙计居住，东厢另屋为粮仓。西厢为小，设牲口棚。石碾、石磨为白虎，设在西南处露天白虎地。

二进院，北房为大，南房为小。

北房为大，主人居住。北房西屋为粮仓。南房为小，伙计居住东屋，牲口棚、碾房在西屋。

一趟房的，碾子在西南空地。没碾子的设茅楼（厕所）。磨在下屋里即厨房里。也可另搭棚安磨。

接房之俗

接房接东不接西。左青龙，右白虎。青龙大吉，白虎大凶。房子坐北朝南，东为青龙，西为白虎，所以接东不接西。

外人接房盖房，房檐和房脊不能高于原有住房，高了压运气，会使房主容易发生灾祸。

挨着别人盖房，必须留出三尺滴水，院子不能高于人家。这是盖房人应有的起码的道德。遵不遵守民间的道德风俗也是检验一个人德行的关键。

纳吉求福避凶之俗

太公石，即姜太公神石，民间称为泰山石敢当。民间传说，姜太公封神时，别人都封了神，唯独忘了自己。过年时，诸神归位，由于姜太公没有神位，只好在百姓的房檐下蹲了一宿。为了感谢老百姓，姜太公从泰山上搬来一块石头，上写“太公在此，诸神退位”，命令众神不准侵扰百姓。从那以后，民间盖房时，会在东南角立一块太公石，以石镇住邪神，使住宅大吉。

一般受条件、环境的限制，盖的房子不能冲着道路、水沟、水井、庙、坟、白虎石、孤树、独屋等不祥物，这时挂一面镜子，就可以破解不祥之物。这面镜子民间俗称照妖镜。

有的人家住进新房后，不是家人常有病，就是连连出灾祸，这时会在房前或在室内放一奇石，称为镇宅石，以镇凶邪险祸和恶鬼阴气，保家宅平安。

在房宅里挂一把剑，或者挂上一把桃木剑，民间认为能够驱邪神恶鬼，保护家人安康。

人们认为，过年贴门神，有门神护宅，可保家宅和家人一年平安。过年时，家家户户都贴门神，“总把新桃换旧符”。

乔迁之俗

乔迁新居，是人生一件大事，称为乔迁之喜。乔迁新居，要选吉日，一般选老皇历上适宜迁居的日子。乔迁新居，要带七样物品：

一带新扫帚，除旧布新；二带一把原居地土，到新居新地服水土；三带半桶水，民间认为水为财，把财运带到新居去；四带一把铜钱，到哪都有钱花；五带一把米，到新居不缺吃、不愁吃；六带一口锅，支上锅才算安了家；七带火种，日子过得红红火火。之前拿去多少东西都不算搬家，最后拿去的这七样东西才算是真正意义上的搬家。

民俗讲究上午搬家，下午不搬家。上午搬家，日子如日头升正午，越过越好；下午搬家，日子如日落西山，一年不如一年。

乔迁新居燎锅底，搬家时大家帮忙。邻居、亲戚、朋友都赶礼。赶礼可拿钱，也可拿火柴。过去没火柴，赶礼的拿松明子或麻柴，寓意日子过得红火、财运兴旺。搬完家，乔迁新居的主人以酒宴答谢捞忙和赶礼的人。答谢宴称为燎锅底。有人说，不燎锅底，锅灶不好烧。如今搬家说道更多，一地一个样，真是“十里不同风，百里不同俗”。

盖房之俗还有很多，说明盖房是人生中很重要的一件大事。盖房之俗，并没有随着历史的发展而消亡，而是顽强地延续着、生存着。

房匠、泥瓦匠行话隐语

瓦匠——泥瓦匠。

窨子——地下穴居的地方。

戗子——半穴居的房子。

木刻楞——原木盖的房子。

霸王圈——原木盖的另一种房子。

马架子——离地用杈子木支起的房子。

地窝铺——地上支起的人字架房子。

窝棚——由两层木头搭的小屋。

金房子——淘金人住的房子。

金屋子——金房子。

金窝铺——金房子。

猎人屋——猎人打猎住的屋子。

大房子——木把头住的大屋子。

蚕房子——放蚕人住的房子。

蚕把式房——蚕房子。

排屋子——排上搭的小屋，沿江为放排人盖的小屋。

牛棚子——放牛人住的小屋。

网房子——打鱼人住的小屋。

狗洞子——在山上独居人住的山洞、树洞、窝铺。

雪屋子——猎人在雪里挖的小屋。

填地基——挖好的地基，填上石头，填上沙子，灌上水，使沙子把地基缝填实。

砌明石——砌大石块，不外抹泥。

胶泥——和好的黄泥。

码砖——砌砖。

挂线——拉线。

找面——把墙面砌平整。

补里——把墙里面砌平。

大角——房墙的四角。

编笆——在房上用树条秸棵编的帘子。

明条子——木条。

明条笆——用木条编的笆。

柳条笆——用柳条编的笆。

苇子笆——用芦苇编的笆。

草笆——用苫房草编的笆。

秫秸笆——用高粱秆编的笆。

泥抹子——瓦匠抹墙用的工具。

托泥板——瓦匠抹泥时用来托泥用的工具。

泥板子——托泥板。

苫房拍子——苫房子时用来平整苫草的工具。

小手锤——砌墙时用来打石头用的工具。

石砌墙——明石墙。

乱插石——用大小不一的石头砌成的墙。

斜插石——用鹅卵石砌墙的方法。

水捞石——江河里捞出的盖房石头。

炮崩石——放炮打下的石头。

炮石　　炮崩石。

砌顺缝——砌墙要求上石压下缝，没压下缝叫砌顺缝，这样的墙必倒。

半拉架——没成手。

撸生——没经师傅教，自己学的。

前脸后腚——前墙是明石墙，后墙是乱插石抹泥墙。

砖包角——用砖砌房子的四个大墙角。

土坯墙——用土坯砌成的墙。

泥叉墙——用铁叉把黄泥叉起垒成墙。

泥摔墙——用黄泥摔成的墙。

篱笆墙——编篱笆填土为墙。

泥母猪墙——用草把滚泥垒墙。

石砌烟囱——用石头砌的烟囱。

泥砌烟囱——用黄泥砌成的烟囱。

草把烟囱——用草把滚泥砌的烟囱。

编笆烟囱——用树条编笆抹泥做的烟囱。

木板烟囱——用木板做的烟囱。

树筒子烟囱——用树筒子做的烟囱。

木墙木瓦房——用木柈砌墙、木瓦苫顶的房子。

苫房草房——用苫房草苫的房子。

麦秸房——用麦秸苫的房子。

苇子房——用芦苇苫的房子。

秫秸房——用高粱秆苫的房子。

草披房——用草帘子披的房子。

线麻秆房——用线麻秆苫的房子。

青麻秆房——用青麻秆苫的房子。

红根草房——用红根草苫的房子。

白尖草房——用白尖草苫的房子。

乌拉草房——用乌拉草苫的房子。

树皮房——用树皮苫的房子。

青苔房——用青苔苫的房子。

木瓦房——用木瓦片苫的房子。

泥顶房——用泥抹房顶的房子。

石板房——以石片为瓦苫的房子。

盘炕——砌炕。

盘炕瓦匠——专门会盘炕的人。

炕神仙——对会盘炕、会修炕的人的称呼。

燎烟——柴烟不往灶坑和炕洞子里进，全在灶门口往外冒。

炕洞子——炕里的烟道。

直洞——直通的烟道。

花洞——弯曲的烟道。

狗窝——炕头和炕梢烟洞里的深坑。

截柴——柴火烧不净，剩一截柴火头。

倒风——从锅门出风、出烟，也叫倒烟。

倒烟——倒风。

迎风石——狗窝里的一块石头。

呛风石——迎风石。

煳炕——把炕面上的炕席烧煳了。

重皮了——两层皮。这里指假干炕。

假干炕——没一气烧干的炕。

焐出汗——焐出潮气。

烟硫硫——烟油子。

捞忙——帮忙。

砍房木——砍盖房用的木头。

砍房架——砍房子的框架。

拉排——拉房架子。

上梁——上梁柁。

炕琴——放在火炕上的长方形木柜。

炕桌——放在火炕上吃饭用的小木桌。

钉八卦图——上房梁风俗。

钉红布——上房梁风俗。

挂红灯笼——上房梁风俗。

吊五谷——上房梁风俗。

撒五谷——上房梁风俗。

浇房梁——上房梁风俗。

跑房梁——上房梁风俗。

锯梁鼻子——上房梁风俗。

接东不接西——接房子风俗。

滴水——房四周滴水处。

石敢当——太公神石。

照妖镜——挂大门上辟邪求吉的镜子。

镇宅石——放门前或室内辟邪镇宅的奇石。

燎锅底——生火做饭。

参考文献

吉林师范学院古籍研究所，李澍田．长白丛书：初集·扈从东巡日录［M］．长春：吉林文史出版社，1986.

马炳坚．中国古建筑木作营造技术［M］．北京：科学出版社，1991.

东南大学建筑系，徽州文物管理所．徽州古建筑丛书：棠樾［M］．南京：东南大学出版社，1993.

《建筑设计资料集》编委会．建筑设计资料集［M］．2版．北京：中国建筑工业出版社，1996.

梁思成．中国建筑史［M］．天津：百花文艺出版社，1998.

刘致平，王其明．中国居住建筑简史：城市、住宅、园林［M］．2版．北京：中国建筑工业出版社，2000.

乌尔沁．中华民俗［M］．北京：中国致公出版社，2002.

刘敦桢．中国住宅概说［M］．天津：百花文艺出版社，2004.

左满常，白宪臣．河南民居［M］．北京：中国建筑工业出版社，2007.

曹保明．东北火炕［M］．长春：吉林文史出版社，2007.

王全，张玉东，王纪．关东山艺匠民俗风情［M］．长春：吉林文史出版社，2007.

赵丙祥．民居习俗［M］．北京：中国社会出版社，2008.

陆琦．广东民居［M］．北京：中国建筑工业出版社，2008.

政协延边朝鲜族自治州委员会文史资料与学习宣传委员会，千寿山．延边文史资料：第14辑：中国朝鲜族风俗百年［M］．沈阳：辽宁民族出版社，2008.

东南大学，潘谷西．中国建筑史［M］．6版．北京：中国建筑工业出版社，2009.

关志伟．话说乌拉［M］．长春：吉林人民出版社，2008.

张驭寰．吉林民居［M］．天津：天津大学出版社，2009.

李秋香，罗德胤，贾珺．北方民居［M］．北京：清华大学出版社，2010.

吴正光，陈颖，赵逵，等．西南民居［M］．北京：清华大学出版社，2010.

郭瑞民．豫南民居［M］．南京：东南大学出版社，2011.

任聘．中国民间禁忌［M］．济南：山东人民出版社，2012.

王其钧．中国民居［M］．北京：中国电力出版社，2012.

罗杨．木屋村［M］．北京：中国文史出版社，2014.

李斌，何刚，李华．中原传统村落的院落空间研究：以河南郏县朱洼村和张店村为例［J］．建筑学报，2014（S1）：64-69.

王军，李钰，靳亦冰．陕西古建筑［M］．北京：中国建筑工业出版社，2015.

罗杨．牛心套保村［M］．北京：中国文史出版社，2016.

曹保明．长白山冰雪文化［M］．长春：吉林大学出版社，2016.

江汉力．乌拉民居［M］．北京：团结出版社，2017.

刘磊．中原地区传统村落历史演变研究［D］．南京：南京林业大学，2016.

戴雅文，张亚池，柯清．山西静升村窑洞室内布局研究［J］．家具与室内装饰，2017（7）：126-128.

周晓觅．中原地区传统民俗禁忌对现代住宅设计的影响以及应用研究［D］．天津：天津大学，2017.

毛葛．绘造传统民居［M］．北京：清华大学出版社，2019.

李焱，董健菲．台湾传统民居中的原住民与闽粤信仰文化［C］// 长沙市人民政府，中国民族建筑研究会．中国民族建筑研究会第二十一届学术年会论文特辑，2018.

《陕西民居》编写组，张璧田，刘振亚．陕西民居［M］．北京：中国建筑工业出版社，2018.

刘翼．泉州民居记忆剪影［J］．中国中小学美术，2019（7）：40-42.

曹保明．下泉坪村［M］．北京：世界图书出版公司，2019.

余津萱．江南聚落与民居的形成要素研究［J］．建筑与文化，2020（7）：249-250.

郭丹瑾．闽南传统古厝建筑装饰艺术研究［D］．南京：南京艺术学院，2022.

后 记

我们曾经走过

《居住民俗》就要问世了，我和其他几位主编心情非常激动。其实这次我们所编著的这一部著作，从2017年开始，先是经过了人员集中、培训，包括我的研究生，以及许多专家和学者，然后我们共同出发，经过七年的不懈努力，走遍了中国各地，走遍了全国重点房屋代表性乡镇、村屯，最后才完成了这部珍贵的著作，它是我们这些人共同经过的生命历程。提起这些，我们有许多心里话，借此机会也对诸位表达一下我们的心情和感受。

民居是人类重要的处所，那是人之生命从诞生一直到故去都离不开的一个文化背景和空间。其实人类的文化背景和空间是人精神和信仰产生和存放的地方，也是人类的所有情感、生活、生产不可离开的文化释放地。在这个文化释放地当中，中华各民族通过房屋、居所、院落来表达一代又一代的精神信仰、文化情感、祖辈传承、情感道德、师徒手艺、伦理分布、精神理念等。诸多文化积累都在这个空间中产生，又在这个空间中释放，并在这个空间中流传，永记不忘，成为人类生存的宝贵遗产。

每个人都在其诞生之地——那些充满故事的房舍与院落中，留下了不可磨火的生命印记。这些印记，从最初的一间房子、一个院落开始，伴随着我们的成长，成为心灵深处最深刻的过往记号，引领着我们一生的思想轨迹。在中国文化中，“衣锦还乡”不仅是对成功与荣耀的向往，更是对故土深沉情感的表达。它象征着无论我们走得多远，最终都会回归出生地，重新审视那片曾经见证我们生命起点与成长历程的院落和房舍。这些院落与房舍，不仅仅是物理上的居住空间，更是人类居住民俗的体现，承载着厚重的文化积淀与生命记忆。

人类的居住民俗，作为文化的重要组成部分，是每个人生命出发的起点，也是文化孕育与传承的摇篮。从这里，我们汲取了最初的思想与智慧，踏上了追求梦想与理想的征途。然而，无论我们经历了多少风雨，走过了多少路程，那份对故土的眷恋与回归的渴望始终萦绕心头。因此，许多人在功成名就之后，依然选择衣锦还乡，回到那片给予他们生命与思想力量的地方。

院落与房舍，作为人类居住民俗的载体，见证了我们的奋斗历程与对祖先的记忆。它们不仅记录了个人的成长与家族的兴衰，更承载了人类共同的记忆与情感。这些记忆与情感，如同珍贵的符号，深深地烙印在我们的心灵中，成为人类最宝贵的遗产。

当我们回望过去，那些远去的陈旧的房舍与院落，总能唤起我们内心深处的记忆与情感。它们让我们想起童年的欢笑与泪水，想起那些美好的童话与神奇的传说，想起爷爷奶奶在火盆旁讲述的故事。这些故事与记忆，不仅丰富了我们的文化生活，更传承了人类最珍贵的文化遗产——口述史。

口述史，作为非物质文化遗产的重要组成部分，其产生与传承离不开人类居住的环境。房屋、大炕、火盆等生活元素，构成了口述史产生的最佳场所。在这里，人们围坐在一起，以语言为媒介，交流思想、传递情感、讲述故事。这些故事与传说，经过一代又一代人的口耳相传，成为了人类文化的重要组成部分。

在东北民间，有一句流传千年的俗语："瞎话儿瞎话儿，讲起没把儿。三根儿马尾儿，织个马褂儿。老头儿穿八冬，老太太穿八夏。小外甥捡起来，连吧连吧，又穿了一冬零八夏。"这句俗语不仅富有生活气息，更蕴含了丰富的文化内涵。它反映了人类在居住环境中，通过口述史的方式传承文化、记录生活的真实场景。

因此，作为非物质文化遗产的第一项，人类的口述文化及其语言所产生的最珍贵的地点，最佳产生地，就是房屋，就是大炕，就是人们居住的环境。环境把人培养、塑造成一个真正的人，而恰恰这种环境，是被种种亲情包围着，那种亲情是千百年来人类所传承下来的珍贵的文化的背景和空间，是生命的氛围。而这种文化的背景和空间，如果没有房屋，没有大炕、火盆，如果没有奶奶、爷爷的怀抱，就没有这些文化，也就不会真正地传承下来，所以简单地说，我们记录的是房舍居住民俗，而实际是人类的生命民俗。人类的生命民俗通过居住民俗所展示出来的珍贵的文化表现了这部著作《居住民俗》的重要的价值和文化的历程。

我们这本《居住民俗》梳理了全国各地区的民俗要义，把东南西北和东北大量的居住民俗归结于此，也完成了人类重要的文化的归集，是真正的文化的归集。这种归集，通过房舍一条主线串起了人类思想的走向，也把人类的记忆梳理得十分清晰。人类的所有记忆都产生在这间房屋里，都产生在院落里，产生在一间土房里，一间草房里，一间石头房里，一间木头房里，等等。无论是什么房，总之它是房，人类的生命被紧紧地包围在这个空间当中；于是我们收留了、记录了房舍，也就记录了人类最珍贵的产生地域，今天我们清晰地整理出来，也把它献给历史，同时我觉得也是献给未来，献给大众。

《居住民俗》的诞生，使我们想到了许多难忘的瞬间。第一个就是我们在梳理着人类生命的过往，而这里牵扯到诸多的专家、学者，包括我们的吕静副主编、张欣春副主编、唱小溪副主编等，在这三位副主编的带领下，他们与我们一起奔向远方。六七年间，两千多个日日夜夜，我们没有停下手中的笔，我们不断地修改着、完善着这部书。我们把这部《居住民俗》工工整整地交给了人类，也完成了我们心中夙愿。

还有许多没有写进这本书的那些老房客，我们所说的老房客，就是居住在各种房屋各个村落当中的老人。我们为了写作此书，走遍了全国的村落，拜访了村落当中的盖房人如木匠师傅、铁匠师傅、绳匠师傅、石匠师傅、皮匠师傅、画匠师傅、油匠师傅等，是他们的口述为这部书增添了无尽的光彩。还有许多我们没来得及写进书里的人，他们也为我们的这部书提供了重要的帮助，这些帮助已经深深地融入《居住民俗》当中，成为史书的重要的过往，而这种过往将产生真正的价值，永远地留在人类文化史上，保留在世界文化遗产当中。

也向所有为此卷本做出过贡献的人表示深深的谢意。感谢丛书的主编，包括对此卷的写作、修改、完善、定稿所做出重要贡献的白康胜主编、刘晔原老师，杨昕艺、吕健、杨雪冰、梁亦璇学子，等等，还有辛勤工作的中国石化出版社的编辑人员，在此表示诚挚的谢意。

大年在即，天龙腾飞。让我们在新的岁月中，把这部珍贵的文献，奉献给新的时代吧。

2024年1月26日于长春

编后记

《中华民俗文化新读丛书》终告厥成，其编纂历程之终结，不仅标志着一段辛勤耕耘的圆满，更激起了我们心中无限的欣慰与深沉的感慨。此书由白庚胜、刘晔原、万建中三位先生鼎力领衔，汇聚群英，共襄盛举，历经多轮严谨细致的审稿与策划，每一环节皆浸透着编者的心血与汗水，确保了内容之精深广博，品质之卓越非凡。在此，我们谨向所有为丛书撰写倾注心力、不辞辛劳的同人致以最崇高的敬意与最诚挚的感谢。

编纂工作是一场浩大的文化工程，紧张、高效、有序推进。中国石化出版社有限公司对此项工作尤其重视，出版公司副总经理黄志华亲自挂帅指导并主抓整体工作，资深作家周洪成、分社社长程庆昭一并协调组织丛书的编校工作，陈宇慧、王燊、王潇等多位内外部编辑参与编校，全程推进项目落地。编辑团队对每一份书稿都进行了细致的审阅，从内容的准确性、逻辑的连贯性到语言的规范性，无一不严格把关；从封面设计、版式调整，再到印刷等每一环节，都力求达到至臻之境。

中华民俗文化作为中华文化的重要组成部分，蕴含着丰富的历史信息、民族智慧和艺术价值。通过出版《中华民俗文化新读丛书》，我们希望可以深入挖掘并展现这些文化瑰宝的独特魅力，积极探索民俗文化的现代诠释方式，为中华优秀民俗文化的永续传承与发展添砖加瓦。同时，我们也欣喜地看到，中华民俗文化在时代的洪流中展现出惊人的生命力与适应性。古老的民俗传统在现代社会中焕发新生，以新的形式与意义继续滋养着人们的精神世界，成为凝聚社会共识、传承文化精髓的重要力量。

展望未来，中华民俗文化必将在历史的长河中继续熠熠生辉，成为人类文明宝库中一颗璀璨夺目的明珠。我们将不忘初心、牢记使命，继续为弘扬中华优秀传统文化而努力奋斗，让这份宝贵的文化遗产在新时代的征程中焕发出更加绚丽的光彩。